Contributions to the European History of Ideas

Vol. 1

Татяна Батулева (Съст.)

БЪЛГАРСКИ ГЛАСОВЕ В ЧУЖБИНА ФИЛОСОФСКИ АКЦЕНТИ

Axia Academic Publishers
♦ Vienna ♦

Bibliographic Information of the German National Library
The German National Library lists this Publication in the German National
Bibliography; detailed bibliographic data is available in the internet:
http://dnb.dnb.de

Published with the Support of the Institute for Axiological Research, Vienna

Tatyana Batuleva (Ed.): Bulgarian Voices Abroad. Philosophical Emphases
(Bulgarian Edition)

Original Title: Български гласове в чужбина. Философски акценти

Cover Design © Axia Academic Publishers

ISSN 2960-4052
ISBN 978-3-903068-32-2

https://www.axiapublishers.com

БЪЛГАРСКИ ГЛАСОВЕ В ЧУЖБИНА

ФИЛОСОФСКИ АКЦЕНТИ

Contributions to the European History of Ideas

A Multilingual Series edited by
YVANKA B. RAYNOVA
Institute of Philosophy and Sociology, Bulgarian Academy of Sciences /
Institute for Axiological Research (Vienna)

*The Series is supervised by the Department of History of Philosophical and
Scientific Ideas of the Institute of Philosophy and Sociology
of the Bulgarian Academy of Sciences in Cooperation
with the Institute for Axiological Research (Vienna)*

ISSN 2960-4052

СЪДЪРЖАНИЕ

Татяна Батулева

ЗА СИЛАТА НА БЪЛГАРСКИЯ ГЛАС

(Предговор)

Сборникът *Български гласове в чужбина: философски акценти* е продължение и развитие на проблематиката, заложена в колективната монография *Европейски влияния в българската философска култура*, дело на секция "История на философските и научните идеи" на Института по философия и социология към Българска академия на науките. В нея беше представен цялостен прочит на едни от най-значимите за българската философска мисъл течения (школата на Фриз-Нелсон-Торбов, хегелианството, ницшеанството, бергсонизма, фройдизма, екзистенциализма, херменевтиката, феноменологията и др.). Авторите доказаха включеността на националната философска култура в общоевропейското културно пространство; беше обоснован подчертано селективният, на места дори деконструиращ, характер на рецепцията и формулиран изводът, че българският прочит на европейските мислители се изгражда в съзвучие с българската другост и играе роля за утвърждаването и развитието й.

Между двата проекта съществуват редица общи моменти: първо, става въпрос за взаимодействие, за творчество на личности, ситуирани на границата на две или повече култури; второ, философският компонент у повечето автори следва да се търси не само в рамките на теоретични системи, а в много по-широк кръг от произведения и факти.

7

В случая, обаче, деконструиращият прочит следва противоположно движение. Тук деконструирането е свързано не с чуждото, с онова, което идва отвън и на което авторът по стечение на обстоятелствата или по собствен избор се оказва приемник, а с това, което някога е било "свое", изграждало е неговия свят и от което той по една или друга причина се е оттласнал. Второ, ако в предишния случай авторите са предимно интерпретатори (нещо, което не изключва както оригиналността, така и приноса им за националната философска култура), в случая става дума за водещи учени, философи и хуманитаристи. С творчеството и съдбата си те доказват мисълта на Сент-Бьов, че истинският писател винаги е чужденец в езика, на който твори. Те са хора, успели да изградят своя "родина" и от маргинали да се превърнат в законодатели в него. Ако в предишния случай ставаше дума за "гостоприемство към чуждото", проявено от изследваните автори, във втория те са поставени в позиция на търсещи двойно "гостоприемство": първо, от страна на новия културен, изследователски и езиков контекст, в който са поставени, и второ, от страна на тези, които винаги (с гордост или укор) гледат на тях като на свои сънародници.

Тази ситуация очертава едно многопосочно и противоречиво проблемно поле, в което през творчеството на анализираните автори участниците в проекта се докосват до различни възможности за интерпретация. В него, в дискретна или натрапчива форма, неизбежно срещаме въпроси като напр., кои са онези особености, които правят гласовете на мислители като Юлия Кръстева, Цветан Тодоров и Петър Увалиев наистина оригинални, кое превръща техния дискурс върху другостта и чужденеца в различен от толкова други. Разбира се, би било некоректно да твърдим, че сътвореното зад граница от философи с български произход е "български принос": факт е, че мнозина от тях стават имена на световната философска сцена, едва след като са напуснали пределите на страната и са се вписали в културния климат на други държави, климат, който няма нищо общо със ситуацията у нас. Но можем ли да приемем, че в техните прочити се долавя и нещо българско (било под формата на плодотворно интегрирано несъзнавано, било като изтласкване и негативна проекция), нещо, заради което д-р Петър Берон превръща своята натурфилософия в "родолюбие"? Или което кара Филип Солерс да заяви: "Мислех, че ще ми задава предвидими въпроси, а напротив, точно тя (б.м. Т.Б. – Юлия Кръстева) ми разказа толкова значими неща за чужбина. Разказа ми за руския футуризъм, за това как е бил елиминиран от сталинизма. Как беше възможно да бъде толкова информирана?".

Този "насочен навън" поглед намира продължение и в обратната перспектива: в погледа, отправен към нас, който става повод да видим себе си през очите на другия, да откроим спецификата на българската идея и "философия на родината" (Стефан Попов), да оценим тоталитарното минало през перспективата на едно несъстояло се бъдеще (Асен Игнатов). Погледът на този, който е достатъчно "друг", дистанциран от събития и парадигми, за да може да даде безпристрастна оценка за тях, но и достатъчно "свой", за да бъдат анализите му релевантни. Тези топики, както и реконструирането на автентичните възгледи на мислителите и възможността за нова оценка прави проекта съзвучен с един от стратегическите приоритети на БАН „Националната идентичност и културното разнообразие в Обединена Европа и света".

Резултатите от колективния труд представляват интерес в няколко насоки: първо, със своята "извънпоставеност" за българската философска култура те предоставят един нетрадиционен, алтернативен поглед към културни факти, събития и произведения; второ, изследваните автори са ценни и с конкретния си принос за развитието на философската мисъл на своята среда и епоха; трето, за повечето от тях е типична една междинна ситуираност, която ги прави посредници между два културни свята; четвърто, тази гранична ситуираност има не само външни, но и вътрешни измерения и придава особена автентичност на съдбата им като учени, философи, хуманитаристи.

Първа глава

РОДНОТО, ЧУЖДОТО И ПРОБЛЕМИТЕ

НА МИГРАЦИЯ И СОЦИАЛНА ИНТЕГРАЦИЯ

Бианка Ботева–Рихтер

ЦЕННОСТНОТО ЗНАЧЕНИЕ НА РОДИНАТА КАТО ДОМ И БЕЗДОМНОСТ В ПРОЦЕСИТЕ НА МИГРАЦИЯ

Родината (Heimat), родолюбието (Heimatliebe), бездомността като лишеност от родина (Heimatlosigkeit), или носталгията като мъка по родината (Heimweh) са понятия, с които се сблъскваме във всекидневието. Не сме ли обгърнати всеки ден с културни артефакти, които ни подсказват „принадлежността към" или „изключеността от" дадена група, народ или нация, извън географските им маркировки? Толкова просто и лесно ли е да изпиташ чувството за родна принадлежност или любов към родината? Възможно ли е да си изградиш родина? Какво се случва, когато имаш повече от една родина – една стара и една нова – и изобщо, доколко се нуждаем от родина?

„Доколко човек се нуждае от родина?" – такъв е въпросът, който поставя Жан Амери, роден през 1912 г. в Австрия, избягал от нацистите през 1938г. в Белгия, където се присъединява към съпротивата, вследствие на което бива депортиран и е подложен на мъчения в Аушвиц (1943 г. - 1945 г.).

> Доколко човек се нуждае от родина? (…) поставям този въпрос от една твърде специфична ситуация на заточен от Третия райх, който от една страна напуска страната си, защото го е желаел заради създалите се обстоятелства, но от друга, отива в чужда страна, защото е бил принуден. Поради редица причини моите размисли ще се отличават от тези на немците, изселени от родните им места,

намиращи се на Изток. Те загубиха имущество, двор и къща, магазин, състояние…, както и земя, пасбища, хълмове, гора, градския силует, църквата, в която са били кръстени. Ние също загубихме тези неща, но освен всичко и хората: нашите съученици, съседи, учители (…) Изгубихме също така и езика си. (Amery 1988, 60)

Жан Амери описва чувството си за загуба на принадлежност: при бягството си той изгубва не само мястото на своето детство, но и хората, които го предават чрез доносничество. Не загубата на силуета на църквата или горския аромат променят коренно емоционалната му връзка с дотогава съществуващия околен свят. Разривът в интерсубективните отношения му отнема земята под краката, видоизменя силуета на тогавашната му екзистенциална топография и го превръща от човек, свързан с родината си в бездомен, лишен от родина (Срв. Boteva-Richter 2015, 5). Противно на националистическите конструкти това описание показва, че родината не е някаква чисто географска ситуираност. Макар и на много езици понятието да препраща етимологически към определено местонахождение[1], необходимо е нещо повече от топологична класификация, за да се превърне едно място в родина и един дом в обитаема къща. „Родината е сигурност“ – пише Жан Амери и допълва: „В родината ние владеем суверенно диалектиката между познаване (Kennen) и разпознаване (Erkennen), между проявяване на смелост (Trauen) и доверие (Vertrauen). Тъй като я познаваме, ние я разпознаваме и проявяваме смелост да говорим и действаме, защото можем да имаме доверие в нашето познаване-разпознаване (…) Да живееш в родината, значи че познатото се осъществява отново и отново с незначителни вариации“ (Amery 1988, 65-66).

---

[1] На немски напр. понятието родина (Heimat) идва от дом (Heim), тоест домашното огнище, на руски и български родината е родното място, а на японски *kokyoo* е мястото, селото или селището, в което съм роден.

Родината е следователно едно постоянно завръщащо се съ-битие, но чрез емиграцията се стига до откъсване от фамилиар-ното, което води до загуба на семантическа ориентация, както и на хора, с които сме изградили най-интимния си свят. Това значи, че сме напуснали сигурното си място, изоставяйки зад нас гео-графски и семантично познатите ни области. Доверието, което е било изградено върху познаване и разпознаване, бива фрагмен-тирано и изчезва (поне на първо време). В случая на Жан Амери загубата на езика завършва делото на неговото заточение:

> Който никога не е бил без език и който не се е опитвал без-мълвно да артикулира определен разрив, загуба, бягство през планини или море, не може да разбере това състояние на невъзможност-за-изказване. Езикът като силна връзка с родината или като свидетел на принадлежността бива в много случаи на бягство или миграция ограбен и блоки-ран: езикът престава да говори. Загубата на езика, който образува нашата семантична пъпна връв и който същест-вено допринася за разриви или ново образуване на интер-субективни отношения, в буквален смисъл носи на езика си определена жажда, говори за загуба, за бездомност, за радост и за скръб. В загубата на езика се манифестира за-губата на родината като радикална делокализация, било то временно или за винаги (Boteva-Richter 2015, 6).

Следователно хората изгубват езика по пътя към едно ново съвместно съществуване, към една нова „възможност-за-самоиз-каз". Тази загуба се изразява обаче само в един междинен стадии, тоест между човек и човек и между човек и дадено общество. В самите себе си или спрямо себе си хората не могат да изгубят езика си. Независимо от това дали се намират в родината си или са в процес на бягство, хората говорят и мислят на родния си език и носят по този начин своята родина (като език) със себе си. Те носят родината, която се превръща в бивша, когато не бива спо-деляна със съжителите. В миграцията родината бива локализи-рана в човека и по този начин откъсната от родното място. Така

15

транспортирана в чуждото, родината бива де-локализирана и се превръща в а-топос (Un-Ort) в хода на глобалното преселение на миграционните движения. В този а-топос родината може да бъде обитавана само мисловно и престава да представлява някаква географска константа. Както отбелязва Гадамер, родината е „непредмисловна" (unvordenklich), като „този израз означава най-напред парадоксалния характер на нашето отношение към родината, доколкото обозначава някакво място, което е незабравимо и същевременно недостижимо" (Ben Yagi 2014, 34). „В този смисъл родината означава първичното място на нашата принадлежност" (пак там).

Какво се случва обаче, когато това място бива географски напуснато, когато емигрираме и вземаме със себе си майчиния си език, но трябва да изоставим и напуснем хората, които обичаме и с които сме общували на този майчин език? Поради разрива изведнъж се получава нещо като внезапно „изпадане от гнездото" и това събитие ни катапултира не само географски, но и емоционално и езиково извън обичайното ни обкръжение. Чрез изгнанието ние изгубваме не само обкръжението си, църквата, джамията, познатия път към училището или работата. Ние изгубваме преди всичко хора и този интерсубективен разрив ни отнема земята под краката, превръщайки ни от някога задомени в бездомни. Когато напускаме традиционно унаследеното си обкръжение, ние изгубваме не само околния свят, с който сме свикнали, тоест това води не само до фрагментиране на диалектиката между познаване и разпознаване, но и до отнемане на сигурността на „основателното доверие". Интерсубективните връзки са тези, които превръщат земята в родна земя, доколкото сплитат нишките на интерсубективната мрежа по-тясно или по-широко. Затова японската антроположка Нобуко Адачи подчертава колко важни са междучовешките отношения за чувството на принадлежност: „Дори и да живееш в огромна къща, ако там няма други хора, ще забележиш скоро, че това не е като да бъдеш у дома. Да си у дома, значи да се намираш на място, обитавано от хора" (Adachi 2014, 62). Всичко останало е „празна къща" (пак там).

Това са причините, поради които мигрантите преоценяват постоянно наново родината си. Тази преоценка може да бъде някакъв конструкт като избледнял наратив, някакъв мобилен дом, изпълнен с носталгия и привидно истински културни артефакти. В такива случаи носталгията бива задоволена чрез частично преработени или извадени от миналото наративи и оттук чрез спазване на традиционни обичаи, каквито в истинската родина може би изобщо не съществуват в този си вид. За да се оживи този дом, се изваждат и реанимират традиции от далечното минало. Те биват създадени и компилирани в пристъп на ретроактивна ориентация. Но това изкуствено конструирано спазване на традиционни обичаи не функционира от само себе си: то се нуждае от последователен наративен труд, който може да осигури по-нататъшното предаване на тази преработена автентичност. Нобуко Адачи припомня твърдението на Стюарт Хол, според който „ежедневните разкази, картини, пейзажи, сценарии и исторически събития, които представят споделените опити и грижи, предават на дадена общност значение и спомагат за изграждането на нейната културна идентичност. Тази културна идентичност води до солидарност между членовете" (пак там, 66-67). Тези връзки и солидарността между членовете се преживяват от мигрантите чрез мнимо автентичните артефакти по един преувеличен начин, който изпълва мобилния дом. Те задоволяват по този начин глада на носталгията по истинската родина по начина, желан от заточения, а не по този, който отговаря на родната реалност. Мобилната родина обаче не се състои само от общ език или от съответните мобилни артефакти. Тази функция може да бъде изпълнена и от преживявана духовност. Жан Амери отбелязва:

„Съществува нещо като мобилна родина или заместител на родината. Такъв заместител може да бъде някаква религия като юдаизма. Така например, евреите са си обещавали от край време да празнуват Великден „следващата година в Йерусалим", не непременно за да посетят Светата земя; достатъчно им е било да изрекат заедно формулата, за да се почувстват свързани в магическия блян по родината на племенния Бог Яхве" (Amery 1988, 62).

Духовното преживяване утолява жаждата за горите и долините, за песните на детегледачките и мълвежа на молитви в църквата. Родината ухае на тамяна на православната литургия, тя докосва коленете при молитвата върху килимчето. Чрез духовното преживяване на молитвата в църквата, джамията, синагогата или у дома, мигрантите могат да отнесат своите грижи и страхове, носталгии и самота, отчаяние и надежда към една по-висша инстанция, където да ги депозират с доверие. Религиоведът Мартин Бауман пише по този повод:

Религиозните обединения предлагат на новопристигналите и на бежанците психологическа и емоционална подрепа, помощ и утеха, както и чувството на интимност и свързаност с родината. Извършването на религиозни дейности поддържат в известен смисъл връзката с изоставената родина. Тук се извършват същите ритуали, говори се на същия език и се осъществява среща с хора от същия културен и национален произход (Baumann 2004, 22).

Този мобилен дом бива изпълнен също така с религиозни практики и артефакти, със сетивността на изгладнялото възприятие. Така се създава едно атопично „у дома", едно място извън времето и пространството, което прави възможно симултанното преживяване на времевите измерения на миналото, настоящето и бъдещето. Грижата за децата или за изоставените-у-дома, настоящите усилия за скорошна среща, както и за устройване на по-добро бъдеще, цялата тази времевост се оказва налична в това атопично място на духовността – в молитвата, в литургията или в мюсюлманската петъчна молитва.

> „Но в конструкта на мобилния дом се крие също опасността от една ретроактивна ориентация и представа за родината, която в действителност не съществува. В този застой на миграцията „разпростирането на съществуването… спира, но подслоняването и субективизирането на мястото като нова родина не може да приключи, поради което времевият аспект решава процесуално проблема за начина и качеството на [новите] междуличностни отношения".2

Така заточението става осезаемо и дори Жан Амери да приема и се примирява с изгнанието си, то продължава да бъде едно напрегнато, неестествено състояние, един интелектуален акт, който трябва тепърва да бъде овладян:

> Навярно може някой да възрази, че изгнанието не е неизлечима болест, тъй като чрез дълъг живот в чужбина, последната може да се превърне в родина; това с нарича – откриване на нова родина. Това е вярно дотолкова, доколкото се научаваме да разшифроваме знаците. При определени обстоятелства може да бъдем в чужбина по такъв начин „у дома", че да бъдем способни да ситуираме хората интелектуално и социално според техния език, черти на лицето и облекло… Но дори в този благоприятен случай, за изгнаника това прозрение чрез знаците няма да е спонтанно, а ще бъде един духовен акт, свързан с определено напрежение (Amery 1988, 66).

Гадамер също говори за опита на изгнаниците и усилията си да забрави някогашната си родина, както и да създаде една нова:

---

2 Bianca Boteva-Richter: Wieviel neue Heimat braucht der Mensch, In Concordia No. 68, S. 11

Онзи, чиято съдба е да живее в изгнание, води живот между желанието да забрави и опита да съхрани спомена, между сбогуване и памет, между загуба и ново начало, където и да е. (Цит. по Ben Yagy 2014, 38)

[Родината] е нещо, което не можем с никого да споделим какво означава за нас (пак там, 36).

За Гадамер в това сбогуване и съхранение на спомена, в загубата и новото начало, става видима обновителната сила на родината. Тя се възобновява или отдръпва от нас в зависимост от това как се сещаме и подхождаме за нея, как я напускаме или откриваме наново.

Завръщането в родината свидетелства преди всичко за нашето някогашно и настояще отношение към нея. То свидетелства за загуба, болка, за желанието да си спомниш и да забравиш. Но то отваря също така нови семантични полета на борба и показва разривите, болките и студа, последвали напускането на дома. Отделните решения за емиграция като реакция по отношение на (някогашния) социален и политически околен свят се смесват с по-късно настъпилите възможности и желанието или нежеланието за завръщане. Завръщането в родината открива стари, но и нови рани от интерсубективните разриви, който често не са зараснали и причиняват все така силна болка. Известният социолог Рьоне Кьониг описва своя опит на завръщане в родината по следния начин:

„Всъщност не съм се завърнал в истински смисъл – това преживяване имах само при срещата си с хора, които както мен бяха емигрирали и се завърнали изпълнени с надежда отново в Германия. Ясно е, че се бях завърнал в Германия като друг човек. Другият обаче никога не се връща, а върви начело, като напредва и се стреми да бъде акцептиран. Това обаче не става без обременяване. Не мога да забравя много еврейски приятели, които бяха убити и затова мога да простя случилото се само с известни уговорки" (Krauss 2011, 7).

Този възглед споделя също философът Цутому Бен Яги, който пише:

„Родината, в която се завръщаме не е повече *родината*, каквато е била някога, като оставим на страна, че и ние сме се променили в това време. В този смисъл *родината* е винаги едно изгубено „у дома“, което никога повече не може да бъде изпитано по начина, по който сме го изпитвали някога. Всъщност тя се съпротивлява да бъде някакво напълно познато и прозрачно ясно място“ (Ben Yagy 2014, 38).

Следователно родината е изплъзващо се, а не ясно определено място. Това се вижда особено отчетливо при стъпването отново на новата стара родна земя. Географското местоположение бива трансцендирано чрез силата на спомена като се превръща в ново ситуиране – не само горите са пораснали или са намалели, не само къщите са замрели или пък са били съборени, но и семантиката на улиците се е променила било частично или напълно. Контурите на улиците, постройките, църквите и горите преминават през филтрите на спомена и неволните оценки. Но преди всичко хората, които някога са ни били близки, са тези, които са остарели или починали, които са били огорчени и са се преместили да живеят другаде; те са които със своята история преструктурират отношенията ни или пък ги прекъсват изцяло. Така интерсубективната родна земя се оказва също едно изплъзващо се или постоянно обновяващо се място.

Българският писател Емилиян Станев пише в своята прекрасна повест *Крадецът на праскови*: „Няма нищо по-тягостно от повторение на миналото“[3]. В този смисъл би могло да се каже – да, няма нищо по-тягостно от старата нова родина, когато не мо-

---

[3] Емилиян Станев. *Крадецът на праскови*. София: Дамян Яков, 2005, стр. 16.

жеш да преживееш *отново* утешителния превод на междуличностните отношения. Защото, за да можеш да пуснеш отново корени в новата стара родина, е необходимо едно преструктурирано интерсубективно посредничество, което може да бъде подготвено било от стари познати и роднини, било от нови приятели. За тази цел е нужно семантичното посредничество на времето под формата на интерсубективно минало и настояще, както и едно възможно бъдеще. Само чрез помощта на подобно тълкуване на събитията, състояли се в отсъствието на мигрантите, случилото се може да бъде разбрано и прието. Чрез едно открито, позитивно и справедливо посредничество родината може отново да стане обитаема и да се превърне в завръщащо се събитие. Родината не е предсубектна и затова само междуличностните отношения могат да подготвят почвата за завръщането или да допринесат за окончателна раздяла.

След този екскурс, който има за цел да отрече чисто географското определение на понятието родина, може да си зададем въпроса дали родината е настина толкова а-топична, когато се намираме в ход на миграция и, ако това е така, защо сме тогава толкова обвързани с нея? Защо родината се оставя да бъде така силно инструментализирана в социалнополитическия живот? И преди всичко – кога родината е място и кога се превръща в а-топос?

Един временен отговор би могъл да бъде следния: родината е тогава едно сигурно и добро място, когато интерсубективната мрежа функционира добре, когато човекът и обществото могат да съществуват в едно диалогично, справедливо съвместно битие, когато аз самият мога да бъда „автентичен“. За тази цел обаче са необходими сигурна среда и сигурни взаимоотношения, не трябва да има заплаха за собствения ни живот и този на семейството и приятелите ни. В случаите на война и диктатура родината става атопична. Оставането в нейните географски предели и издържливостта спрямо опасностите са свързани с разриви в междуличностните отношения, с борби, с физическо насилие и доноси. Родината се превръща в а-топос, когато съучениците и съседите, както пише Жан Амери, се превръщат във врагове и отнемат земята под краката ни. Това води до накърняване на мрежата на сигурност, която спира да функционира, разкъсана от предателства. Родината спира да бъде роден дом и става „празна къща".

Но родината се превръща също така в а-топос, когато се злоупотребява с наративите, за да се постигнат определени политически цели и да се предопределят обществените дебати. Тук връзката между индивид и общество се поставя върху манипулативна основа. Интерсубективната социо-индивидуална връзка се използва, за да се постигнат егоистични и дори опасни за членовете на обществото цели. Популисткте дебати от последните години, предимно в Европа, са свидетелство за това. Те показват как родината се превръща в а-топос чрез манипулация и накърняване на честното и справедливо съжителство. Това става чрез предлагане на конструкти на родината чрез изравянето на наративи от отминали времена или чрез компилирането им от мнимо автентични артефакти, ритуали, облекла, хранителни навици и пр., които биват есенциализирани. Пакетът от „родни същностни концентрати", който има за цел да опрости и онагледи съществените измерения на родината, предлага една хомогенизираща практика. В тази конструкция членовете на дадена общност следва да открият себе си като едно цяло, в което носят еднакви носии, пеят еднакви песни и танцуват еднакви танци, говорят с един език и отговарят в един глас с еднаква интонация. Тук родината като а-топос говори с опасния глас на безразсъдното.

Накрая, родината може да се превърне в а-топос и чрез обезлюдяване и десубективизиране. Майки от бедните източноевропейски страни като Румъния, Украйна, Молдавия и др., напускат своите деца, съпрузи и родители, за да припечелят средства за живот в богатите страни. Чрез миграцията на майки или бащи се стига до изпадане от гнездото не само за емигриращите, но и за тези, които биват изоставени – съпрузите, родителите и преди всичко децата. Всички те преживяват дълбок срив на интерсубективните интимни отношения. През 2008г. в Румъния 126.000 деца бяха поверени на прародители, оставайки без майка и баща, а 400.000 дори останаха без всякакви роднини (Цит. по Gheaus 2001, 1-23). През 2014 в Молдавия бяха изоставени 100.000 деца, а в Украйна през същата година 200.000 (пак там). Тези цифри са важни, защото показват как етиката стига до пределни граници и свидетелства за политическия провал както на държавите, от които идват мигрантите, така и на тези, към които са се запътили (Срв. Boteva-Richter 2017, 257). Тук се виждат най-ясно етичните граници между справедливо и несправедливо, между топос и а-топос. Както вече отбелязах на друго място:

> Границите на етиката преминават именно тук, в контекста на миграцията и изоставените деца, а не като разграничителна линия между абстрактните понятия за „добро" и „зло", за „справедливо" и „несправедливо". Те прениват между възможността или невъзможността на една превърнала се в навик интерсубективна ситуираност в околния свят и една насилствено изселване, между едно жизнено-светова близост или далечност на най-съкровения ни вътрешен свят. Тези граници дават или отнемат възможността на родителите да обичат децата си, да ги прегръщат и да се грижат за тях. Те са граници на възможността родителите да си останат у дома и да могат да се развиват в една справедлива околна среда. Тяхното заточение зад граница представлява биографични социален разрив, чиято причина е неравното разпределение на блага и средства за информация. Границите на етиката преминават следователно по линията на липсата на възможности за финансиране на ежедневния живот, така че засегнатите да могат да останат в Румъния, Молдавия, България и др. (пак там, 268).

За тези деца и техните майки и бащи родината бива десубективизирана и превърната в а-топос, в който те остават да живеят без обич и без средства за препитание. Записки на румънски деца, планиращи самоубийство, свидетелстват за това състояние по един покъртителен начин (Gheaus 2001, 1-23). В техния случай родината се оказва една разкъсана интерсубективна мрежа, един а-топос, или *deserted place*.

Възможно е обаче и създаването на нова родина. Така напр. чрез имиграцията в нова страна местата биват по нов начин субективирани и преживяни. Новите съграждани донасят нови ценности, културни артефакти, наративи и ако новата им родина ги приеме с отворени обятия, като добре дошли, тогава се стига до взаимно обогатяване. Новите места биват оживени в интеркултурен план в едно ново междуличностно съвместно битие и се превръщат в нова родина като топос и нов жизнен център.

> „В процеса на създаване [на нова родина] не само отделния индивид, но и съответното общество излиза [в известен смисъл] извън себе си; то бива конфронтирано с нови задачи и социални проблеми, които трябва да бъдат решени в полза на всички, на старите и на новите граждани. Обществото получава, така както и индивидът, възможност за развитие и това е именно ключът към едно креативно ново съзидание. В точката на разногласие между индивида и формиращото се общество се стига до видоизменение на редица аспекти на идентичността не само на мигрантите, но и на тези на социалните структури на новата родина" (Boteva-Richter 2015, 14).

Родината е предмисловна, казва Гадамер, но тя не е предсубективна. Именно интерсубективната мрежа свързва хората, както и отделния индивид с обществото, като определя съществено дали едно място ще бъде дом или „празна къща". За да се създаде такава мрежа е нужен общ език, служещ не само като комуникационно средство, но преди всичко като споделяне в смисъла на едно солидарно съвместно съжителстване за иницииране на нови и поддържане на стари междуличностни отношения. Става въпрос за създаване и запазване на интерсубективната социална мрежа, която следва да осигури на своите стари и нови членове един добър, сигурен и справедлив живот, за да може всеки да бъде самия себе си и да се чувства „автентичен", в смисъла на Хайдегер. На японски „разбиране" (вакару) означава „деление"/"споделяне", тоест разделяне на парчета, но и събиране в едно цяло, за да можем да бъдем напълно разбрани. В този смисъл японският философ Ватсуи казва, че „самосъзнанието за единството на *човешката* (*ningen*) екзистенция" (Tetsuro 2005, 124) се основава върху деленето/споделянето. Защото „едва във взаимовръзката между единство, разделяне и свързване, самосъзнанието за единство достига своя завършек" (пак там, 125). Само едно проумяно разделяне и събиране може „да осъществи връзката между Самия и Другия" (пак там) и да създаде възможност за единство на човешката екзистенция. С други думи, възможно е да обединим себе си и други в един нов дом като родина като делим и споделяме. Само така можем да изградим в диалогично съвместно съществуване една интерсубективна мрежа, която да изпълни дома ни с хора, които разбираме и с които искаме да живеем. Това е и пътят, по който може да съградим от новата си родина дом, а не „празна къща".

Превод от немски: *Иванка Райнова*

Литература

Adachi, N. 2013. „Ethnizität und Rassenzugehörigkeit", *Polylog* No. 30.

Amery, J. 1988. *Jenseits von Schuld und Sühne. Bewältigungsversuche eines Überwältigten*, Klett Cota Verlag, München.

Baumann, M. 2004. „Religion und ihre Bedeutung für Migranten. Zur Parallelität von ‚fremd'-religiöser Loyalität und gesellschaftlicher Integration", In: Beauftragte der Bundesregierung für Migration, Flüchtlinge und Integration (Hg.), *Religion – Migration – Integration in Wissenschaft, Politik und Gesellschaft*, Berlin/Bonn.

Ben Yagi, T. 2014. „'Exiled in the Mother Tongue'. Gadamers Beitrag zur Frage nach Heimat und Fremde", *Polylog* No. 31.

Boteva-Richter, B. 2015. „Wieviel neue Heimat braucht der Mensch?", *Concrodia* No. 68.

Boteva-Richter, B. 2017. Die Entgrenzung der Ethik oder die Frage nach den zurückgelassenen Kindern, In: M. Diaconu und B. Boteva-Richter (Hrsg.), *Grenzen im Denken Europas: Mittel- und Osteuropäische Ansichten* (Transkulturelle Forschungen an den Österreich-Bibliotheken im Ausland, Band 14), Wien: new academic press.

Gheaus, A. 2013. „Care drain: who should provide for the children left behind?", Critical Review of International Social and Political Philosophy, Vol. 16, No. 1, 1-23, DOI: 10.1080/13698230.2011.572425

Krauss, M. 2001. *Heimkehr in ein fremdes Land: Geschichte der Remigration nach 1945*. München: C.H.Beck Verlag.

Tetsuro, W. 2005. *Ethik als Wissenschaft vom Menschen*, Darmstadt: Wissenschaftliche Buchgesellschaft.

Станев, Е. 2005. *Крадецът на праскови*. София: Дамян Яков, 2005.

Иванка Райнова

ЧУЖДОТО И ЧУЖДЕНЦИТЕ
В КОНТЕКСТА НА БОРБАТА ЗА ПРИЗНАНИЕ

Проблемът за Другия, който има дълга история и традиция в континенталната философия, бе артикулиран през последните години все повече в контекста на проблемите за признанието, а оттук и за правата на чужденците в съвременна Европа и проблемите, свързани с мултикултурализма и интеркултурния дискурс. Още преди голямата вълна на бежанци да залее Европа през 2015 г., по тези теми се разгърнаха многобройни *философски дискусии*. Тъй като те са твърде обширни, тук ще се опитам да представя, от една страна, само някои най-важни аспекти от дебатите, протекли между някои от най-видните представители на съвременната философка мисъл, а именно – дебатите между Юрген Хабермас и Чарлс Тейлър, Аксел Хонет и Нанси Фрейзър, Пол Рикьор и Аксел Хонет, дискусията между Кристоф Менке, Георг Ломан и Дитер Томе в *Deutsche Zeitschrift für Philosophie*. От друга страна ще се спра и на някои съществени опити за концептуализация по тези проблеми каквито са противоположните позиции на Жан Бодрийар, Бернард Валдефелс и Раул Форнет-Бетанкур. Целта ми е, представяйки аргументите на тези различни автори, да направя въз основа на феномнологико-херменевтичен анализ определени изводи и да предложа, в следващата глава, възможни насоки за бъдещи решения по тези въпроси. Основната теза, която ще се опитам да докажа е, че проблемът за чуждото и чужденците не само не може да бъде разбран, но и не може да бъде решен, ако се откъсне от контекста на проблемите за признанието, превода и интеркултурния или мултикултурния диалог.

1. От борбата за признание
към правата на чуждото и различното

Преди да премина към философските дебати около чуждостта и враждебността към чужденците, трябва да подчертая, че те бяха предшествани и до голяма степен подготвени от дискусиите около признанието и интеграцията на другостта и на чуждото, тест на „другите" като малцинства, към които спадат и чужденците, в частност имигрантите. И това,както ще видим, не е случайно. В това отношение няма съмнение, че с книгата си *Die Einbeziehung des Anderen* (*Интегрирането на другия*, 1996; Habermas 1996), в която се постави и въпросът за борбата за признание в демократичната правова държава, Хабермас анонсира онзи кръг от въпроси, които се намират в центъра и на съвременните дискусии около човешкото достойнство, справедливостта и нормативното регулиране на обществото. Хабермасовата основна теза е насочена към твърдението на Чарлс Тейлър в прочутата му книга *Мултикултурализмът и „политиката на признанието"* (Taylor 1992), че сигурността на колективните идентичности се намира в конкуренция с правото на равни субективни свободи и затова в случай на колизия следва да се избира между едното или другото. Например в даден момент вземането пред вид на особеностите на дадени групи, борещи се за признание на техните частни права, означава да се провежда една политика на културните различия, която влиза в противоречие с една политика на обобщаване и универсализиране на субективните права. На тази почва се разгръща и битката между либерални мислители като Роулс и Дворкин, от една страна, които изискват един етически неутрален правов ред, който да даде на всички равни шансове, и комунитаристи като Тейлър и Уолзер, от друга, които считат, че правото не притежава етически неутралитет и затова изискват от правовата държава да осигури правото на добър живот. Хабермас се изправя срещу тази противопоставка като издига тезата, че „еднакви правови компетенции доставят свободи на действие, които могат да бъдат използвани диференцирано и затова пе водят до фактически равни (еднакви) жизнени ситуации или властови позиции" (Habermas 1996, 243). Хабермас демонстрира това въз основа на примера на историята на феминизма:

> На мястото на спора, дали автономията на правните субекти е по-добре осигурена чрез субективни свободи за съревнование между частни лица или чрез обективно удовлетворени права за услуги на клиенти в бюрократичните държави на благоденствието, се издига едно процедурно разбиране за правото, според което демократическият процес трябва да осигури едновременно частната и обществената автономия: субективните права, които трябва да доставят на жените автономно уреждане на частния им живот, не могат да бъдат формулирани както трябва, ако преди това засегнатите сами не артикулират и не обосноват в публични дискусии релевантни виждания относно равното и неравното третиране в дадени типични случаи. Частната автономия на равнопоставени граждани може да бъде осигурена само едновременно с активизирането на тяхната гражданска автономия. (пак там, 245)

Следователно, ако правната система иска да бъде осъществена по демократичен път, то културните и социалните различия трябва да бъдат възприети с една повишена контекстуална чувствителност. Затова Хабермас е на мнение, че

> универсализирането на гражданските права продължава да бъде моторът за едно постъпателно диференциране на правовата система, че целостта на правните субекти не може да бъде гарантирана без едно строго, ръководено от самите граждани, равностойно третиране на техните поддържащи

идентичността им житейски контекстове. ((пак там, 245–246)

Тази теза е разгърната и в една по-късна студия, където той поставя част от тези въпроси във връзка с правата на човека и залегналия в немската конституция член за ненъкарняемостта на човешкото достойнство. Според него накърняването на човешкото достойнство води до преосмисляне на проблеми като непоносими социални условия на живот и маргинализация на обеднели социални класи, неравно третиране на мъже и жени на работното място, дискриминация на чужденци както и на културни, езикови, религиозни и расови малцинства, а също и мъчение на млади жени от имигрантски семейства, които трябва да се освободят от насилието на кодекса на честта или пък проблеми като бруталното изселване на нелегални мигранти и бежанци търсещи убежище (Habermas 2010, 346). Това преосмисляне се осъществява според Хабермас първо чрез осъзнаване на проблематичните, болни моменти от страна на засегнатите и после, след съответно артикулиране и публични дискусии, намира място в правните разпоредби.

Тази проблематика намира по-нататъшно развитие в трудовете на Аксел Хонет, който приема критично някои от възгледите на Хабермас и влиза също така в дискусия с американската феминистка Нанси Фрейзър. В нашумялата му книга *Борбата за признание. Към моралната граматика на социалните конфликти* (1992 г., която е монографичен вариант на неговия хабилитационен труд от 1990 г., cf. Honneth 1992). Хонет критикува ранните схващания на Хабермас, според когото може да се говори за капитализма като за икономическа система без вътрешноприсъщи ценности и норми. Не само капитализмът, но и модерната демократична система се основава, според Хонет, върху фундаментални ценности, които са довели в хода на историята до дълбоки социални промени. Една дълга борба за признание е била необходима за да се стигне до промяна на ценностите и конкретно реализиране в някаква степен на основните ценности на модерните демокрации. Тази аксиологическа промяна води до видоизменения и преход от традиционната система на правата по посока на едно пост-традиционно правово устройство. Така докато в традиционното общество човешкото достойнство бива изведено от общественото положение на личността, което ѝ осигурява определени права и задължения, то в пост-традиционните общества достойнството на човека се извежда от неговата автономност. Автономността означава в случая да се следват само онези норми, ценности и права, по които се е постигнало общо съгласие. Правната система става оттук израз на всеобщи интереси, в които не биват повече толерирани никакви изключения и привилегии. Изключените обаче от известни права малцинства, които страдат от непризнание на индивидуалните им потребности, интереси и ценности, са принудени, според Хонет, да водят борба за признание, тъй като само по този начин могат да се надяват да постигнат реализацията им. Опирайки се на концепциите на Хегел и Мийд, Хонет посочва три образеца или стъпала на признанието – любовта, правото и социалното уважение (*soziale Wertschätzung*) – които са противопоставка на три вида непризнание. Интегритетът на личността, както и нейното самоосъществяване могат да бъдат гарантирани само ако се постигне признание в тези три области.

Срещу подобно схващане, което смята признанието за основа на решаване на проблема за социалната справедливост, реагира Нанси Фрейзър, в частност в съвместната си книга с Хонет *Преразпределение или признание?* (Honneth 2003). Фрейзър е на мнение, че парадигмата на признанието води до изоставяне на заден план на проблемите за преразпределението на благата. Според нея, преразпределението не може да се субсумира под концепта за признанието и затова тя настоява то да се разглежда самостоятелно като също толкова важна парадигма. Това е условието, за да се постигне справедливост в обществото и затова тя се стреми да развие една двумерна теория за справедливостта, която да съчетае изискването за равни права в областта на разпределението с изискването за признание на различията в частната сфера (различни културни, религиозни и полови идентичности, жизнени стилове и пр.)

Аксел Хонет възразява срещу Нанси Фрейзър, че в основата на проблема за разпределението се намира този за признанието, без решаването на който не може да се постигне справедливо разпределение. По-ниското заплащане на женския труд например се дължи според него на непризнаване на равностойността на жените. Хонет е убеден следователно, че проблемите за справедливото разпределение могат да намерят задоволително нормативно решение само ако се преформулират в едно достатъчно ясно диференцирано понятие за признание.

В едно от последните си произведения, *Обхождане на признанието* (Ricœur 2004), Пол Рикьор пък отправя към Хонет друг вид критика. Рикьор подчертава, че заслугата на Хонет е в това, че е актуализирал и разширил Хегеловата концепция за „борбата за признание" като я е вплел в нашите афективни, правови и социални отношения с другия. Но Рикьор вижда в това същевременно и опасността от едно потъване в безкрайни изисквания за признание, стигащо до задънена улица:

> Съмнението ни не се отнася (…) до моделите на признанието (…), съмнението ни приема формата на един въпрос: не стига ли изискването за афективно, юридическо и социално признание чрез своя войнстващ и конфликтуален стил до едно неопределено изискване, фигура на 'порочната безкрайност'? Въпросът не засяга само негативните чувства на липса на признание, но също така и постигнатите възможности, изложени по този начин на едно незадоволимо желание. Изкушението се състои тук в едно ново 'нещастно съзнание', било под формата на едно неизлечимо чувство за виктимизация, било на едно неуморно постулиране на недостижими идеали. (Пак там, 317-318)

На това ново „нещастно съзнание" Рикьор противопоставя реалния опит на „състоянието на мир", опитите на взаимно признание в приятелството, обмена на дарове, на доброжелателство и пр., които се срещат и в правната и социално-икономическата сфера. Това състояние не може да разреши сложните проблеми на борбата, но то показва, че моралните усилия за постигане на признание не са илюзорни и като миг на просветление осветлява пътя на необходимите действия (*l'action qui convient*).

4.2 Чуждото и чужденците:
между (насилствено) асимилиране и интеграция

Във връзка с дебатите за признанието на другия и другите социални групи се поставят и проблемите за другия като чужд. Проблемите за чуждостта и чужденеца имат, както е известно, твърде дълга традиция в континенталната философия. Новите акценти, които се поставят касаят т.нар. *Fremdenfeindlichkeit*, враждебността към чужденците, и проблемите на мултикултурализма в новите Европейски условия. Тези проблеми биват дебатирани отдавна в политически и правен план като присъстват постоянно в средствата за масова информация, но тук ще се спра само на философското им преосмисляне, което е с по-скорошна дата.

Философското поставяне на въпроса за враждебността към чужденците намери особен резонанс в Германия най-вече чрез дискусията между Кристоф Менке, Георг Ломан и Дитер Томе, публикувана в *Deutsche Zeitschrift für Philosophie* 2001 г. Основната теза на Менке е, че враждебността към чужденците е свързана с либералнодемократичния ред, че тя е вътрешно обвързана с производството на едно изключващо разграничение между свое и чуждо. Това е така, защото политическите принципи на равенството, които са нормативно залегнали в основата на либералноде-

мократичната правова държава, съществуват само дотолкова, до-
колкото биват приложени и интерпретирани в контекста на осо-
бени културни преценки. Либералната демократична държава се
представя за неутрална по отношение на културните различия, но
всъщност създава културна хомогенност чрез налагане на своята
култура по хегемонен начин:

> В действителното си функциониране либералните демокра-
> ции се основават върху културни разграничения между свое
> и чуждо, нормално и абнормено и те придават на тези кул-
> турни разграничения с политическо значение, с полити-
> ческа власт: те задават валидността на едно тълкуване на
> своите принципи и отхвърлят оттук други; те определят
> нормалността на стандартите за действие и произвеждат в
> себе си и на ръба си зони и форми на абнорменост (Menke
> 2001, 766).

Като пример той дава обединението на Източна и Западна
Германия. Според Менке то свидетелства за това, че валидността
на либералното демократично равенство води до налагане на гос-
подството на определено културно и ценностно гледище (Запад-
ната култура) и подчинението или маргинализирането на други
виждания (Източна култура). Затова осъществяването на либерал-
нодемократичното политическо равенство в Източна Германия е
могло да бъде осъществено и се възприема само като разруши-
телна културна намеса в начините на мислене, оценяване и на жи-
вот.

Георг Ломан възразява срещу Менке, че примерът с Източна
и Западна Германия е погрешен, тъй като асимилирането на Източ-
ната култура от Западната не е било акт на враждебност към чуж-
денци и че правното устройство на либералната демокрация, почи-
ващо на принципа на равенството, предотвратява това, единствено
културни различия в начините на живот да служат за легитимно
налагане на претенции. Дитер Томе, от своя страна, се съгласява с

Менке, че либералната демокрация притежава културни импрегнации и че оттук тя осъществява културна изолация на дадени групи. Затова той отхвърля твърдението на Ломан, че поради принципа на равенството либералната демокрация осигурява и принципно „признанието на другия". Но Томе не е съгласен с Менке, че културната изолация на либералната демокрация се осъществява под формата на враждебност към чужденците, че трябва да се говори по-скоро за *забрава* и *пренебрегване* на чужденеца, тъй като изобщо не взема предвид политическото измерение на чуждостта и изобщо идеята за чуждостта като такава (Thomä 2001, 777).

Пита се обаче, какво се разбира в случая под чужденец и чуждост? Георг Ломан не дава определение и в този смисъл неговата критика остава висяща (Lohmann 2001, 769ff). Дитер Томе отбелязва, че чуждото може да се разбира било като нещо непознато, било като нещо друго, различно. „В забравата-за-чужденците в демокрацията, от която изхождам, става по необходимост въпрос за чуждото в смисъл на непознато" – подчертава той (Tomä 2001, 780). Това тълкуване е обаче едностранно и до голяма степен пригодено към тезата на Томе, игнорирайки значението на чуждостта, за което говори всъщност Менке. Менке определя чуждото като *културна категория*, за разлика от враждебността, която според него е *политическа категория*.

> Чуждостта е едно определение на начина на виждане и оценка. Чужденецът е човек, който мисли, чувства и живее по един неадаптируем за нас начин; може би сме в състояние да разберем чуждото, но не сме в състояние да го приемем, защото не можем да мислим, чувстваме и живеем *по този начин*. (Menke 2001a, 764)

Следователно, Менке обръща с основание внимание на това как една привидно чисто културна категория придобива политически измерения.

В своята статия „Тъмните зони на демокрацията" (Menke 2001b), публикувана в престижния седмичник *Die Zeit*, Менке подема този дебат отново по повод речта на президента на Бундестага Волганг Тирзе „За толерантност и човечност – против враждебността към чужденците, антисемитизма и насилието в Германия", като преповтаря до голяма степен своите тези. Затова тук ще посоча само новите моменти.

Той отбелязва, че за разлика от Франция и Германия, където враждебността към чужденците се разглежда като структурен проблем на държавния ред и на държавните органи, в Германия борбата против враждебността се смята за необходима държавна мярка, тоест държавата се превръща в субект, който трябва да води тази борба. Една от тезите му гласи в този смисъл, че немският дискурс относно враждебността към чужденците е дотолкова немски, доколкото е дискурс „от името на държавата". От една страна това свидетелства за нещо като нечиста съвест, но от друга – за неразбиране и недоразумения относно структурата на либералнодемократичната държава. Управляващите, начело с Тирзе, определят враждебността към чужденците като *насилие* вследствие на морално подивяване, стигащо до вандализъм и побой, като обществена дезинтеграция вследствие загуба на определени ценности. Затова борбата срещу враждебността към чужденците трябва да се води в две посоки – засилена полицейска репресия и засилена педагогическа превантивност чрез трансфер на нравствено-политически принципи и ценности, които трябва да доведат до промяна на манталитета на гражданите. Но именно тук се стига според него до парадокса на неразбирането и прикриването на факта, че либералнодемократичната държава съдържа в себе си механизми, които водят до изключване на чуждото и окуражават враждебността към чужденците. За да онагледи това, Менке привежда различни аргументи, като дава вече едно по-точно и разширено определение на това що е враждебност към чужденците, от една страна, и на това с какво се отличава либералнодемократичната държава, от друга. На въпроса в какво се състои враждебността към чужденците, той отговаря, че „чужденецът" е една културна категория: чуждостта е едно определение на начините на виждане и оценяване, на тълкуванията и преценките, които съставляват заедно дадена „култура". Чужденецът това е някой, който чувства, мисли и живее по един неадаптивен според нас начин. Ние може би сме в състояние да разберем чуждостта, но ние не можем да я приемем, тъй като не можем да чувстваме, мислим и живеем по този начин. „Враждебността", от своя страна, е една политическа категория. Враждебността не се намира на нивото, на което ние нещо не обичаме, а на нивото, на което ние нещо съществено отхвърляме, срещу което се борим и чиито равноправност и права отричаме. Налице са и културна чуждост, и политическа враждебност. Но нито една от тях не представлява сама по себе си враждебността към чужденците. Враждебността към чужденците е съединение между културна чуждост и политическа враждебност. Във феномена на враждебността към чужденците културният опит на невъзможността-за-приемане на възгледите и начините на оценка се превръща в основа, в идеологическа легитимация за политическото оспорване на равен статус на другия. Накратко – враждебността към чужденците е културно мотивирано политическо лишаване от права. Разбирането за либералнодемократичната държава, което използват немските политици, а и редица теоретици, се опира на принципа за културния неутралитет:

> Либералните демокрации – подчертава Менке – се отличават в своето саморазбиране с това, че признават на всекиго равен политически статус, независимо от културните различия (...) Това обаче означава, на свой ред, че всички политически права, които притежаваме, не са свързани с никакви културни възгледи и начини на оценка, които определят в частната сфера отношенията ни на близост и чуждост. Политическите права трябва да бъдат стриктно неутрални. (Пак там)

38

Според него грешката, която в случая се допуска, е пренебрегването на факта, че принципите на либералното равенство могат да бъдат приложени само в светлината на определени виждания и начини на оценка, защото тези принципи изискват определено тълкуване, а то е винаги културно обусловено въз основа на определени културни ценности. На това място Менке отново дава примера с обединението на Западна и Източна Германия, като подчертава, че хомогенизирането на немското общество чрез либералнодемократичната революция е било постигнато чрез културната хегемония на либералнодемократичното разбиране за равенство, разрушаващо разбирането за равенство на Източна Германия, и налагащо определени начини на мислене, оценка и начин на живот чрез това, което Фуко нарича дисциплиниране. Проблемът с враждебността към чуждото и чужденците е аналогичен и показва, че либералнодемократичният ред произвежда изключване на индивиди и социални групи въз основа на определени културни и ценностни различия. Нещо повече, самите либерални демокрации произвеждат в начина си на функциониране културни разграничения между „свое" и „чуждо", „нормално" и „анормално", като придават на тези културни разграничения политическо значение. Те полагат валидността на определено културно тълкуване на техните принципи и отхвърлят други, те определят стандартите за нормалност относно начините на действие и произвеждат по този начин в себе си под формата на граница зони и форми на анормалното, на чуждото, което те отхвърлят или се опитват да дисциплинират. Затова основното заключение на Менке гласи, че либералнодемократичната държава не трябва да разглежда враждебността към чужденците като проблем на насилниците или на гражданите, а като нещо, което тя самата носи в себе си: „Либералнодемократичната държава" – подчертава той – „трябва да спре да разсъждава относно враждебния манталитет към чужденците на гражданите и да

39

се заеме със собствения си дял на враждебност към чужденците". (Пак там).

Въпросът, дали либералните демокрации са довели до хегемонията на определен културен модел и на определени ценности, които те считат за универсални и върху които са основани човешките права, се поставя по особено остър начин от Жан Бодрийар. Неговата позиция е не само по-радикална от тази на Кристоф Менке, но и може би една от най-крайните въобще, поради което заслужава особено внимание.

Схемата, по която Бодрийар обяснява феноменът на чуждото и чуждостта е доста сходна с тази на Менке, но вместо термините „либералнодемократична държава" и „враждебност към чуждото и чужденците", той използва понятията „универсално" и „глобално", респективно „глобализация", „сингулярно" и „тероризъм", като показва индиректно как чуждият като сингулярност се превръща във враг на универсалното, което пък от своя страна бива погълнато от глобалната система. Накратко тезата на Бодрийар е, че Западът, тоест западните либерални демокрации, и най-вече САЩ като супер-сила определяща световния ред, чрез глобализацията е довел до създаването на една всевластна система, която иска да бъде глобална и универсална, която не търпи нищо чуждо, нищо сингулярно, но която именно чрез своето насилие произвежда една особена сингулярност, намираща своя краен израз в тероризма. Особеното в случая е, че докато Менке вижда в господството на либералните демокрации, чрез което те произвеждат чуждото като изключена другост, едно преплитане на политически и културни компоненти, Бодрийар се опитва да покаже, че абсолютното господство, което действа чрез насилието на глобалното, довежда до поглъщане на универсалното, тоест че икономическото и техническото нивелира и унищожава културата, ценностите и нормите. За да докаже това, той изхожда от разграничението между

глобално и универсално, които изглеждат на пръв поглед анало-
гични:

> Универсалността се отнася до правата на човека, до свобо-
> дите, до културата, до демокрацията. Глобализацията засяга
> техниката, пазара, туризма, информацията. Глобализацията
> изглежда необратима, докато универсалното е на път да из-
> чезне, поне във формата под която е изкристализирало в За-
> падната модерност като ценностна система без аналог в ни-
> коя друга култура. Всяка култура, която става универсална
> изгубва своята сингулярност и умира. (Baudrillard, 2002, 36)

За разлика от онези култури, които Западът е асимилирал и
разрушил, унищожавайки тяхната сингулярност, западната кул-
тура и нейните ценности са на път да изчезнат поради стремежа
към универсалност и загубата на всякаква сингулярност. Затова
според него ако първите са умрели „красиво“, това което очаква
нашата култура е една съвсем не красива смърт. Тази смърт е свър-
зана с определено убийство, което води в крайна сметка до само-
убийство, макар и Бодрийар да не използва точно тези термини.
Глобализацията, която обхваща универсалното довежда до него-
вата деградация и накрая изгубване в нивелирането му:

> Глобализацията на обмена слага край на универсалността
> на ценностите. Това е триумфът на единното мислене по от-
> ношение на универсалното мислене. Това което отначало се
> глобализира е пазарът, промискуитетът на всички отноше-
> ния на обмен и на всички продукти, постоянният поток на
> пари. В културно отношение това е проимскуитетът на
> всички знаци, ценности (...) В края на този процес изчезва
> всякаква разлика между глобалното и универсалното, са-
> мото универсално е глобализирано, демокрацията и правата
> на човека циркулират точно така, както всеки останал про-
> дукт, като газта или капитала. (Пак там, 37)

Това, което Бодрийар критикува е не толкова загубата на
култура и реални ценности, колкото нарастващата дискриминация
срещу локалното и сингулярното:

Глобализацията означава хомогенизация и нарастваща дискриминация. Заточението и изключването не са случайно следствие, а са част от логиката на глобализацията, която за разлика от универсалното дестабилизира съществуващите структури, за да може по-добре да ги интегрира. Така навсякъде се появяват дистанции, които често са непоправими. (Пак там, 38)

За разлика от Менке, който вижда причините за изключването на чуждото и чужденците в либералнодемократичната идеология, Бодрийар предлага една коренно нова, „некласическа" интерпретация, обясняваща властта и насилието на Запада и САЩ като супер-сила чрез вирусното виртуално разпространение на глобализацията:

Става въпрос за едно вирусно насилие, за едно насилие на мрежите и на виртуалното, за едно насилие на нежното заличаване, за насилието на консенсуса и на наложеното гостоприемство, които действат като козметична хирургия на социалното (...), за насилието на една система, която преследва всяка форма на негативност, на сингулярност (...). Това насилие е вирусно в смисъл, че то не действа фронтално, а чрез зараза и верижна реакция, като цели загубата на целия ни имунитет. (Пак там, 40)

Единственият начин да се противостои на тази зараза, при която сингулярното е погълнато от универсалното, а универсалното от глобалното, е да се заложи не на ценностите, които биват пропагандирани, а на бунта на сингулярностите срещу цялата тази порочна система. Бодрийар подчертава, че само по себе си сингулярното не е нито позитивно, нито негативно и че сингулярностите не са някаква алтернатива на съществуващия световен ред. Но тяхната неоспорима полза се състои в това, че те задушават тоталността и водят до разцепване и раздробяване на системата, като това може да стане по мирен начин, напр. чрез езика, изкуството и културата, но и чрез насилствен начин, какъвто е напр. тероризмът. Според Бодрийар събитията след 11 септември 2001 г. показват ясно, че тероризмът е една брутална реакция на сингулярно срещу системата, реакция, която е предизвикана от самата система:

> Срещу една система, чиято прекомерна власт съставлява едно непреодолимо предизвикателство, терористите се опълчват като отговарят с едно действие, което не може да бъде отменено. Терор срещу терор – тероризмът срещу терора на системата. (Пак там, 42)

Според Бодрийар тероризмът не съдържа някаква политическа или идеологическа алтернатива, а едно събитие, което е вид фрактура притежаваща трансполитическо действие на дестабилизация, на емболия, на верижна реакция на саморазрушение на системата. В този смисъл той е като един вид вирус в последния стадий на системата, като една реакция срещу непоносимостта на властта и арогантността на новия световен ред.

За Бодрийар очевидно въпросът за чуждостта се поставя в безалтернативната жестока борба между двама врагове – между терора на световния ред и тероризма на сингулярното, без оглед за преговори или някакъв вид опосредстване. Пита се обаче дали нещата стоят точно така и дали няма други пътища за решаване на тези въпроси. Позитивен отговор на това дават според мен онези философи, които залагат на интеркултурната комуникация и политиката на чуждостта. Един от тях е Бернард Валденфелс, който несъмнено най-дълго се занимава с тази проблематика, като я разглежда в различни контекстуални полета. Тук ще се спра съвсем накратко само на схващането му за чуждостта в контекста на интеркултуралността, тъй като това е въпросът, който ни интересува. В *Топография на чуждото* (Waldenfels 1997) и последната си книга *Основни мотиви на една феноменология на чуждото* (Waldenfels 2006).

Валденфелс подчертава, от една страна, че интеркултурната комуникация е немислима без чуждото, а от друга, че интеркултурността крие винаги опасността от едно ограбване на чуждостта на чуждия и асимилирането му в собствената ни култура. Чуждостта съдържа винаги един момент на непроницаемост, несравнимост и несъизмеримост, който убягва на всякаква интеркултурна комуникация. Опитът на Валденфелс за възвръщане на чуждостта на чуждия в рамките на взаимоотношенията ни с него минава през фигурата на третото – една неутрална, неперсонална, анонимна инстанция, която следва да създаде рамки за отношенията ни с него. Но другият (абнорменото) не може да се субсумира под фигурата на третия (нормативния ред), те само се пресичат или преплитат. Комуникацията с чужденеца може да се осъществи, според Валденфелс, само в една респонсивна етика, тоест в отговора на искането на чужденеца, което той отправя към нас. Интеркултуралното възниква именно като пресечна точка на претенцията на чуждия и отговора на самия, респективно на преплитане между чуждата и собствената ни култура, без снемане на различията. В този контекст чуждото е онова, което поставя нас и нашата култура под въпрос и указва границите на нашия свят и на нашето разбиране. Проблемът, който възниква пред респонсивната етика се състои между другото в това, че радикализирането на чуждостта прави не само разбирането на чуждото проблематично, но и невъзможна каквато и да е било справедлива политика на чуждото, тъй като

> всяка форма на справедливост, която установява валидността на трети, съдържа момент на несправедливост – чуждото не допуска да бъде включено в никакъв ред, независимо от степента на отвореност и флексибилност с която той ни се представя. (Waldenfels 2006, 126)

Много по-позитивна е позицията на Раул Форнет-Бетан-кур, който развива перспективите на една политика на чуждото, ръководеща се от взаимните усилия за постигане на разбиране между чужди една на друга култури и изграждане на един съвместен свят (Fornet-Betancourt, 49-59). Бетанкур подчертава, че чуждото съществува, защото съществува плурализъм, чиито форми на проява не могат да бъдат редуцирани до вариациите на някаква самост (*Selbst*). Затова чуждото съществува винаги в множествено число. С други думи, самостта ни е самата тя нещо чуждо, погледната от перспективата на чуждия за нас. Чуждото се различава от другото, което може да бъде възприето като друго равно на нас, или друга самост.

> Чуждите хора (чужденците) са напротив онези, на които, когато ги срещаме, им липсва може би причастието към една традиция, постулирана като наша собствена и свързана с опита на принадлежността към 'нашата' група. Макар и те да се срещат в 'нашия' роден свят, те не са родствени на него, така че ние не можем да ги разберем, ако изхождаме от този роден свят. (Пак там, 51)

Затова нашето отношение към тях се развива често пъти от дистанция (напр. отношението към гастарбайтерите) и оттук именно те се чувстват като чужди, респективно отчуждени. Това са чужденците, които (независимо по какви причини) живеят в чужбина, тоест в нашия роден свят и от които се очаква, тъкмо защото не са при нас у дома си, да се пригодят към реда на социалния и културния свят, който ги приема. Оттук основната теза на Бетанкур е, че съществува една дълбока връзка между херменевтиката и политиката на чуждото. Той определя херменевтиката в най-широк смисъл като „превод" и дава примерът с Хермес като преводач на посланията на боговете. Това, което следва в случая да се преведе е именно чуждостта на чуждия, без обаче той да бъде деградиран в обект на интерпретация, а

45

взет като субект, който възприема чуждите като субектите, които го заговарят като интерпретатори на своя свят и самоинтерпретатори на своята чуждост и които са на негово разположение като равностойни партньори за разговор.

> Преводът на чуждостта на чуждия – подчертава Бетанкур – следва следователно да се разбира като колективна задача, под което аз разбирам търпеливият труд на една преводаческа общност (...), която е израз на житейската общност с чуждия и затова го оставя да бъде съпричастен като съ-преводач. Преводът на чуждостта на чуждия представлява следователно едно усилие, на което е способна само една интеркултурно квалифицирана интерсубективност. По-просто казано, чуждостта на чуждото може да бъде преведена само от хора, които съзнават, че чуждите могат само с тяхна помощ да бъдат разбрани като субекти, че чуждият не може да бъде разбран, ако не се научим да разбираме заедно със него и че участието в колективната задача на превода на чуждостта на чуждия, именно защото е упражнение в едно разбиране, съпроводено от чуждия, е също така и един учебен процес по отношение на своето... (Пак там, 53-54)

Това схващане има определени политически измерения и следствия. Бетанкур се противопоставя на десницата, която отрича мултикултурното общество в името на една чиста култура (в случая немската), както и на някои леви (политици от зелената партия), които считат мултикултурното общество за единствена алтернатива и единствен модел на организация на съжителството на различни култури в едно общество. Той пледира за една интеркултурна общност на солидарни един спрямо друг чужди светове, където чрез интеракцията хората се самосъздават наново в ежедневието, като се саморазбират в процеса на постоянно преговаряне за границите между свое и чуждо. Основният принцип тук не е нито самозапазването на отделното, нито едно многообразие, където чуждите трябва да се нагодят към някаква центрираща „водеща култура" (*Leitkultur*), а казано на френски, т.нар. *mutualité* (взаимност, пак там, 58-59).

Политиката на чуждото, скицирана от Бетанкур, се ръководи от убеждението на Хана Арент, че историческият свят, в който живеем, е променим, че ние носим отговорност за него и затова трябва да се стремим към една политика на подобряване на качеството на отношенията ни с чуждия. Това изисква, първо, критика на асиметричните отношения, напр. на ограничените възможности за партиципация на чужденците в политическото устройване на обществото; второ, даване на права на чужденците, които да гарантират неговия интегритет, без да бъдат зависими от неговата интеграция; трето, политика на публично признание на чужденците, на тяхното човешко достойнство чрез признанието на техните различия. Но това не значи да се провежда една либерална мултикултурна политика, затваряща културните различия в някакво гето, а признаване с оглед на една съвместна работа за преодоляване на културните граници по посока на едно интеркултурно съжителство. Бетанкур подчертава в заключение, че това е само най-обща скица на един политически проект, който е далеч от актуалното състояние на нещата и затова като начало се изисква повече цивилен кураж за защита на чужденците.

4.3 Интеркултурният диалог като транслативна херменевтика на чуждото и основа на интеграцията

Какви основни изводи могат да се направят от така очертаните по-горе дискусии и опити за концептуализация на проблемите за чуждото и чужденците?

Аксел Хонет и Кристоф Менке са прави, когато подчертават, че капиталистическата, респективно либералнодемократичната, а аз бих казала и всяка друга политико-икономическа или държавна система (общност), се базира на определени ценности. Това се вижда от члена за ненакърняемостта на човешкото достойнство, залегнал в германската конституция, а също и от хартата на Европейските основни права и ценности, влязла в сила с Лисабонския договор. Нещо повече, системата се нуждае от ценности, за да легитимира своите права и да ги облече в правна и политическа власт. Оттук именно се получава онова, косто всички автори тематизират под формата на изключеност – ценностите или аршините за справедливо и несправедливо, за добро и зло и пр., особено когато са превърнати в идеологеми, полагат имплицитно или експлицитно определени граници, където най-общо казано чуждостта лесно се превръща във враг. Това е което Менке нарича структурен проблем на либералнодемократичната държава, а Бодрийар – насилие на универсалното и на глобалното срещу сингулярното, стигащо до терор, който предизвиква на свой ред реакциите на тероризма. На това място следва да се отбележи, че схемата на обяснение, с която си служи Бодрийар, е твърде обща, водеща на места до едропанелни тези като напр., че либералнодемократичната система преследва всяка форма на сингулярност, че глобализацията е само и единствено терор водещ до тероризъм и пр. Особено невярна е тезата му, че тероризмът е трансполитически, тоест без определена цел и ценности, без идеология и затова не може да бъде алтернатива на либералната демокрация. Тероризмът от страна на алкайда, който Бодрийар визира, се базира например на идеологиите на салафизма и кутбизма. Дали те могат или не могат да бъдат алтернатива на определена държавна и политическа система е друг въпрос. В случая това, което ни интересува е, че неговата схема на обяснение, представяща западните либерални демокрации като доминираща сила, насочена срещу всичко чуждо и функционираща в схемата „враг срещу враг", е една крайна интерпретация. Тя не само не предлага никаква алтернатива, но тя игнорира и опитите за преговори, за търсене на реален, а не насилствен консенсус, за интеркултурен диалог, както и различните форми на борба за признание на сигуларностите вътре в самите либералнодемократични държави и извън, тоест на международно ниво, какъвто е напр. случаят със страните кандидат-членки за влизане в Европейската общност. Това че, както отбелязва Менке, съществуват и различни форми на дискриминация, това че на различни места и на различни нива се забелязва определена културна хегемония на либералнодемократичните ценности, особено там където десницата завзема и осъществява властта, е също вярно. Но европейските общества, а и американското, не са хомогенни. В тях съществуват и се борят различни сили, различни културни и социални общности с различни ценности и нагласи. Ето защо проблемът за чуждото и чужденците не може бъде нито правилно разбран, нито решен, ако се откъсне от контекста на проблемите за признанието, за мултикултурализма и интеркултурния диалог, нещо, на което с основание наблягат Юрген Хабермас, Аксел Хонет, Пол Рикьор, Бернард Валдефелс и Раул Форнет-Бетанкур.

Валденфелс и Хабермас са прави, когато отбелязват, че именно потърпевшите, чужденците са тези, които следва да артикулират исканията си под формата на права, което е, според мен, първата крачка от борбата за признание преди тези искания да се превърнат в база за преговори или за една „респонсивна етика" (Валденфелс) или за едно „процедурално разбиране за правото" (Хабермас). Но, от друга страна, обществото трябва да е самото то готово да прояви разбиране по отношение на чужденците. Затова призивът на Тирзе за една възпитателна и образователна дейност и политика по тези въпроси, не е толкова излишен както смята Менке. Тази дейност би следвало да протича в посоката, указана от Раул Форнет-Бетанкур, а именно чрез

49

превода на чуждостта на чуждия, или чрез това, което аз бих нарекла *транслативна херменевтика на чуждостта*, чийто модел и начин на функциониране ще очертая по-обстойно в следващата глава. Тук ще отбележа само, че аз застъпвам и развивам тази транслативна херменевтика като вид опосредстващо допълнение между възгледите на Лео Габриел за отворената система, основаваши се върху принципа на *диалога*, и разбирането на Пол Рикьор за общността и цивилизацията, което се базира на принципа на *конфликтуалния консенсус*. Именно защото действителността, историята и опитът на мисленето са многообразни, съществува едно многообразие от светогледи, културни и ценностни представи, разнородни политически системи. Един от основните въпроси в контекста на чуждостта, който възниква тук е: може ли при коренно противоположни позиции, каквито са позициите между самия и чуждия или „враг срещу враг", както е в схемата на Бодрийар, да се преодолее борбата и да стигне до диалог? Предварително ще кажа, че ако се възприеме концепцията за непроницаемостта на чуждото, издигната от Валденфелс, този въпрос става до голяма степен излишен. Но схващането на Валденфелс е според мен твърде крайно, тъй като макар и да има неразбираеми и може би дори „непреводими" моменти у чуждото и чуждостта, това не значи, че не може да съществува взаимно опознаване и разбиране, ако не пълно, то поне частично.

В заключение това, на което искам да обърна внимание е фактът, който като че ли повечето автори пренебрегват, а именно, че интеграцията е двустранен процес – чуждото и чужденецът не са *per se* нито негативна, нито позитивна категория, въпреки че в различните дискурси те биват негативно или позитивно конотирани. Въз основа на несправедливости и различни форми на дискриминация, а в някои крайни случаи и на насилие, чужденците са в правото си на протест и искания за репарация и повече права. Същевременно, те са длъжни на свой ред, както и всички останали граждани, да спазват реда и законите в държавата, в която се намират. Или, казано с други думи, признанието и респектът на другостта/чуждостта трябва да бъдат винаги реципрочни.

Литература

Baudrillard, J. „Die Gewalt des Globalen". In: idem. *Der Geist des Terrorismus.* Wien: Passagen Verlag, 2002, 36.

Fornet-Betancourt, B. 2002. „Hermeneutik und Politik des Fremden. Ein philosophischer Beitrag zur Herausforderung des Zusammenlebens in multikulturellen Gesellschaften". In: Wolfdietrich Schmied-Kowarzik(Hrsg.). *Verstehen und Verständigung: Ethnologie, Xenologie, interkulturelle Philosophie: Justin Stagl zum 60. Geburtstag.* 49-59. Würzburg: Königshausen & Neumann.

Habermas, J. 2010. *Die Einbeziehung des Anderen. Studien zur politischen Theorie.* Frankfurt am Main: Suhrkamp, 1996.

Honneth, A. 1992. *Kampf um Anerkennung. Zur moralischen Grammatik sozialer Konflikte.* Frankfurt am Main: Suhrkamp.

Honneth, A., Fraser, N. 2003. *Umverteilung oder Anerkennung? - Eine politisch-philosophische Kontroverse.* Frankfurt am Main: Suhrkamp.

Jürgen Habermas. „Ist die Menschenwürde die Quelle der Menschenrechte?" *Deutsche Zeitschrift für Philosophie*, Heft 3.

Lohmann, G. 2001. „Ist Fremdenfeindlichkeit demokratienotwendig?" *Deutsche Zeitschrift für Philosophie* Heft 5.

Menke, C. 2001a. „Fremdenfeindlichkeit in der liberalen Demokratie", *Deutsche Zeitschrift für Philosophie* Heft 5.

Menke, C. 2001b. „Die Dunkelzonen der Demokratie", *Die Zeit*, 5. April.

Ricœur, P. 2004. *Parcours de la reconnaissance.* Paris: Editions Stock.

Taylor, Ch. *Multiculturalism and "The Politics of Recognition."* Princeton: Princeton University Press, 1992.

Thomä, D. 2001. „Was ist der Demokratie fremd?", *Deutsche Zeitschrift für Philosophie*, Heft 5.

Waldenfels, B. 1997. *Topographie des Fremden: Studien zur Phänomenologie des Fremden.* Frankfurt am Main: Suhrkamp.

Waldenfels, B. 2006. *Grundmotive einer Phänomenologie des Fremden.* Frankfurt am Main: Suhrkamp.

$$\boxed{3}$$

Иванка Райнова

ЧУЖДОСТ, ОТЧУЖДЕНИЕ И БУНТ: ПРЕПРОЧИТ НА САРТР ПРЕЗ КРЪСТЕВА И ОБРАТНО

Два основни проблема в творчеството на Юлия Кръстева, с които тя от години насам постоянно се занимава, са чуждото в неговите най-различни измерения и бунтът. Редица изследователи подчертават, че тя е възприела темата за чуждостта и чужденеца от Фройдовата психоанализа, доколкото чрез самоанализ и проникване в несъзнаваното ние откриваме чуждото у самите нас. Макар и това да е вярно – самата Кръстева го подчертава на редица места –, съществува един момент от централно значение, който напълно е убягнал от полезрението на изследователите, а именно – фактът, че Кръстева пряко е заела заглавието на книгата си *Чужди на нас самите* (*Etrangers à nous-mêmes*) от устата на Орест в Сартровата пиеса *Les mouches* (*Мухите*). Причината за игнорирането на този факт се състои може би това, че в есето си *Etrangers à nous mêmes* (1988) – което на български е превеждано като *Чужди на самите себе си* или *Чужденци на самите себе си*[1] или *Чужденци на нас самите* – Кръстева се спира на схващанията на десетки автори, но не споменава никъде Сартр. Едва по-късно, в книгата си *Sens et non-sens de la révolte. Pouvoirs et limites*

---

[1] Така напр., в един непознат, суперлативен текст за Юлия Кръстева Блага Димитрова използва и двата превода – *Чужди на самите себе си* или *Чужденци на самите себе си* (Димитрова 2018).

de la psychanalyse I (*Смисъл и безсмислие на бунта. Силата и границите на психоанализата, I том,* 1996), тя посвещава цяла глава на Сартр. В нея тя осъществява една реинтерпретация на *Мухите* през психоанализата, като предлага едно ново обяснение на Сартровия възглед за свободата, свързвайки откриването на чуждото със злото, насилието и бунта като иманентни полюси на човешката идентичност и автономия. Но същевременно, както ще покажа, Кръстева изпуска някои важни моменти от екзистенциалистката концепция за свободата и избора, които са свързани с проблема за автентичността и онтологическия фундамент на ранната етическа теория на Сартр, а оттук и с определени политически импликации.

Предварително трябва да отбележа, че въпреки че и за Сартр, и за Кръстева са изписани десетки хиляди страници, идейната връзка между двамата автори почти не е изследвана. Известни са ми само интересният анализ на Джон Лехте на рецепцията на Сартровата концепция за образа в литературно-естетическата концепция на Кръстева (Lechte 2009) и един доклад на японски студент, предаващ доста откъслечно Кръстевия прочит на Сартр в *Смисъл и безсмислие на бунта* (Куриваки, 2015)[2]. Така или иначе, и досега липсва един критичен прочит на Сартр чрез Кръстева и обратно.

Преди да премина към съдържателния анализ, искам да подчертая трудностите на начинанието. Един от основните проблеми се състои в това, че теоретичните основи и методологията, с която си служи Кръстева, не са много ясни. Макар и някои да я стилизират като философ, в действителност тя не е такъв, което ще докажем по-нататък. Това че се занимава и с философи, съвсем не значи, че творбите ѝ имат философски характер, защото

---

[2] Докладът е изнесен пред литературния семинар на Софийския университет, преведен впоследствие от английски и публикуван в специалния брой за Юлия Кръстева на академичното електронно списание "Пирон".

никъде не използва философска методология и философско изяс-няване на понятията, с които си служи. Напротив, нейният стил е предимно есеистичен, анализите й не следват някаква кохерентна логика, нещо повече – не винаги е ясно по какъв начин съчетава и използва методите на психоанализата, лингвистиката и литера-турната теория. Към тези трудности и неясноти следва да се при-бави двузначния, дори многозначен смисъл на нейните тези и концепти. Затова не е чудно, че творчеството й е породило най-различни интерпретации и поляризиращи оценки от страна на из-следователи на различните социални и хуманитарни науки. В се-риозното изследване *Да четеш Кръстева. Разплитане на диле-мата* (*Reading Kristeva: unraveling the double-bind*, 1993), фило-софката Кели Оливър отбелязва, че според някои изследователи теорията на Кръстева се основава върху една есенциалистка ин-терпретация на жената и майчинството (Ейнли, Роуз, Жиарек, Чейз), докато според други тя подкопава есенциализма (Силвър-ман, Кайкендал, Гроз, Бътлър, Фрейзър); едни са убедени, че Кръстева застъпва анархистки идеи (Смит, Игълтън), докато други я упрекват в консерватизъм (Фрейзър, Джоунс, Лилънд); едни твърдят, че идеите й не водят до социална промяна (Фрей-зър, Гроз, Жидал), докато други считат обратното (Чантър, Роуз, Жардин); един смятат, че теорията й е неисторична (Фрейзър, Бътлър), докато други аргументират, че е свързана с историята и социалните структури (Лехте, Чантър); едни твърдят, че нейните концепции са чужди на политическата активност (Кайкендал, Флейзър), а други твърдят проивоположното (Жардин, Роуз) [Oliver 1993, 1]. В тази връзка Оливър привежда като особено удачна характеристиката на специалистката по френска литера-тура и женски изследвания Алис Жардин, една от най-ревност-ните поддръжници на Кръстева[3], според която: "Мисленето на

---

[3] Нека припомним, че по повод "досието Сабина" Жардин взе позиция, защитавайки Кръстева, като сподели с *Ню Йорк Таймс*, че всеки, който

Кръстева е особено: то е достатъчно прозрачно, за да бъде сведено твърде бързо от нейните критици до набор от биполярни противоположности (и по този начин да се критикува като биващо какво ли не, от свръх-анархистично до свръх-консервативно); но то е в същото време достатъчно непрозрачно, за да бъде безкритично идеализирано от най-пламенните й почитатели" (цит по Oliver 2003, 2). В концептуално отношение тази "непрозрачна прозрачност" (ако може така да се изразим), е вероятно и причината за отхвърлянето на някои произведения на Кръстева от страна на историците, упрекващи я, че пише за автори и теми, които не разбира – история, политика, общество, Китай, Хана Аренд и др. Така например, неотдавна известният английски историк Джулиан Джексън определи Кръстева като "перфектният пример за способността на интелигентни хора да пишат безсмислици под формата на неразбираема проза" (Jackson 2010).

Наред с тези най-общи затруднения при интерпретацията на творчеството на Кръстева, специфичният проблем в настоящето ни изследване е, че тя ни предлага психоаналитичен прочит на един философ, който експлицитно отрича психоанализата. Това, което Сартр категорично отхвърля от учението на Фройд е понятието за несъзнаваното (Сартр 1994, 160-164). Точно това

познава Кръстева и творчеството й, няма да повярва, че е била агент. В биографията *At the Risk of Thinking. An Intellectual Biography of Julia Kristeva*, която излезе в началото на 2020 г., Жардин, защитава Кръстева чрез собствения й наратив и кратка извадка от половин страничка от досието на агент Сабина, чрез която се опитва да докаже, че Кръстева е била жертва на режима, постоянно следена, че не е знаела, че Владо Костов е служител на ДС и дори, че не е знаела, че е агент Сабина, че цялата информация в досието е тривиална и общоизвестна: „everything in the dossier is in second- or thirdhand indirect discourse; there is nothing in it to prove that Kristeva knew that she was ‚Agent Sabina‘; and the ‚information‘ in it is trivial, readily available in public accounts [...]" (Jardine 2020, 309). На кратко, Жардин поддържа твърдо тезата на Кръстева, че това е едно „изфабрикувано" от ДС досие (пак там, 307).

понятие обаче е от централно значение за Кръстева и по-специално за концепцията й за чуждото. Затова крайният въпрос, който не може да не си поставим е доколко е сполучлива нейната кръстоска между класическата психоанализа на Фройд и екзистенциалната психоанализа.

1. Чуждото и женското: "чужденката" Кръстева

Темата за чуждото и чужденеца в творчеството на Кръстева е обусловена до голяма степен от собствената й биография, като навлиза оттук в теоретичните й разработки. В едно интервю за белгийския вестник *La Libre* тя казва: "включих се в дебата за чужденците във Франция, защото имам опит на чужденка и защото вслушването ми в чуждостта като психоаналитик ме кара да мисля, че имам нещо ново да кажа" (Kristeva/ Duplat/ Bellefroid 2001). Може би дори рецепцията на класическата психоанализа от страна на Кръстева се обуславя от близостта й до личността на Фройд, у когото тя съзира един чужденец, "един евреин от Галисия скитащ се във Виена и Лондон" (Kristeva 1988, 269), подобно на нея – чужденката, емигрирала от България във Франция. Макар и Кръстева да не прави експлицитно такова сравнение, мисля, че то е толкова подсказано, колкото и изследователският й интерес към "женския гении" на Хана Аренд, Мелани Клайн и Колет, както и към Симон дьо Бовоар и Св. Тереза от Авила – изтъкнати жени и световноизвестни авторки, чрез които тя изгражда собствения си научен и медиален образ. В този контекст се появява и централната тема за жената като чужденец и чужденецът в образа на жена. Интересен в това отношение е фактът, който интерпретаторите очевидно игнорират, че Кръстева проявява интерес към жените и женското творчество от най-ранни годни, още преди да замине във Франция. Емблематичен пример за това е статията й за Блага Димитрова, публикувана през 1963 в списание *Септември*, където тя пише следното:

> Чувала съм да казват, че Блага Димитрова е недоразумение – жена, при това поет и толкова разсъдлива! Критиците, които често я обвиняват в "умозрителност", я корят, че "измисля". Това напомня упрека на френските литератори към френските писателки, че когато творели, те "се гримирали като мъже". Наистина Блага Димитрова не пише само за жените – творчеството й е адресирано към всички. Но струва ми се, че подобни критици би трябвало поне да се гримират като жени (…), може би това ще ги улесни да почувстват "измислените" трептения на света. Защото лирическата героиня на поетесата е, колкото и високопарно да звучи това, съвременната жена, скоро пробудена, неспокойна и търсеща, която се втурва по белите полета на науката, по белите места на картата, по белите пътища на сърцето. Оттук и тази смесица на разум и чувство (...). Тази сватба на разума с емоцията, на интелекта с женствеността внася особена нежност, крехкост и благородство в света на поетесата. (Кръстева 1963, 216)

По-късно самата Блага Димитрова, чиято книга *Страшният съд* е издадена и разпространена във Франция от Кръстева, ще й се отплати с още по-хвалебствени слова. В портрета си на Юлия Кръстева тя предава между другото централната идея на един неин доклад със следните думи: "Жената е чужденка всякога и навсякъде: в ролите, които й се налагат, в брака, в професията, в обществото" (Димитрова 2018).

Ако припомням тук тези неща, то е защото смятам за важно да се подчертаят два момента, свързани с биографията на Кръстева, които са изиграли, по мое мнение, немалка роля в из-кристализирането на проблематиката за чуждото в нейните творби. Това е, от една страна, нейният "чужд произход"[4] – едно невидимо клеймо, което вероятно я е карало от рано да стъпва внимателно и да се движи по "правилния" идеологически път[5] –, а от друга, битието й на интелектуалка в един свят, където разумът и интелекта са били считани за приоритет на мъжа, за несвойствени и чужди на жените. Така че всички тези разкази, които започват с Кръстева "една чужденка, пристигнала в Париж", забравят или просто игнорират онова чуждо на самата Кръстева в тогавашна България, което тя изоставя, от което успява да се отърве като от "вериги"[6], за да търси себе си другаде – "по белите места на картата" на един свят, идентифициран от нея със свободата, и "по белите полета на науката", тоест на постструктурализма и на психоанализата. Затова във филма *Julia Kristeva, Étrange étrangère – Юлия Кръстева, Странната/странстващата чужденка* – тя споделя, че никога не се е чувствала чужденка във Фран-

---

[4] Баща й, Стоян Кръстев, бил преди 9 септември член на Цанковото дружество "Стожер", после член на "Ратник", където става близък с немския агент арх. Захария Илиев. Заради „връзките си с фашистите", след 9 септември е обявен за неблагонадежден и му е отворено наблюдателно дело. През 1950 година той и съпругата му стават дейни членове на ОФ, за да спасят себе си и семейството. От счетоводител в черквата "Света Неделя", през касиер на Софийската митрополия, той се издига до счетоводител на Св. Синод (Бутовски 2018).

[5] От "досието Сабина" научаваме, че е била активен член на ДКМС – два пъти комсомолски секретар, а от нейни разкази, че е превеждала на главния секретар на ФКП Валдек Роше и е сътрудничела на вестник "Народна Младеж" (виж Kristeva 2018).

[6] В интервюто за *Венити феър*, давайки обяснения по повод агентурното си минало, Кръстева разказва как се запознала с бъдещия си съпруг Филип Солерс. На въпросът му какво иска да прави във Франция тя му отговорила, перифразирайки Маркс, че нямала какво да губи, освен своите вериги. Интересно е че този разказ е поставен под рубриката "Чуждостта е моята страна", което може да се тълкува по различни начини (Kristeva 2018).

ция, но че начинът, по който са я възприели французите, я е отнесъл в областта на чуждото: "Текстът, който Барт написа за мен, ме определи като чужденка. А аз си мислех, че съм като всички останали от моето обкръжение и че споделяме едни и същи идеи и тревоги. Дълбоко съм убедена, че това важи с пълна сила и до днес." (Caillat 2005)

Образът на жената като чужденец е една от постоянните теми в творчеството на Кръстева. Подобно на Бовоар тя се обръща назад към литературата и митовете, в частност към Есхил (Kristeva 1988a), за да покаже, че именно жената е първообразът на чуждото. Гореспоменатата й теза, цитирана от Блага Димитрова, че "Жената е чужденка всякога и навсякъде", звучи в известен смисъл като перифраза на Бовоаровата теза за жената като абсолютна другост, сиреч чуждост. Съществува и сходство между прословутото схващане на Бовоар, че не се раждаме жени, а се превръщаме в такива или пък биваме превърнати в такива, както е в немския превод на Алис Шварцер[7], и разбирането на Кръстева, че чуждостта на жената е колкото нещо вътрешно, присъщо на човека като такъв, което трябва да се осъзнае и съзнателно да се поеме/приеме/трасформира, така и нещо, което се приписва на жената отвън, от мъжкия поглед, превръщащ я в чужденка.

2. Чуждото като бунт и избор

Проблемът за чуждото/чужденеца като форма на другото/другия е един стар философски проблем, който бива реципиран от Сартр и Бовоар главно чрез философките концепции на

---

[7] Шварцер превежда "On ne nait pas femme, on le devient" с "Man wird nicht als Frau geboren, man wird dazu gemacht", което е донякъде основателно. С това обаче се премахва двузначността на Бовоаровата формулировка, която очертава не само пасивния аспект (определянето на това що „е" жена, на женската функция и роля „отвън", сиреч от мъжете), но и активния аспект – възможността за самоопределение на жените.

Хегел, Хусерл и Хайдегер, а отстрана на Кръстева първоначално чрез психоанализата на Фройд, като бива по-късно допълнен, както ще се опитам да покажа, от един своеобразен психоаналитичен прочит на Сартр.

В *Etrangers à nous-mêmes* Кръстева обяснява, че дискомфортът на живота ни с другия произтича от неговата и собствената ни чуждост, която се корени в несъзнаваното и се регулира от него. За да разгадая преноса на чувства към другия и за да разбера другата чуждост като конститутивна на моята, аз трябва да се помиря със собствената си другост-чуждост, да я преживея и превърна в игра. Оттук тя характеризира психоанализата като "пътуване, навлизащо в чуждостта на другия и на самия себе си по пътя на една етика на уважение към непримиримото. Как човек може да толерира чуждия непознат, ако не познава себе си като чужд?" (Kristeva 1988, 296).

В *Sens et non-sens de la révolte* Кръстева свързва проблема за чуждото с темата за бунта – тема, която макар на пръв поглед да изглежда, че възниква по-късно от проблема за чуждото, всъщност е налична от самото начало в трудовете й[8]. Кръстева отбе-

---

[8] Не трудно да докажа тук тезата, че тези две тематики са от самото начало не само налични по един или друг начин в изследователското й поле, но и са вътрешно свързани и донякъде се взаимообуславят. Така напр. цитираният текст за Блага Димитрова може да се тълкува като бунт срещу мъжкото узурпиране на интелекта и разума, на тяхното присвояване от мъжете и отричането им като способности, дадени по природа и на жените. Второ бягството й от България може да се разглежда като вътрешен бунт срещу несвободата на един тоталитарен режим, не даващ възможност за разгръщане на индивида, както се вижда от редица нейни изказвания. Също така, макар и в Революция на поетичния език тя да не говори за бунт, нейната концепция тематизира субверсивната роля, която може да играят субективността и езика, която е присъща именно на бунта. Но именно в интерпретацията на Сартр, както ще видим, изпъква най-добре връзката между чуждост и бунт.

лязва, че когато си задаваме въпроса за смисъла на бунта в съвременния свят, ние не можем да отминем опита на Сартр – един мислител, който според нея е бил често неоснователно подлаган на критика. За да аргументира автентичността на Сартровите позиции, тя припомня надълго и нашироко аферата с отхвърлянето на Нобеловата награда от страна на Сартр – въпрос, който тук ще пропусна, тъй като е отклонение от интересуващата ни тема за Кръстевата интерпретация на бунта у Сартр. Центърът на тази интерпретация съставлява Сартровата пиеса *Мухите*. Може да се запитаме защо точно този текст е избрала. Предполагам, че като литератор тя проявява от една страна известен афинитет към Сартровите романи и пиеси, а от друга този избор съответства на желанието й да изследва преди всичко "интимния бунт" и културата-(като)-бунт, която тя счита за застрашена в наши дни (Kristeva 1996, 19). Не на последно място, не трябва да се забравя, че книгата *Sens et non-sens de la révolte* е публикация на лекционен курс, четен от Кръстева пред студенти, които не са философи. Независимо от това курсът, и в частност анализът на *Мухите*, е от съществен интерес, доколкото разкрива твърде ясно сложната връзка между чуждост, отчуждение и бунт у ранния Сартр.

Интересно е, че приканвайки ни да си представим *Мухите* по време на окупирана Франция, Кръстева с нито дума не споменава противоречивия начин, по който пиесата е възприета – за едни тя е израз на колаборационизъм, за други, напротив, призив за съпротива и борба за освобождение от нацизма (виж Galster 1986). Прочитът, който ни предлага Кръстева, върви именно във втората посока, като главната идея е да покаже как радикалният бунт на чужденеца отвежда от една страна до освобождаване и самоосвобождаване от властта на другия, но от друга и до отчуждение. Впрочем, тази интерпретативна насока е напълно основателна, ако се вземе пред вид факта, че в разговор със Симон дьо Бовоар Сартр описва намерението си по следния начин:

Мухите наподобяваше старите ми сюжети – една легенда, която трябваше да бъде развита като й се предаде нов смисъл! Запазих историята за Агамемнон и неговата съпруга, за Орест, който убива майка си, и за Ерниите, но й придадох съвсем друг смисъл, ситуирайки я в контекста на немската окупация. (...) В *Мухите* исках да говоря за свободата, за моята абсолютна свобода, за моята свобода на човек и преди всичко за свободата на французите, поробени от нацистите. (Beauvoir 1981, 238)

Нека припомним съдържанието на пиесата в сбит вид.

Орест се завръща под чуждо име в родния си град Аргос, който е нападнат от мухи. Там той се натъква на хора, измъчвани от угризения заради престъпленията си. Само управниците не се самоизмъчват – майка му Клитемнестра и тъстът му Егист, убили баща му Агамемнон след завръщането му от Троянската война. Сестрата на Орест Електра, която е превърната в робиня, се опитва да организира бунт срещу това вечно покаяние, но Юпитер го предотвратява. Под влияние на сестра си, на която разкрива истинската си самоличност, Орест решава да отмъсти на Агамемнон, като убие Егист и Клитемнестра. Юпитер не успява да убеди Орест да се откаже от престъплението, нито Егист да не се остави да бъде убит. След убийството братът и сестрата намират убежище в храма на Аполон. Юпитер успява най-накрая да накара Електра да се покае, но не и Орест, който напуска Аргос, освобождавайки поданиците от тяхното разкаяние и от мухите.

Кръстева започва анализа на пиесата с пояснение на образа на Орест, който според нея олицетворява изгнаника, изключения (от обществото), чужденеца. Отъждествяването на драматурга и на зрителя с фигурата на чужденеца "е вече позиция на бунт", подчертава тя (Kristeva 1996, 332). Орест се опитва да навлезе в интимността на града, за да подтикне хората към бунт и да разтърси страдащите от угризения (символизирани от мухите, въплъщение на Ериниите), още повече че истинският виновник, убиецът Егист, не се самоукорява за строеното. Във всичко това Кръстева вижда инсинуация за състоянието на окупирана Франция:

> Става въпрос за обвинение на едно мръсно състояние на духа, където една "тълпа" прикрива престъплението на властващите и се самоосъжда, превръщайки се чрез абекция в една пасивност, която макар и усещана като вина е съучастница, неспособна на съпротива и свобода. Както отбелязва Александър Грийн, театърът предоставя на Сартр 'възможността да вдъхне кураж на публиката чрез словото, под носа на немците, тези Егистовци, които деляха легло с колаборационистка Франция'. (Kristeva 1996, 333)

Според Кръстева Орест не успява да разбунтува народа, но той извършва нещо, което ни показва сложността на бунта и "компрометирането, с което се ангажира трагичния и/или бунтуващ се герой: за да се победи злото, трябва да се извърши друго зло" (Kristeva 1996, 333). Това зло се изразява не само в убийството на Егист, но и в майцеубийството – една централна тема в нейното творчество, която тя експлицира тук наново. Пътят на свободата преминава през злото и престъплението, той е анти-добро, анти-природа, и затова трябва да се убие майката, като олицетворение на природата: "Човекът може да постигне свободното си битие" – подчертава тя – "само чрез извоюването на себе си чрез откъсване от природата, чрез отричане на всичко природно у себе си – такъв е смисълът на майцеубийството. Ние се утвърждаваме като свободен субект единствено като се утвърждаваме като анти-природа" (пак там, 334). Така с Орест се очертава един нов Антихрист, като един далечен отклик на Ницше, един човек, който отхвърля божествената протекция и довежда до залеза на Бога (Юпитер), тоест, който извършва "радикалното богоубийство" (*le déicide radical*).

Но радикалността на бунта на Орест има и друга страна, която се състои в готовността да се заплати високата цена на поемането на чуждостта по отношение на другите и на самия себе си. С убийството на собствената си майка и скъсването със социалната група, Орест се превръща в изгнаник, в "чужденец на самия себе си". Именно на това място Кръстева цитира репликата на Сартровия Орест към Юпитер, която поразително прилича на заглавието на нейното есе *Etrangers à nous-mêmes* (*Чужди/чужденци на самите нас*):

> Да, знам, чужденец/чужд [съм] спрямо самия себе си (*Etranger à moi-même*). Отвъд природата, срещу природата, без извинение, без друго упование освен самия мен. Но няма да се подчиня и да приема отново твоя закон – аз съм осъден да нямам друг закон, освен собствения си. (пак там, 336)

Значението на това тотално отхвърляне на природата (майката) като закон (бащин, социален, божествен), се състои според Кръстева в това, че самият фундамент на идентичността е поставен под въпрос и то не само по отношение на отделния индивид, но и по отношение на социалната група и нейното законодателство. Когато символичната връзка (обществен или божествен закон) се разклати, субектът се сблъсква с онези зони на турбулентност каквито са раздорът и войната, което на свой ред води до прекъсване на най-архаичните връзки на индивида с другите. Свободата минава неизбежно през тези "радикално зли" страни на битието. За да ситуира Сартровата позиция, Кръстева посочва три изхода от това положение:

- Компрометиране чрез различни престъпления, корупция и измами
- Търсене на полифоничните символи на фрагментирането на личността в съвременната поезия (Орест на Жорж Батай)

- Сартровото практикуване на "ангажирана-дезангажираност" в името на един нов морал, носещ по неизбежност стигмата на грешката и дори на злото.

За Кръстева оригиналността на Сартровата позиция се състои в това, че тя не банализира злото, в смисъла на Хана Аренд, която упреква нацистите в извършване на зло "по заповед", тоест при липса на самостойно мислене и преценка и неспособност на упражняване на свободата чрез поемане на лична отговорност. Напротив, Сартровият анти-герой Орест извършва злото съзнателно и също така съзнателно поема отговорност за своята постъпка. Същевременно, като отрича, че чрез убийството той е извършил престъпление, той снема злото като зло – нещо, което Кръстева подлага на критика като опасно оправдаване на злото. В тази връзка тя цитира следния пасаж от *Мухите* (който предавам в съкратен вид):

Електра, аз извърших *своята* постъпка и тя беше добра постъпка. Ще я нося на плещите си като лодкар, който прекарва пътници, ще я пренеса на другия бряг и ще я подложа на равносметка. И колкото по-тежка за носене ще бъде, толкова повече ще се радвам, защото тя е моята свободата (…) Аз съм свободен. Отвъд страха и спомените. Свободен. И в пълно съгласие със себе си. (пак там, 340)

Това, което според Кръстева допълнително е скандализирало френското общество, особено след войната, е екзистенциалисткият радикален атеизъм на Сартр. В отговора на Юпитер, Орест отхвърля религиозната, християнската вина и изповядва насилие:

Не съм виновен и ти няма да ме накараш да изкупвам нещо, което не признавам за престъпление (…) Изведнъж свободата се разтопи върху мен и ме прониза, природата отскочи назад (…), вече няма нищо на небето, нито Добро, нито Зло, нито някой, който да ми заповядва. (пак там, 341)

65

Оттук Кръстева заключва, *че бунтът и свободата на Сартр преминават задължително чрез злото*, което не бива възприето като зло. "Несъмнено, става въпрос за едно признание на необходимостта на насилието" – пояснява тя –, "но по-дълбоко погледнато става въпрос за нагона към смъртта и т.нар. садистко удоволствие, което Фройд ни научи да разпознаваме в границите на психиката и което Сартр покри със социологическа и морална аргументация" (пак там).

По-нататък Кръстева преминава към други пиеси и литературни произведения на Сартр, за да покаже, че и там темата на свободата е обвързана с насилието. Но постепенно яснотата на анализа й се замъглява, дори разводнява, темата за бунта като че ли се изгубва и потъва във фрагменти от преразкази и цитати, от които лично аз не мога да извлека нищо съществено по интересуващия ни въпрос. Едва след 30 страници тя ни предлага откъслечни препратки към философията на *Битие и нищо*, скицирайки за жалост в доста опростен, наместа изопачен и хаотичен вид някои аспекти от Сартровата концепция за отношението на човека с другия и другите. Всъщност тя се спира само на 3-4 страници от средата на *Битие и нищо*, които преразказва по свой начин, за да ги "преведе" на езика на психоанализата, така както тя я разбира.

В параграфа "От Хусерл към Хегел, или от 'познанието' към 'съзнанието'", Кръстева отбелязва, че "Сартр сигнализира отначало провала на Хусерл, който приема по негови думи битието за познание и който набива един в друг двата основни полюса на основоположното твърдение на модерната философия, което е картезианската формулировка" (пак там, 369-370). Нямам намерение да навлизам в детайл в това недоразумение, но не мога да не отбележа, че Хусерл не отъждествява битието с познанието, което би обезсмислило най-малкото метода му на трансцендентална и ейдетична редукция и съответно Сартровата критика на Хусерловия метод. В случая Сартр критикува Хусерл съвсем за друго, а именно за това, че единствената връзка, която "успява да установи между моето битие и битието на другия, е тази на познанието" (Сартр 1999, 29), което води до солипсизъм. Нещо повече, Сартр упреква Хегел, че "отъждествява познанието и битието", а Хусерл затова, че подхожда към битието опосредено, чрез познанието (Сартр 1999, 42). Без да се спира повече на Хусерл, който бива елиминиран с това едничко (при това погрешно) твърдение, Кръстева отбелязва, че Сартровият дебат с Хегел бил порадикален:

> Сартр разкрива онова, което счита за провал на Хегел, въпреки че признава, че той пръв е поставил дебата на истинското му ниво като е разграничил от самото начало 'съзнание' и 'познание' – това е дори един от големите му приноси. '... съзнанието е едно конкретно битие *sui generis* (...); то е една самост, а не седалище на някакво непрозрачно Его (...); *битието* на съзнанието съществува преди неговата *истина*, тъй като е независимо от познанието (...) съзнанието е *било тук* преди да бъде познато. (Kristeva 1996, 370)[9]

Така предаден – чрез един разпокъсан, непълен цитат, изваден от старателната аргументация на Сартр –, дебатът Сартр-Хегел не се разбира, а напротив, бива замъглен. Кръстева не показва в какво според Сартр се състои "провалът" на Хегел. В действителност Сартровата критиката на Хегел върви в няколко посоки, една от които е именно отъждествяването на битието и познанието. За Сартр съвсем не е важно разграничението "съзнание" и "познание", както твърди Кръстева, а да покаже, че съзнанието притежава едно *битие*, което предшества познанието. Когато Сартр подчертава, че "съзнанието е едно конкретно битие *sui generis*", и продължава – "а не някакво абстрактно неоснователно

---

[9] Цитатът на Сартр следва българския ми превод на *Битие и нищо* (виж Сартр 1999, 34).

отношение на тъждество" (продължение, което Кръстева е „изря-
зала"), той има пред вид две неща: първо, че съзнанието е битие,
но особено, *sui generis* битие, защото е въплътено, тоест прите-
жава една плътна и плътска външна страна, която е тялото, фак-
тичността, макар и по самото си битие да е неплътно, прозрачно,
тоест "нищо". То е конкретно и по външната страна на неговото
въплъщение, и по вътрешната страна, тоест интериорността, за-
щото е винаги мое. Наблягането на това, че съзнанието е *битие*,
макар и особено, е именно основна теза, с която Сартр цели да
преодолее Хегеловия идеализъм, а по-нататък и вече споменатия
солипсизъм, като едно от затрудненията у Хусерл. Втората част,
която Кръстева е пропуснала или „изрязала", а именно, че съзна-
нието не е отношение на тъждество, означава, че познанието на
себе си и на другия не може да се осъществи по пътя на субект-
обектни релации, които опредметяват съзнанието. Второ, прино-
сът на Хегел според Сартр съвсем не е в разграничението между
"съзнание" и "познание", а в разкриването на дълбоката връзка
между самост и другост: "Гениалната интуиция на Хегел тук се
състои в това, че ме прави зависим от другия в собственото ми би-
тие" (Сартр 1999, 32).

След споменатия орязан цитат, Кръстева се обръща именно
към отношението на аза с другия. Тя отбелязва, че Сартр е запа-
зил един основен момент от Хегел, който той нарича битие-за-
другия и цитира (пак само частично) следния откъс: "пътят на ин-
териорността преминава през другия" (Kristeva 1996, 370; Сартр
1999, 30). Всъщност Сартр показва, че експлицирайки формулата
"Аз съм Аз" Хегел стига до другия, доколкото азът не може да се
самопознае без да се противопостави и разграничи от другия:
"Всеки е абсолютно за себе си само дотолкова, доколкото се про-
тивопоставя на другия. Срещу и спрямо другия той утвърждава
правото си на индивидуалност" (Сартр 1999, 30). С други думи,
другият е момент в самопознанието и в този смисъл тъждеството

предполага различието. Сложността, на която Сартр обръща специално внимание, произтича от факта, че другият бива възприет като обект, но самият той е също и субект. Кръстева спестява обаче тези моменти от аргументацията на Сартр, които са важни за да се разбере крайната му цел, и преминава направо към проблема за признанието в Хегеловата диалектика между роба и господаря: "Става въпрос обаче за един друг, който е друг-за-мен, тоест мой роб, в една диалектика на *признанието*, която обвърза господаря с роба и обратно", отбелязва тя (Kristeva 1996, 370). За пояснение тя предлага следния цитат от Сартр, който всъщност няма нищо общо с проблема за признанието, нито с диалектиката на роба и господаря: "Другият се появява с мен самия, тъй като съзнанието е самотъждествено със самото себе си чрез изключването на всичко Друго (…). Всеки е абсолютно за себе си само дотолкова, доколкото се противопоставя на другия" (Сартр 1999, 29-30). Оттук тя дава следното обяснение: "Господарят се противопоставя на роба, робът се противопоставя на господаря, но те са и двамата свързани чрез един пакт, който е общата мяра между същия и другия; те съществуват един чрез друг; те съществуват доколкото са обединени (*unis*), една постоянна провокация, една неразрешима диалектика" (Kristeva 1996, 371).

От тази интерпретация се вижда, че Кръстева отново не разбира какво цели да покаже Сартр. Първо, не съществува никакъв "пакт" между роба и господаря, защото това би означавало те да се намират в симетрично отношение, докато те се намират отначало в неравностойно, асиметрично положение, където азът като господар властва над слугата и в този смисъл азът е съществениът, а робът – несъществениът (Сартр 1999, 31). Доколкото обаче азът изисква от роба да го признае като господар, а това е възможно само ако робът е субект, то азът е длъжен да го признае за такъв. Това именно налага момента на реципрочно признание, "в който господарят [следва] да извърши спрямо себе си това, което върши спрямо другия, и в който роба [следва] да извърши спрямо другия това, което върши спрямо себе" (Сартр 1999, 32). В този смисъл твърдението на Кръстева, че "те съществуват доколкото са обединени (*unis*), една постоянна провокация, една неразрешима диалектика", е двойно нелепо. Това, че господарят и слугата, респективно азът и другия, са свързани в една изначална зависимост, не значи, че са обединени, а че именно защото са в неравностойно положение се налага борба за признание. Второ, ако бяха обединени, то в какво се изразява тогава "постоянната провокация, неразрешимата диалектика"? За да се разбере какво цели Сартр, трябва да се прочете целия текст. Така или иначе, у Сартр признанието (поне в *Битие и нищо*) остава проблематично, дори невъзможно, доколкото, за да запази свободата си, азът като битие-за-себе-си се опитва да подчини свободата на другия, с което го превръща в битие-в-себе си, в обект, а от обекта не може да се очаква и получи признание, любов и пр. И обратното, другият играе същата игра спрямо мен – той е заплаха за моето аз, тъй като се опитва да подчини моята свобода и с това ме превръща в обект. Сартр ще се опита да разреши тази асиметрия едва по-късно, напр. в етическите си тетрадки и в *Критика на диалектическия разум* (виж Райнова 1995, 144). Но в *Битие и нищо* той критикува Хегел, който смята, че реципрочността между съзнанията (на роба и господаря) може да бъде достигнато, като всъщност смесва предметност (абстрактен обект) и живот (за-себе-си като битие, потопено в-света) (Сартр 1999, 40-43).

Заключението на Кръстева от цялото това изложение се съдържа в едно-единичко изречение: "Ако битието[10] е битие-за-дру-

---

[10] И тук терминологията й е неточна, даже погрешна - става въпрос не просто за битието, а за битието-за-себе-си! Под битие Сартр обикновено разбира битието-в-себе-си.

гия, то е постоянно бунт, което Сартр формулира по следния начин: ‚*Битието на съзнанието е такова, че в неговото битие става въпрос за битието му*': тази ‚чиста интериорност' не спира да се поставя под въпрос: тя ‚е постоянно препращане към някакво *себе си*, което то трябва да бъде'" (Kristeva 1996, 371). Не е ясно откъде Кръстева заключва, че съзнанието като битие-за-другия е постоянен бунт? Сартр никъде не твърди такова нещо, нито то може да се изведе от посочения цитат. Но което е по лошо – тя бърка в случая битие, съзнание, самосъзнание, битие-за-другия и представя определението на самосъзнанието (рефлексивното когито) за определение на битието-за-другия, докато в предложения цитат става въпрос за битието-за-себе-си (виж Сартр 1999, 38)!

След като посочва чрез цитати, че съзнанието е непознаваемо за себе си и за другия, тя отбелязва, че съществува плурализъм, разпръсване и борба между съзнанията (Kristeva 1996, 373), при което не става ясно как, след като преди това е твърдяла, че съзнанията "са обединени (*unis*)", изведнъж се стига до разпръсване на съзнанията. Така или иначе, след кръпките от цитати идва ред и на основния момент в Сартровия анализ и на неговия "психоаналитичен" прочит от страна на Кръстева:

Моето отношение към другия не е вече отношение на познание към познание, а на битие към битие. ‚Моето отношение към другия е отначало и предимно едно отношение на битие към битие, а не на познание към познание' (Сартр). Моля ви да размислите върху това – кой е извлякъл следствия оттук? Със сигурност не когнитивистите, които се връщат най-много към Хусерл и които ни предлагат стратегии за познание, които са изтънчени форми на *cogitatio*, а не анализи на съзнанието. *Анализът* на съзнанието е осъществен от Фройд, който разкри истинската негативност, която е несъзнаваното и неговата ‚друга сцена', тоест онези хетерогенни логики, стигащи до нагона. Но Сартр не искаше и да знае за това, макар и да е един от малцината, който се позовава – съвсем приблизително – на психоанализата. По същия начин, психоаналитиците имат интерес да препрочетат Сартровия дебат относно 'познанието', 'съзнанието' и 'битието', когато усилено се опитват да ограничат другия като го затварят в стратегиите на познанието и интерсубективното опознаване (Kristeva 1996, 374).

Каква полза по-точно може да извлече психоанализата от това изложение на Сартровата концепция за съзнанието и за другия, не става ясно. Кръстева преминава оттук към следващия параграф, озаглавен "*Mit-sein*: Сартр интерпретатор на Хайдегер". В този параграф си проличава може би най-ясно пълното неразбиране от страна на Кръстева на феноменологията и на екзистенциалната философия, поради което се стига до окарикатурено предаване на Сартровите и на Хайдегеровите основни положения.

След като отбелязва, че битието-в-света се осъществява върху модуса на "битието-със" (*Mit-sein*), Кръстева твърди следното: "Да бъдеш, значи в Сартровия прочит на Хайдегер, 'да се създаваш като битие под формата на *on*' (*man*), тоест на неавтентичното инструментално '*on*' или на автентичното '*on*' като отношение между уникални личности" (пак там, 376). Но това е пълен нонсенс! Първо, Сартр не казва, че да бъдеш, значи да бъдеш под формата на *on* (френски превод на Хайдегеровото *man*, безличният колективен субект). Напротив, Сартр казва: "Да бъдеш, означава за Хайдегер да бъдеш своите собствени възможности, респективно да се създаваш като битие … И това е вярно в смисъл, че аз съм отговорен за своето битие-за-другия, доколкото го осъществявам свободно в автентичността или неавтентичността" (Сартр 1999, 45). А що се касае до *on*, или *man*, то е *винаги неавтентично*, няма автентично *man* (!) – това го знае всеки студент по философия. Сартр казва тъкмо обратното:

Когато съм върху модуса на неавтентичността, на *'man'*, светът ме препраща като безлично отражение на моите не-автентични възможности под аспекта на инструменти и комплекси на инструменти, които принадлежат на 'всички'... По този начин аз се известявам като *'който и да е'* (...) и моето неавтентично състояние (което е обичай-ното ми състояние, докато не осъществя конверсията в ав-тентичността) ми разкрива моето битие-със не като отно-шение на една неповторима личност с други също така не-повторими личности, не като реципрочна връзка между най-незаменимите същества, а като някаква взаимозаменя-емост на съставките на отношението (пак там).

Автентичността на индивида се постига само чрез конвер-сия, тоест чрез напускане на модуса на безличния "всеки", на за-менимия "който и да е", чрез поемане на свободата и отговор-ността с цел осъществяване на уникалните си възможности, чрез ангажиране със собствени позиции, а не криене зад колективни решения и колективна отговорност. Затова и отношенията ни с другия могат да бъдат автентични само извън безличната тълпа на *man*, където никой не носи лична отговорност, всеки е взаим-нозаменяем, а не неповторима и свободна личност.

Следват други бисери като напр., че "Сартр цени в *'on'* на Хайдегеровото *Mit-sein* обратната страна на борбата, която харак-теризира Хегеловата диалектика, а именно конотацията на екипа, който не работи за познанието, а твори в ритъм (подобно ритъма при гребането)" (Kristeva 1996, 377). Но екипът от гребци, който Сартр дава като пример, служи за илюстриране на съвместното битие върху модуса на "ние", а не е форма на *'on'*, както твърди Кръстева!

Не е ясно защо Кръстева предава само критиката на Ху-серл, Хегел и Хайдегер и спира изведнъж посред път, без да дос-тигне до най-интересното – самата Сартрова концепция на бити-ето-за-другия, която той разгръща чрез темата за погледа, както и чрез първичните и вторични начини на поведение към другия.

73

Така или иначе, след злополучните "обяснения" на Сартровия прочит на Хайдегер, тя решава най-накрая да ни разкрие смисъла на собственото си изложение. За тази цел тя привежда един цитат от Сартр, отново орязан и откъснат от оригиналния му контекст: "Става въпрос да се опита по отношение на другия това, което Декарт опита по отношение на Бога с помощта на онова необичайно 'доказателство чрез идеята за съвършенство'" (Kristeva 1996, 377; Сартр 1999, 54). И пояснява:

'Става въпрос да се опита по отношение на другия' – ние не правим нищо друго в психоанализата, не правим нищо друго и в литературната теория, когато дешифрираме труда на даден писател, защото получаваме запитване от страна на другостта на мисълта на пациента или тази на писателя… Но нека сме наясно: ние не знаем дали Бог съществува, но се нуждаем от идеята за съвършенство и я ситуираме на мястото на Бога; ние не знаем дали другият е отзивчив, но се опитваме да вникнем в интериорността на нашето съзнание или във възможността за *Mit-Sein* чрез една 'интуиция за трансценденция' по отношение на другия, чрез едно 'вътрешно отрицание', което води до появата на 'другия в когото като не биваш мен'. Тук именно се появява понятието за бунт и за отхвърляне. Аз мога да проникна в спецификата на другия само като се конфронтирам с него в самия себе си, тоест като го конфронтирам със собствената си чуждост, с погнусата, която ме обгръща. (Kristeva 1996, 377)

Обяснението, което предлага Кръстева, описва де факто собствения й подход (под "ние" тя разбира в случая себе си), но е доста далеч от Сартровия. Заключението "Ние не правим нищо друго в психоанализата", звучи доста нагласено и съвсем не наместо, ако се анализира контекста, от който е откъснат цитата на Сартр. Основната цел на Сартр е да се преодолее идеализма и солипсизма – философски проблеми, намиращи се на светлинни години от психоанализата. В този контекст Сартр уточнява смисъла на своите критики на концепциите на Хусерл, Хегел и Хайдегер, като посочва, че те спомагат за изясняване на условията за валидността на една теория за съществуването на другия. Тези условия са според него четири. Първо, не трябва да се предлага някакво ново доказателство за съществуването на другия, за да се преодолее солипсизма; второ, необходимо е ново изследване на когито, което да ме изведе към другия, напускайки полето на абсолютната иманентност; трето, когито трябва да ни разкрие другия не като предмет, обект или представа, а в неговия фактичен и онтичен интерес "за нас"; четвърто, трябва да се подходи по отношение на другия така, както подхожда Декарт по отношение на Бога чрез идеята за съвършенство, което значи да се приеме, че не става въпрос за външно отрицание на две субстанции, а за вътрешно отрицание, свидетелстващо за една двойна интериорност. Оттук Сартр заключва, че множествеността на различните "други", не е нито сбор, нито тоталност в Хегеловия смисъл, а една "детотализирана тоталност", тоест една не-унифицираща синтеза, запазваща различията. Но точно това не е разбрано от Кръстева, която пише, че противопоставянето на другия води до една безкрайност от негации и оттук до една "детотализирана тоталност" на битието, където "достъпът до екзистенцията на другия преминава през констатацията за невъзможността на другия, както и на всякаква синтеза. Не ми остава нищо друго, за да достигна до другия, освен да дълбая в себе си, да се негативирам и да го негативирам, така че ние никога не стигаме до една облекчена общност, нито ментална, нито социална, нито идеологична" (Kristeva 1996, 378). Ако беше разбрала смисъла на "детотализираната тоталност" като не-унифицираща синтеза, а не невъзможност за синтеза (!), Кръстева можеше да извлече полза за изследването си на чуждото и чуждостта, тъй като самата тя се опитва да мисли нещо подобно на "универсалното единично" на Сартр (виж Sartre 1972). Но, вместо това, тя смесва трансценденталната и онтологическа проблематика на *Битие и нищо* със собствения си психоаналитичен подход.

Не става ясно и откъде следва накрая изводът, че у Сартровото битие-за-другия става въпрос за бунт. Вероятно това е дописване на Сартровата концепция с цел пригаждане към изначалната проблематика на курса. Но във феноменологическото изследване на битието-за-другия никъде не става въпрос за бунт, а за конфликт, както и за откроряване на определени конститутивни структури на съзнанието, чрез които Сартр се стреми да изясни условията за автентичност и неавтентичност.

Не по-малко недоумение будят социално-политическите асоциации и изводи от *Битие и нищо* в обобщаващото заключение на Кръстева:

> Отбележете, че тази мисъл [Сартровата – б.м.] отвежда отначало до отричане на философската тоталност и мисленето на битието като тотализиращо; след това, до една социологическа констатация срещу всяко тотализиращо общество, било то тоталитарно или разплуто демократично и унитаристко, което най-малкото смазва радикалността на същия и другия и заличава правото на единичност, пък било и то под привидността на човешките права; накрая, с помощта на имагинерното и ролята на погледа процесът на нетотализираща тоталност ще се впише във видимия ред. (Пак там, 378-379)

Няма да коментирам това обобщение, но ще посоча само някои общоизвестни неща, а именно, че в *Битие и нищо* (1943) Сартр се намира още върху почвата на индивидуализма – там отсъстват всякакви социално-политически, камо ли "социологически констатации" –, че концепцията за ангажираността е разработена след 1945 г., а най-добрите му анализи на тоталитаризма и недостатъците на демокрацията са осъществени във втория том на *Критика на диалектическия разум*, публикуван посмъртно през 1985 г.

3. Смисъл и безсмислие
от психоаналитичния прочит на Сартр

В книгата си *Интелектуални измами* (1997) Алан Сокал и Жак Брикмон, професори по математика и физика, посвещават цяла глава на Юлия Кръстева, в която показват някои нейни грешки и неверни твърдения от областта на логиката и наукознанието. Ще припомня два кратки примера. В *Sèméiotikè* (Kristeva 1969, 189-190) Кръстева твърди, че аксиомата за избора имплицира понятието за построимост, докато тъкмо напротив, то позволява да се формулира съществуването на известни множества, *без* да има правило за построяване. Освен това тя казва, че Гьодел констатирал невъзможността да се установи противоречието в една система чрез формализирани методи на тази система, докато той доказва обратното – невъзможността да се установи *не*-противоречието (Sokal/Bricmont 1997, 84).

За жалост подобни грешки има, както видяхме, и в прочита й на *Битие и нищо*, където Сартр и Хайдегер казват едно, а поради неразбиране тя и им приписва точно обратното. Кръстева не е философ и очевидно това й пречи да вникне в онтологическите основи на Сарторавата концепция за човека, върху която са основани концепцията му за свободата, разбирането му за отношението самост-другост, а също и етическите му възгледи. Вероятно всеки един образован френски учител по философия щеше да направи по-добър разбор от нейния "прочит" на *Битие и нищо*.

Когато говори за невъзможна идентичност на съзнанието (Kristeva 1996, 351), Кръстева не разбира, че у Сартр става въпрос не за личностна идентичност, а за тъждество. Тъждеството е за Сартр присъщо само на битието-в-себе-си (онтичното, фактичността, предметността, "материята" грубо казано), което е неподвижно, плътно и непрозрачно. Затова дефиницията на битието-в-себе си гласи, че то "е това, което е" (Сартр 1994, 95). В противовес на битието-в-себе-си Сартр определя съзнанието като "нищо" – то е непрозрачно, ек-статично и в този смисъл подвижно, то "е това, което не е и не е това което е" (пакт там, 192). Това е онтологическият смисъл на неидентичността, тоест на нетъждествеността на съзнанието и затова Сартр отрича Хегеловото "Аз съм Аз" и го заменя с Аз не съм това, което съм. Това разбиране е залегнало и в основата на Сартровата (а също и на Бовоаровата) концепция за двузначността на "човешката реалност", която в онтологичен план не е само нищо, но и битие, тоест въплътено съзнание. Плътта или тялото играе съществена роля, доколкото то е от една страна именно *чуждото* на нас самите, предизвикващо като всяка фактичност погнуса, а от друга то ни *ситуира* и свидетелства по този начин за захвърлеността ни в-света сред другите и другото, тоест сред противостоящата ни се различна от нас чуждост, предизвикваща същото гадене. Онтологическата двузначност на човешката реалност е свързана и с моралната двузначност – както човекът не е чисто трансцендентално аз, така той не е никога и морално чист. Автентичността предполага именно осъзнаване и приемане на тази фундаментална двузначност, част от която е така наречената *mauvaise foi*, тоест (само)заблуждението, като конститутивна характеристика, с която човек следва постоянно да се бори (виж Райнова 1996, 61-64, 136-137).

Кръстева е права, когато реагира срещу упрекването на екзистенциалната философия в аморализъм. Същевременно тя греши, когато твърди, че в Орестовото приемане на една абсолютна свобода, непризнаваща Добро и Зло, "несъмнено, става въпрос за едно признание на необходимостта на насилието, но по-дълбоко погледнато става въпрос за нагона към смъртта и т.нар. садистко удоволствие, ... което Сартр покри със социологическа и морална аргументация" (Kristeva 1996, 341). Първо, екзистенциалистката концепция за свободата не е задължително свързана със садизма, но садизмът, така както е описан в *Битие и нищо*, е задължително свързан с проблема за свободата. Второ, когато става въпрос за садизъм, аргументацията на Сартр не е нито социологическа, нито морална, а онтологическа, разкриваща садизма в структурата на битието-за-другия като вторичен начин на поведение. Най-общо, садизмът е опит за подчиняване/присвояване на чуждата свобода чрез редуцирането й до фактичността, опит да се "принуди тази свобода да се отъждестви свободно с измъчваната плът" (Сартр 1999, 279), който винаги завършва с провал, защото свободата остава по принцип недосегаема (пак там, 282).

Не е права Кръстева и когато твърди, че свободата у Сартр минава по необходимост през злото, което ще рече, че трябва да извършим нещо лошо, някакво престъпление за да се освободим. Всъщност онова, което Сартр поставя под въпрос, това са от една страна установите социални норми с техния фалшив и лъжовен морал, а от друга проблема, доколко освобождаването от потисничеството може да се осъществи без насилие или пък, напротив, доколко изисква насилие. Кръстева опростява обаче въпроса за насилието у Сартр, приемайки го за абсолютно задължително. Нека припомня, че проблемът за насилието у Сартр е една от големите теми, относно която специалистите и до сега спорят помежду си (виж Aronson et. al. 2003; Santoni 2003). Без да се впускам в подробности около тези дебати, ще отбележа само, че насилието у Сартр не може да бъде разбрано извън контекста на неговата теория за революцията, от която става ясно, че то е само тогава оправдано, когато е ефективно, когато допринася за постигане на целите на революцията (виж Sartre/Schwarzer 1970). Само тогава то е автентично. Изключително важната връзка между свобода, избор и автентичност, която е в основата на Сартровата онтологическа и етическа концепция, ни дава обяснение – обяснение, което Кръстева не успява да предложи, оставайки на нивото на психоанализата –, за това защо за Орест/Сартр "злото", което избира, не е "грях". То не е "грях", не само защото Сартр отхвърля "греха" като морално-религиозно понятие, но и защото постигането на целта на освобождението се тълкува като постигане на автентичност (от страна на извършителя) и добро (за всички).

Следва да се подчертае, че за разлика от Кръстева, Сартр не се интересува от "интимния", индивидуалния бунт, а от социално-политическия, особено в крайната му форма на революция. В изложението си Кръстева цитира заглавието *On a raison de se révolter* (*Основателно е да се бунтуваме*, 1974) – сборник от дискусии между Филип Гави, Жан-Пол Сартр и Пиер Виктор около събитията през 1968 г. и последиците от студентските и работническите бунтове –, като оставя впечатлението, че това е Сартров лозунг[11], но не навлиза в самия текст, който може и да не е чела. Тези дебати обаче са важни, за да се разбере, че за Сартр индивидуалният бунт няма никакъв смисъл, ако не прерасне в групов (Gavi/Sartre/Victor 1974, 170-171, 174) – позиция която е противоположна на Кръстевата.

Накрая ще отбележа, че първата част на Кръстевия прочит на Сартр, анализираща *Мухите*, е интересна и от значение именно доколкото тематизира връзката между чуждостта и бунта. Там Кръстева убедително показва, че радикалният бунт води до неразбиране и отхвърляне от страна на обществото, до отчуждаване на бунтуващия се от социалните структури и институции, които биват поставени под въпрос и, че Сартровият антигерой приема да заплати тази цена напълно съзнателно чрез един избор, за който поема изцяло отговорността. В това се състои според нея разликата между Орест и Едип, който извършва без да знае (несъзнателно) "престъпление" и едва по-късно осмисля

---

[11] Всъщност това е фраза превърната в лозунг и заглавие на сборника принадлежаща на Пиер Виктор, а не на Сартр (Gavi/Sartre/Victor 1974, 154).

постъпката си, стигайки до конверсия. Сартровата конверсия е обаче тъкмо противоположна това тълкуване. Тя почива на съзнателен избор за извършване на "престъпление" в името на свободата – освобождаване на другите и на самия себе си –, без разкаяние и без оценка на стореното като "зло", доколкото то е зло само от гледище на действащия порядък/закон, който бива отречен и отхвърлен от бунтуващия се майцеубиец и/или богоубиец. С това *Мухите* обаче свидетелстват за факта, който Кръстева очевидно не иска да приеме, а именно, че екзистенциалистката концепция на Сартр *не подлежи на психоаналитичен прочит*. Всеки опит да се интерпретират неговите идеи чрез Фройд водят до изкривяване на целите и основните му послания. Това се вижда и от втората част на прочита на Кръстева, където тя се опитва да представи Сартровата концепция за отношението между аза и другия като постоянно отрицание и борба, равностойни на бунт. Но Сартровата теза за изначалната конфликтност на съзнанията няма нищо общо с бунта, а със самоконституирането на самостта, с разбулването на неавтентичните начини на поведение и възможностите за тяхното преодоляване.

С други думи, като оставим фактическите грешки и недоразуменията в Кръстевото представяне на *Битие и нищо*, лично аз не виждам ползата от психоаналитичния й прочит, който стига до напълно произволни изводи вследствие на еклектичното смесване на различни подходи и области на познание. Заниманията със Сартровата философия от психоаналитична гледна точка биха имали смисъл само ако се конфронтират идеите на Фройд със Сартровата им критика в *Битие и нищо* и *Сценарият Фройд* (Sartre 1984). Едва след показване на несъвместимостта на някои основни положения у Фройд и Сартр може да се правят изводи в полза на единия или на другия или да се предприеме опит за изработване на една нова концепция, отиваща отвъд класическата психоанализа и екзистенциалния анализ.

Литература

Бутовски, Иван. "Играта на проф. Кръстева с ДС", *168 Часа*, 05.04.2018 <https://www.168chasa.bg/article/6797909>

Димитрова, Блага. "Кръстопътни срещи с Юлия Кръстева", *kristeva.fr*, 2018 <http://www.kristeva.fr/2018/blaga-dimitrova-jk.pdf>

Кръстева, Юлия. "Блага Димитрова." - *Септември*, 1963, кн. 7, 216-225.

Райнова, Иванка. *Жан-Пол Сартр, философът без Бог*. Плевен: ЕА, 1995.

Сартр, Жан-Пол. *Битие и нищо*. Том 1. Прев. Иванка Райнова. София: Наука и изкуство, 1994.

Сартр, Жан-Пол. *Битие и нищо*. Том 2. Прев. Иванка Райнова. София: Наука и изкуство, 1999.

Хисато, Куриваки. "Екзистенция и бунт: из лекциите на Кръстева върху Сартр" // *Пирон. Софийско електронно списание за изкуства и култура*, брой 10, 2015, http://piron.culturecenter-su.org/2015-10-hisato-kurivaki-ekzistencia-i-bunt-iz-lekciite-na-kristeva/

Beauvoir, Simone de. *La Cérémonie des Adieux, suivi de Entretiens avec Jean-Paul Sartre, août-septembre 1974*. Paris: Gallimard, 1981.

Aronson, Ronald et al. "Sartre on Terror: The New Orleans Session - March 2002", - *Sartre Studies International*, Vol. 9, No. 2, 2003, 9-25.

Caillat, François. *Julia Kristeva, étrange étrangère*. Paris: Arte, 2005 <https://vimeo.com/60660013>

Freud, Sigmund. "Das Unheimliche". In: Ders. *Studienausgabe in zehn Bänden mit einem Ergänzungsband*. Bd. 4, *Psychologische Schriften*. Frankfurt am Main: Fischer Verlag, 1994, 243–274.

Galster, Ingrid. *Le Théâtre de Jean-Paul Sartre devant ses premiers critiques. Tome 1: Les pièces créées sous l'Occupation allemande, « Les Mouches » et « Huis clos »*. Paris: Jean-Michel Place, 1986.

Gavi, Pierre, Jean-Paul Sartre, Pierre Victor. *On a raison de se révolter. Discussions*. Paris: Gallimard, 1974.

Jackson, Julian. "The Wind from the East: French Intellectuals, the Cultural Revolution, and the Legacy of the 1960s. A study of the intellectual legacy of the events of '68 impresses", *The Guardian*, 13 November

2010. https://www.theguardian.com/books/2010/nov/13/wind-from-the-east-review

Oliver, Kelly. *Reading Kristeva: unraveling the double-bind*. Bloomington and Indianapolis: Indiana University Press, 1993.

Kristeva, Julia. *Etrangers à nous-mêmes*. Paris: Fayard, 1988.

Kristeva, Julia. "La première image de l'étranger que notre civilisation possède c'est une image d'étrangères, de femmes, les Danaïdes", France Culture, 30.12.1988a https://www.franceculture.fr/emissions/les-nuits-de-france-culture/mise-au-point-julia-kristeva-pour-son-livre-etrangers-a-nous-memes-1ere-diffusion-30121988

Kristeva, Julia. *Sens et non-sens de la révolte. Pouvoirs et limites de la psychanalyse I*. Paris: Fayard, 1996.

Kristeva, Julia. *Sèméiotikè. Recherches pour une sémanalyse*. Paris: Seuil, 1969.

Kristeva, Julia, Guy Duplat et Éric de Bellefroid. "Kristeva et le génie féminin", *La Libre*, 01 2001, https://www.lalibre.be/culture/livres-bd/kristeva-et-le-genie-feminin-51b872b9e4b0de6db9a5dadf

Kristeva, Julia. "Une autre vie que la mienne", *Vanity fair*, 20.06.2018, https://www.vanityfair.fr/pouvoir/politique/story/article-mag-une-autre-vie-que-la-mienne-julia-kristeva/3152

Lechte, John. "Julia Kristeva and the Trajectory of the Image," in: Kelly Oliver and S. K. Keltner. Psychoanalysis, Aesthetics, and Politics in the Work of Kristeva. New York: Suny Press, State University of New York, 2009, 79-96.

Santoni, Ronald E. *Sartre on violence: curiously ambivalent*. University Park, Pennsylvania: The Pennsylvania State University Press, 2003.

Sartre, Jean-Paul und Alice Schwarzer. "Aktion statt Druckerschwärze", in *Neues Forum*, November 1970, http://docs.sartre.ch/Aktion%20statt%20Druckerschwaerze.pdf

Sartre, Jean-Paul. "L'universel singulier", in idem. *Situations IX*. Paris: Gallimard, 1972, 152-190.

Sartre, Jean-Paul. *Le scénario Freud*. Gallimard, 1984.

Sokal, Alan et Jean Bricmont. "Julia Kristeva", in idem. *Impostures intellectuelles*. Paris: Odile Jacob, 1997, 75-88.

Татяна Батулева

ЧУЖДОСТ И ДРУГОСТ: ФИГУРИ И ПРОЕКЦИИ (ЦВЕТАН ТОДОРОВ)

България и/или Франция. Между „затворената страница" и „страната, на която принадлежа като гражданин"

Когато говори за идейната и емоционалната връзка на Цветан Тодоров с България, дългогодишният изследовател на видния френски интелектуалец с български произход Стоян Атанасов подчертава, че личностното изграждане на хуманитариста не следва двуполюсното движение „национално-чуждо". Поради тази причина парадигмата „силно да любя и мразя" не може да бъде ключ за отношението на Тодоров към България (Атанасов 2018:253). То е по-сложно и дълбоко нюансирано. Подобна е тезата на Александър Кьосев, който дефинира връзката с родината у българо-френския интелектуалец като оттласкване от родовата памет (Кьосев 2001). Свидетелство за многопосочните и нееднозначни параметри на тази връзка са събраните от Атанасов текстове, получили одобрението на самия Тодоров и издадени под заглавие „За България". Атанасов сравнява българския произход на Тодоров с избледнял филигран; самият Тодоров пък разглежда раздялата с България по аналогия с тази при развод: „спокойни отношения на нова основа без обвинения в липса на любов". Образът на България – заличен и съхранен, изтласкан и проециран, реален и въобразен – има отношение както в личностен план, към вътрешната еволюция на мислителя, така и към неговата теоретична рефлексия върху интеркултурната комуникация и националната идентичност.

Кои са фигурите на българското, които карат Тодоров да заяви: „Аз вече не съм в България, но България е винаги в мен" (Тодоров 2018:148). Първата от тях е издържана в мрачни краски – по-скоро застрашаваща, отколкото приютяваща; изтъкана от спомени от детството, които съвсем не са детски – странно изчезване на семеен приятел, заклеймявания и неприятности, съпътстващи работата на баща му; постепенно те го карат да прозре, че в реалност, в която „дебелащина и сервилност" се редуват, думи като свобода и справедливост са изпразнени от съдържание. Тази зловеща фигура на българското принадлежи на минало, към което писателят не желае да се връща и съзнателно се опитва да го изтласка. В душата на вече интегриралия се успешно българин тя изглежда като „капан", появяващ се в натрапчивия, преследващ го години наред емигрантски сън, капан, от който той напразно се опитва да се измъкне, защото винаги някакво препятствие се изпречва пред него: безличната и непредолима тълпа или гарата, която се оказва само декор, са нови варианти на невъзможността за завръщане във Франция (Тодоров 2018: 36). В този случай България е „затворена страница", тя не е неговият свят („повече ме интересува съдбата на Франция или дори тази на САЩ"). „Моите корени – това са децата ми, казва той, но сега те са френски. А идеята, че дължа нещо на България за това, което ми е дала, ми е чужда; имам дългове само към хора и се старая да ги признавам" (Тодоров 2018: 147).

Отказът от отъждествяване с България обаче не е абсолютен: бих нарекла този отказ *диалектическо снемане* на българския опит и преживяванията на родна земя в новата сложна идентичност, която емигрантът-интелектуалец успява да си изгради. Този опит носи житейска мъдрост, превръща се във фокус за оценка на френската реалност и най-вече, чрез него писателят запазва отстоянието си от тази реалност, от своята „чужда земя". Още нещо: България не е само обърната страница, но и спомен за човешка топлина, каквато понякога му липсва във Франция, заради „безличните маниери на общуване" в западния свят. Светлият образ на родината се свързва с този на майката, към който Тодоров храни особена нежност. В спомените му тя завинаги остава еталон за „любещо и щедро човешко същество", чийто живот, изпълнен с обич и грижи, озарява всичко около нея. Светлина има и в усещането за една „толкова наситена среда, в която по-късно никога вече не попаднах" (Тодоров 2018:143). Тодоров търси причината за това в разцвета на частния живот, на любовта и приятелствата, на силните интелектуални и художествени пристрастия, които балансират липсата на възможност за реална обществена изява в условията на тоталитарна държава. Така отстоянието от родното му дава възможност за проникновено вникване в реалността, в която се изгражда неговата френска идентичност. Новата родина го дарява с възторг и спокойствие; все пак, чувствителна, интуитивна и дълбоко съпричастна към другите личност, той така и не успява да свикне с „липса(та) на етическа реакция", с която се сблъсква във Франция. „Живеят като дребни буржоа, а говорят за революционен идеал, който, ако беше реализиран, щеше да направи невъзможни някои форми от тяхното съществуване, на които те очевидно много държаха" (Тодоров 2018:31). Тодоров вижда противоречията и тъмните страни на демокрацията: „жертвоманията", откъсването на интелектуалците от живота. Така под формата на снет образ на българското, конкретният преживян опит се превръща в подход, осигуряващ дистанция и обективна оценка на латентните особености на новата реалност.

Несъмнено Тодоров изпитва гордост от своята френска идентичност. Възклицания от рода на „ама ти изобщо не си се променил" му носят по-скоро болка: с тях сякаш се опитват да заличат най-ценните години от живота му, да му внушат, че всичко е било само сън, илюзия („на мен пък ми се искаше да не ме познаят, да се учудват колко съм се променил", споделя той). При посещението си в България изпитва несигурност и търси опора в разговора с френския културен съветник; той му носи облекчение, защото доказва, че френското му съществуване не е измислица, а реалност. А потвърждение за тази реалност открива в пространството на говоренето („не говоря, следователно не съществувам"). Затова завръщането му България през 1981 г. има характера на гранично преживяване: самият той го сравнява със спускане в пещера – едно от тези, които спелеолози правят, за да видят доколко организмът им ще издържи.

При превода на доклада си „България във Франция" Тодоров си дава сметка, че той звучи неуместно, сякаш неусетно е сменил адресата си. Причината е, че националната апологетика има различно звучене във Франция и България. Според Тодоров, ако във Франция човек може да се откаже от националните ценности, в България по това време „националистическият дискурс е единствено възможната форма на публично противопоставяне на комунистическата идеология"; Това, че възприема възхвалата на българските национални ценности като „средство да се опонира на официалните документи" (Тодоров 2018:39), му създава проблем: не желае да изневери на последните 18 години от живота си, като възприеме една напълно българска гледна точка; но не желае също така докладът му да звучи като реч на човек, отказал се от българския си произход. Как тази *„двойна принадлежност"*, тази сложна идентичност да получи легитимация; как да бъде достоверна, така че и едната, и другата позиция да бъдат пълноценни, отвъд едностранчивия и неудовлетворителен избор „или-или" и отвъд шизофренното раздвояване. Изходът според него е в *йерархизирането на полюсите*; в приоритизирането полюса на френската идентичност и вписването на българската в един по-широк контекст, така че тя да не спори с основната, а да допринася за един по-сложен поглед към нея.

Транскултурация: „Не едното или другото, а едното и другото..."

Тук стигаме до една от особеностите на словото на хуманитариста: интимно преживяното, личностното при него става подстъп към осмисляне на културата и социалното битие. Тодоров назовава процеса на постепенно избледняване на първородната култура *декултурация,* а този на усвояване на новата – *акултурация.* „Не е трагедия човек да изгуби първородната си култура, ако усвои друга, казва той. Ние сме хора, защото имаме език, а не този или онзи език" (Тодоров 2018: 45). Може би не всяка промяна на културата е добра; но факт е, че всяка култура се променя, т.е., ако съществува нещо постоянно в културата, то това е нейната променливост. Тодоров тълкува този факт в позитивен аспект: човек е осъден да запази своя пол и раса; но въпросът стои по различен начин, когато става дума за традициите, религията и езика. Тезата за променливия, флуиден характер на културите се отстоява и от други съвременни мислители. Според Дан Спербер колективните идентичности са отговорни за редица големи катастрофи в историята на човечеството. Защитата на колективните права в нейните крайни форми предполага и правото на общността да се налага и да предопределя избора на отделната личност, което накърнява свободата й. А този факт Спербер обяснява с погрешната представа за културите като устойчиви структури, докато те имат по-скоро флуиден характер (Droit/Sperber 1999). Извод, който хуманитаристът Тодоров формулира по следния начин: „Да осъдиш човек да остане затворен в културата на своите прадеди, предполага, че културата е непроменлив код, а това на практика е невярно". Той се разграничава от етническата и групова капсулираност, присъщи на общността и приема чуждото като възможност за обогатяване, необходимо както за развитието на отделния аз, така и за културата като цяло. Преекспонирането на традиционните национални ценности не е градивно, то закрепостява в миналото и пречи на развитието. Освен това защитата на общността лесно може да се изроди в „групов егоизъм". Според Тодоров „съхранението на миналото минава през три фази: установяване на фактите, конструиране на техния смисъл, превръщането им във функционални употреби на миналото (Тодоров 2002:22-27). Евгения Иванова акцентира върху процесите на взаимодействие и сблъсък между различни памети, протичащи в собственото ни постмодерно съвремие, като подчертава, че в постмодерността „официалната", държавна памет все повече се измества, от множество „други" памети, формирани „отдолу" и настояващи за правото си на съществуване. Така например, на основата на дефинираните от Тодоров фази българската изследователка извежда тезата, че, за разлика от сърбите, които избират за свой национален код изгубената държавност и така зареждат националната си памет с един непрестанно възраждащ се травматизъм – българите предпочитат възвърнатата държавност – т.е. освобождението (този подход, разбира се, има изключения: пример за такова изключение е османският период, когато „травматизмът се очертава категорично като най-българска характеристика" (Иванова).

Но да се върнем към специфичния начин, по който Тодоров изразява своята визия за раздялата с една и адаптацията към друга култура, наречени *декултурация* и *акултурация*. Процесът, при който двете явления протичат успоредно, като съчетание на едното с другото, е наречен *транскултурация:* това е овладяване на новата култура, като същевременно се запазва и старият културен код. Възможността за подобно съчетание е заложена на личностно ниво: всяка оценка на мащабни политически събития се пречупва през призмата на личностното. Това е своеобразна *differentia specifica* за интелектуалеца Тодоров и проличава ясно при анализа на тоталитарната система и нейния „таен чар". Мислителят успешно балансира между два регистъра, изградени на основата на неговия външно-вътрешен поглед, нещо, което придава особена оригиналност на написаното. Тази междинна, но особено ползотворна позиция проличава и когато говори за разликата между природните и хуманитарните науки, при които съществува тясна връзка между субект и обект, факти и ценности. За него „*моралната постъпка трябва да има за субект една съвсем* конкретна личност: аз. Морален си, когато изискваш тази постъпка от себе си, в противен случай си просто морализатор, който няма нищо общо с истински моралния субект. На този факт обръща внимание и Юлия Йорданова, според която Цветан-Тодоровият „критически хуманизъм по същество е призив за опомняне на хуманитаристиката от формално-структуралисткото й дехуманизиране" и връщане на ценностния статут на познанието" (Йорданова).

Тодоров прави опит да докаже, че тоталитаризмът не е приоритет само на тоталитарните държави, а произтича от самата човешка природа. В условията на тоталитарен режим това намира израз в *двумисленето (doublethink)*. Като приема живот в лъжа, всеки става съучастник в този „автототалитаризъм на обществото". Не е достатъчно да заявим, че тоталитарният режим е империя на злото, защото това означава, че злото се отъждествява само с едно определено място, но хората като цяло и всеки поотделно, никой не е застрахован и никой няма право да се представя за „комфортно въплъщение на доброто". „Злото не е изключителна собственост на никоя империя, така, както злото не се ограничава само в дявола. Безкласовото общество всъщност не е нищо друго освен общество, разделено на касти: неравен достъп до образование, жилища, свобода на придвижване и привилегии, предавани по наследство, а писателите и интелектуалците са неговите „най-находчиви ласкатели". Но дори и в условията на демокрация хората не са застраховани. В тях индивидите привидно действат като самостоятелни субекти, но реално са заложници на действащи вътре в тях несъзнателни сили или пък на външни икономически и социални фактори (Тодоров 2018:56-59). Човешките илюзии и страхът от свободата и отговорността опасно подхранват дискретния чар на един дебнещ и винаги готов за атака тоталитаризъм. Този личностен път при осмислянето на политическото дава възможност за обективна и многостранна, запазваща отстояние оценка. Защото, по думите на Тодоров, монолитното, единодушно (...) осъждане на тоталитарната машина „може да се окаже препятствие пред нейното осмисляне" (Тодоров 2018:55). Наред с лагерите, които според него съществуват и през 80-те години, наред с терора към всеки, обявен за враг, наред с цинизма и неограничената воля за власт, Тодоров подчертава „зловещата употреба на прилагателното „извънреден", запечатана в спомените му. Всъщност прилагателно, което вече е част от терминологията, маркираща международния политически дискурс, а в последно време и ситуацията около Ковид 19: извънредното в цялата своя зловещост вече не е приоритет на тоталитарния език, то присъства на всички равнища на комуникация; извънредното вече е новото „нормално", сякаш като доказателство на тезата на Тодоров, че дискретният чар на тоталитаризма е заплаха не само в условията на тоталитарни режими. Анализът на този извънтоталитарен тоталитаризъм според нас е един от най-значимите приноси на Тодоров в качеството му на теоретик, интелектуалец и гражданин. С него е свързано и неприемането на войната като път към налагане на демокрация, защото целта ѝ в крайна сметка е да *утвърди грубата военна сила*.

Тодоров задава въпроса, ако искаме да опознаем един народ, отвътре ли трябва да го гледаме или отвън и споделя, че всички съдят от собствената си камбанария, възхваляват себе си и упрекват чужденците. Свидетелство за това са приведените от него исторически писания на учени и пътешественици – своеобразни „чужди огледала", в които се оглежда образът на българското. За Монтескьо българинът е и варваринът, и добрият дивак, преграда срещу други, още по-диви варвари; според Волтер пък българите са вандали, сееши смърт и пожарища, но и носители на добродетели в страна, в която девойките са „като лебед в гръцко езеро или газела, бягаща в пустинята" (Тодоров 2018:19). Все пак има нещо общо, което според Тодоров, споделят авторите на свидетелствата – българското трудолюбие и гостоприемство. Но независимо от стремежа към обективност, чужденецът-пътешественик слуша най-вече своя вътрешен глас, свеждайки чуждото до нещо познато (т.напр.според Ламартин „танците на българите са като тези по нашите френски села"; а „планините им са почти същите като тези в Оверн" (Тодоров 2018: 26). Ученият се позовава на Михаил Бахтин и въведения от него термин *извънпоставеност* („вненаходимост") като условие, необходимо за задълбочено познаване на дадена култура и преодоляване влиянието на „заслепяващия етноцентризъм". Но „външният" поглед има своите недостатъци, той е или прекалено валоризираш, или прекалено обезценяваш. Затова той се насочва към обогатяване трактовката на Бахтин, като формулира извода, че „извънпоставеността трябва да се възприема отвътре". В качеството си на личностно осмисляне на разликата между родната култура и ценностите изобщо, извънпоставеността е такава позиция, при която *външният и вътрешният поглед са в диалектическо равновесие.*

Пътят към самия себе си:
човек-на-чужда-земя и чужденец-в-къщи

Образите на България и Франция допринасят за осмисляне на страни от собствената идентичност на интелектуалеца Тодоров, който търси път към съвместяването на „два културни кода". „Не отхвърлях нищо френско в себе си, а в същото време придобивах и възобновявах не по-малко цялостно българската си самоличност", споделя хуманитаристът. Невъзможността за преходи между двата кода, както и необходимостта от тяхното йерархизиране, се отбелязва от всички изследователи, както и от самия Цветан Тодоров (Атанасов, Кьосев). Има обаче още нещо и то е, че както българското и френското поотделно, така и тяхното взаимно структуриране като йерархия се изграждат под формата на *динамично единство*, в което отделните елементи не са застинали, а в процес на движение и непрестанно доизграждане. Ако отказът от отъждествяване с българското е факт, то не по-ярък факт е и дистанцирането от френското. Точно тук интегрираното българско играе роля на своеобразен коректив, допринасящ за отстоянието на човека и твореца, който винаги и навсякъде си остава „на чужда земя". Самият Тодоров споделя това без притеснение: „В интелектуалния свят обстоятелството, че съм чужденец, дори беше в мой плюс. Придаваше ми леко екзотичен вид, който като че ли ме правеше по-интересен" (Цит. по Атанасов с. 248). В качеството си на носител на знание, чужденецът-интелектуалец има нещо привлекателно, подобно на аурата, която в съзнанието на хората притежават екзотичните страни; той предизвиква уважение, за разлика от имигранта, чийто избор е продиктуван най-често от липса на друга, приемлива възможност и който предизвиква в най-добрия случай високомерно съчувствие. Или, ако продължим размислите на Тодоров, имигрантът има за цел пълно интегриране в приемащата страна, докато изборът на чужденеца да остане чужденец е продиктуван от собствената му сила; той не се бои да бъде видим, дори да остане анахронизъм, без приемащата страна да успее да го погълне.

Животът „в изгнание" става път и към своето, и към чуждото. Изгнаникът принадлежи и на двете култури, има предимството да ги вижда и отвън, и отвътре, както и да запази отстояние от тях. Винаги остава дистанциран и в отношението му има доза резервираност. Но неговият път е път към самия себе си, към отварянето и обогатяването на идентичността. Ако за героите на

Камю от „Изгнание и царство" целта е сливане, интегриране със средата, при Тодоров вписването е и разграничение. Именно изгнаникът – както вътрешен, така и външен, разполага с всички възможности (Тодоров 2018:27). Той се опитва да види специфичните предимства на тази носеща раздвоение ситуация и ги открива във факта, че тя дава възможност за предоляване на „идентичностното сгушване", т.е. на националистичното и културно капсулиране. Но това преодоляване не е безгранично: то не води до множественост и космополитизъм. На Тодоров са чужди идеите за номадството, за децентрираните субекти, „каквито ужким всички ние сме" (Тодоров 2018:44): „Не вярвам в добродетелите на систематичното номадство, на неограниченото трупане на културни заемки. За да се почувства добре човек в една култура, е необходима дългогодишна практика; границите на човешкия живот не ни позволяват да надхвърлим две-три подобни начинания" (Пак там, с.48), пише той. Той е и човек-на-чужда-земя, и чужденец-в-къщи: еднакво дистанциран и от взаимното обезличаване на свое и чуждо, и от абсолютизирането на единия от двата полюса.

Тодоров определя себе си като „маргинален центрист". В есе, посветено на Тодоров, Максим Гьорген прави опит да ситуира мислителя в светлината на еволюцията на френската хуманитарна мисъл през последните 50 години. За тази цел авторът изхожда от сравнителен анализ между Тодоров и Бурдийо: и при двамата въпросът за интерсубективното признание е централен за конституирането на самостта; и при двамата рационалният субект е предетерминиран от социалния свят, но и способен да извоюва собствената си автономия в него. Тук отново виждаме характерната за Тодоров двойствена, междинна позиция: от една страна, той е неделима част от интелектуалния климат на приемащата го страна, а от друга – нейна опозиция. Гьорген заключава, че Тодоров търси да установи *диалог между конфликтни интерпре-*

тации, затова се придържа към диалогична прагматика – нещо, което придава забележителна последователност и вътрешно единство на неговия интелектуален маршрут (Goergen 2016).

Интеркултурна комуникация: диалогът

При Тодоров другият стои в основата на конституирането на Аз-а: този Друг може да бъде различен от нас във времето, да бъде ситуиран в различно пространство или различието между мене и него да бъде в екзистенциален план. Общото във всички случаи е, че представата на другите за нас встъпва в *диалог* с представата, която ние имаме за самите нас: този диалог според него се вписва в диапазона между „пълното съгласие" и „чистото противоречие" (Тодоров, 1998: 142).

В статията си „Тодоров, или диалогичният аз на кръстопътя на културите" Стоян Атанасов лансира своя хипотеза: щом диалогът е фактор за субект в процес на трансформация, той може да се разглежда и като понятие, ключово за разбиране на прехода (от структурализъм и формализъм към хуманизъм), настъпил в критичното мислене на Тодоров. Атанасов разглежда неговия неохуманизъм като „плодотворен опит за установяване на диалог между класическата култура и нашата епоха" и подчертава особеното значение на диалогизма в интеркултурните феномени (идеи, които получават развитие в „Завладяването на Америка. Въпросът за другия"). Поставя акцента върху отвореността и незавършеността на самия диалогизъм и неговите безгранични възможности за трансформация на събеседниците, върху вечното ставане на аз-а, в което „настоящето едновременно се подхранва и разграничава от миналото на Другия". Следвайки описанието на Тодоров за диалогичната критика като среща на два гласа (този на автора и този на критика, като никой от тях не е привилегирован), Атанасов открива неговия диалогичен аз в две форми: като аз-а на този, който е „*на чужда земя*" (*dépaysé*) и като аз-а на

95

този, който е *медиатор*. Атанасов стига до извода, че диалогичният аз на Тодоров намира най-добри условия за реализация именно на „кръстопътя на културите" (Atanassov). Тази междинност, не толкова наложена от обстоятелства („на чужда земя"), колкото резултат от съзнателен избор (позицията на медиатор, сталкер) предполага ситуиране в пространството на другостта. В този случай другият се разгръща във всички свои ипостаси: този, когото средата възприема като друг; този, който възприема себе си като друг спрямо тази среда; и този, който осъзнава и приема собствената си вътрешна другост. И в трите случая става въпрос за комуникация, за *диалог*, между две страни.

Тук е моментът да отбележим, че именно диалогът стои в основата на разграничението между *другост и чуждост*, което нееднократно се подчертава от българо-френския хуманист. Между тях има съществена разлика: докато чуждостта отхвърля априори диалога, другостта го предполага (разбира се, става дума за координатната система на самия Тодоров, а не за тази на Бодрияр или Левинас, например). Чуждостта дистанцира и изключва, а другостта съвместява и приобщава. Състоянието на чуждост предполага „непонятност и комуникативна недостатъчност" (той дава пример със ситуация, когато човек се намира в неразбираема езикова среда). Чуждото не е просто различно и непознато, а и деклузивно, то е затворено в себе си, изключва възможността за диалог и взаимовлияние. Другостта, за разлика от чуждостта, предполага различие, носещо възможност за диалог, търпимост и взаимодействие. Според Мюмюн Тахир в другостта съществуват зони на толерантност, а именно толерантността според българския автор е условие, което не позволява другостта да се превърне в чуждост, т.е. в нея е заложено запазването на възможността за диалог (Тахир).

Когато говори за принципите, които изграждат европейската идентичност, Едгар Морен също поставя диалогичността на първо място: европейската идентичност се изковава в „културен

96

кипеж" от елементи, които са едновременно и антагонистични, и взаимно допълващи се. С диалогичността е свързано и това, което Морен нарича „организационна рекурсивност": различните елементи на европейското съзнание оказват влияние върху формирането на европейския дух, а Европа, от своя страна, оказва обратно въздействие върху тях. А според третия принцип, този на холограмата, европейските граждани интегрират европейската култура, от една страна, а, от друга, Европа живее чрез различните национални и регионални култури, всяка от които притежава своя специфика. Следвайки федералисткия принцип на Ружмон, Морен подчертава множествения характер на европейската идея за култура (Morin, 1987: 90; Морен, 2005), която намира начин за хармонизиране на противоречията, и достига до идеята за метанацията.

От своя страна, Цветан Тодоров дефинира европейската идентичност като „правилно управление на многообразието" (Тодоров, 2009: 263-269). Според него спецификата на европейската култура е в „начина, по който се управляват различните регионални, национални, религиозни и културни идентичности". Отвореността към другите е запазена марка на Европа, а европейската толерантност е „силна толерантност", т.е. тя надхвърля границите на търпимостта и се превръща в активно взаимодействие, при което различията се запазват, но с обща нормативна рамка. Космополитизмът допълва идеята за Европа на нациите. Това обаче не означава, че идеята за цивилизация съвпада с тази за Европа, защото цивилизацията е идеал, тя е бъдещето на Европа, а не нейното минало. Европейската култура е култура на толерантността и многообразието. Историята на континента е такава, че тук хората са се научили да живеят с множеството други, различни от тях народи.

Според Цветан Тодоров интеркултурният диалог започва като *вътрешен разговор*. Културата като практика е цялост в непрестанна еволюция. Всеки индивид има повече от една култура и

97

принадлежи към множество групи. Реално всички култури са смесени и няма пред-културно състояние. Но в света на представите има изкривяване, защото някои култури се възприемат като хомогенни и неприкосновени. Що се отнася до диалога, той, според Тодоров, предполага двойно условие: *да се признае другостта* на другите и да се определи някаква *обща рамка*, в която да може да се дискутира. От тук и ролята на интелектуалците – да улеснят разбирането между едните и другите (Todorov, 2008).

Но диалогът не бива да нарушава стремежа към автентичност. На въпроса дали България може да навакса изгубеното време, в интервю за БНР Тодоров отговаря: „Няма нищо за догонване. Трябва просто да се изживее живота пълноценно". Нацията трябва да намери себе си, да се развива по автентичен начин, а не да „догонва". Поразява го колко много българите са запознати с всичко, което се случва по света: факт, който според него произтича от техния комплекс за малоценност. „Необходимо е да добиете самочувствие и просто да следвате пътя си", е съветът на Тодоров. Тезата за диалогичния, релационния характер на човешкото пронизва цялото творчество на Тодоров. Може да приемем, че, подобно да други съвременни мислители (Ложие, Иригаре, Гудин), Тодоров споделя тезата за „предзададена релационна участ на хората". Общуването далеч не е само средство, то е цел, условие и модус на съществуване на човешките същества. В това отношение няма как да не споменем името на Едуар Глисан, чието многоаспектно творчество търси „поетиката" на *релацията* – термин, особено значим в условията на глобализация. Релацията играе важна роля в качеството си на поле за размисъл, чрез което се експлицират механизмите на апроприация, от една страна, и тези на опозицията на тези механизми, от друга. Въпросът как да бъдем отворени към другостта, но без да изгубим себе си и как да бъдем себе си, без да се затваряме към другия е лайтмотив в неговото творчество. Глисан говори за опасността от подмолно налагане на синтези, които всъщност са прикритие на властови отношения, за риска от един етноцентричен, „нелегален универсализъм налага(щ) своето господство". Релацията е *отворена тоталност*, която следва своето вътрешно движение, съхраняващо разнообразието вътре в цялото. Тя прави невъзможно приравняването на цялото до сумата от неговите части и няма друг закон освен пролиферация на възможните развития. Понятието релация Глисан анализира във връзка с друго: непрозрачност, като двете са взаимнозависими. Непрозрачността включва „нечетивното", неподдаващото се на апроприация и редукция, което всеки носи у себе си. Релацията е такова отношение, което дава право на другия да запази своята непрозрачност, своята специфика (Mbom). За Тодоров релацията, свързаността, диалогът са ключ към отваряне и обогатяване на идентичността, към вътрешното израстване и към интеркултурната комуникация – както на личностно ниво, така и на равнището на етноса, социалната група, културата, процес, при който най-важно е съхраняването на човешкостта.

„Влюбен в обикновените неща от ежедневието"

В интервю за БНР Тодоров споделя: „Възхвалата на ежедневието е тема, която ме вълнува отдавна и е моя страст. Не виждам смисъл в това да се отделя света на възвишеното и героизма от този на ежедневието, на обикновените хора, борещи се с всекидневните проблеми. За мен ежедневието е не по-малко вдъхновяващо от героиката на изключителното".

Подчертаването на ежедневното, на конкретното, на личното като сблъсък с и път към неиндивидуалното е друга характерна особеност на Тодоровия неохуманизъм. „Откриването на Америка", „Ние и другите", „Опит за обща антропология", „На предела", „На чужда земя" са стъпки, разкриващи спецификата на неговите вътрешни пътешествия. Това проличава особено силно в „На чужда земя". Тодоров говори за „посттоталитарна меланхолия", за „усещане за вакуум у западняка", за трудността да се приеме миналото и безпокойството за утрешния ден. Такъв е подходът му и при оценка на тоталитаризма: конкретните ужаси не са блудкави статистически данни, насилието не е извращение на тоталитарната система, а нейна органична част; затова и тоталитарните престъпления не са от компетенцията на законодателството, а на колективната съвест на нацията (Тодоров 2018:93;150); в същото време той не приема позицията на жертва, с която някои копнеят да се отъждествят, защото, макар че дава материални предимства, тя разяжда отвътре. За хуманиста конкретното, личните преживявания се превръщат в подстъп към осмисляне на универсалното. Тезата, че чрез конкретен казус може да предостави аргументация за универсални максими сближава Тодоров с контекстуалистките етики. Така например феминистките представителки на етиката на грижата, отстоявайки тезата за универсалния характер на уязвимостта (впрочем тя се споделя и от Джудит Бътлър, според която уязвимостта е функция на нашата ситуираност в езика, на нашата впримченост в езиковите норми), приемат, че конкретното, контекстът неоснователно се пренебрегват от философията. Според Колинс твърденията, че „само намерението да се действа в съответствие с моралния закон, е морално, а не просто инструментално стойностно, пропускат моралното значение на реалните грижовни отношения; пренебрегват значението на емоциите за мотивите на нашите действия". Защото без съпричастност човек може да не е в състояние да задоволи нуждите на другите по начин, по който моралът изисква, а без чувство на загриженост той може да не поеме отговорност, за да реагира на нуждаещите се. Затова за етиката на грижата моралът е не толкова въпрос на рационална преценка, колкото на *поемане на отговорност за конкретни хора в нужда* (Collins). Към тези разсъждения може да прибавим и изводите на Марк Хуниади, според когото изводите за ненадеждността на

100

контекста почиват върху една редукционистка визия, която е типична за историята на философията като цяло. И привежда следния пример: няма по-висш аргумент за човека, решил да се изправи срещу хитлеризма, от този, че не такава е представата, която искаме да имаме за себе си като човешки същества; тогава всички останали – че режимът е нечовечен, брутален, дискриминационен, произтичат от първия (Hunyadi 2015/2: 48). Дерида също приема, че отчитането на конкретния контекст не е несъвършенство, а залог за автентична преценка и „приложенията" на идеалната справедливост не могат да минат без този контекст. Именно заради вкуса си към конкретното, в съответствие с разбирането си, че разривът между науката и нейния предмет е пагубен за хуманитарното познание, Тодоров заявява предпочитанията си към морално-политическото есе, а не към строго научния текст.

Както правилно отбелязват анализаторите на интелектуалеца-хуманист, за Тодоров прочитът на човешката природа не е есенциалистки (Кьосев, Атанасов); универсалното не е в същността, а в отношенията. Тезата за динамично, развиващо се универсално не се отстоява само от Тодоров. Редица автори в една или друга форма интегрират различието в самия прочит на универсалното. Те отхвърлят присъщото на модерността изключващо универсално, за да лансират идеята за едно *приобщаващо универсално*. А универсалното в разбирането на Тодоров стои много по-близко до това приобщаващо универсално, което срещаме в теориите на Агасински или Балибар, отколкото до присъщото на модерността универсално. Това разширено разбиране за универсалното свидетелства, че, независимо от дистанцирането на хуманитариста от постмодернистките ракурси, все пак има нещо, което го сближава с тях. Не по-малко значима е тезата му за валоризиране на всекидневното, преживяното, за личностното като път към транскултурацията. Разбирането, че конкретен случай може да предостави аргументация при определени етически казуси дава основание за *аналогия с контекстуалистките етики.* А тезите за йерархизирането на полюсите в изграждането на нова комплексна идентичност в качеството си на подход, осигуряващ дистанция и обективна оценка на новата реалност; за „извънпоставеността" като позиция, при която външният и вътрешният поглед са в *диалектическо равновесие;* за *латентните тоталитарни аспекти* на нетоталитарните общества звучат все по-актуално в условията на глобализиращия се свят. Запазвайки своето вътрешно изгнаничество, Тодоров успява да превърне своята носеща раздвоение участ във възможност за преодоляване на „идентичностното сгушване", в *диалог между конфликтни интерпретации.*

Литература:

Adachi, N. 2013. „Ethnizität und Rassenzugehörigkeit", *Polylog* No. 30.
Атанасов, Ст. 2018. Послеслов//*За България,* София: Изток-Запад
Иванова, Е. Ислямизирани Балкани. Динамика на разказите. Част 1. Функционални употреби на миналото// *libreview.*
Йорданова, Ю. Хуманитарният интелект на „своя" и „чужда" земя (бележки върху Цветан Тодоров// *litternet.bg*
Кьосев А. 2001. Автобиография, антропология, меланхолия // *Цветан Тодоров: подвижната мисъл (сборник с изследвания и свидетелства в чест на Цветан Тодоров). София:* „ЛИК".
Морен, Е. 2005. Кога ще имаме визионерска Европа , София : *Култура* (20-27 май 2005).
Тахир, М. *Междукултурното общуване: философия или бифуркация//librev.* 15.04. 2017
Тодоров, Цв.1992. *Завладяването на Америка. Въпросът за Другия.* София: „Св. Климент Охридски".
Тодоров, Цв.1998. *На чужда земя.* София: Отворено общество.
Тодоров, Цв. 2018. *За България,* София: Изток-Запад.
Тодоров Цв.: *Словосъчетанието „сблъсък на културите"* няма смисъл, публикувано на 07.09.10 в 12:49 (Интервю)

Кавильоли,Д.,Льоменаже,Г. Цветан Тодоров и средният път на демокрацията//ploshtadslaveykov.com

Почина Цветан Тодоров, един от големите умове на Европа//ploshtadslaveykov.com

Atanassov, S. *Le moi dialogique au carrefour des cultures,* 10691-articletexte-2781-1-10-20811-06-28

Droit, R.-P./D. Sperber.1999, *Des idées qui viennent,* Paris: O. Jacob.

Goergen, M. 2016. *A Marginal Centrist: Todorov and the Evolution of the French Intellectual Field.*In:de Berg, H.andZbinden, K., (eds.) Tzvetan Todorov: Thinker, Critic, Humanist. Camden House , Rochester, NY.

Hunyadi, M. «L'approche contextualiste en morale. Mise au point en dix points», *Revue d'éthique et de théologie morale*, 2015/2 (n° 284), 39-52. DOI: https://doi.org/10.3917/retm.284.0039.

Mbom, Cl.« Edouard Glissant : de l'opacité à la relation » Poetique d'Edouard Glissant. Colloque international de la Sorbonne, 11-13 mars 1998, Edition electronique

Care Ethics: The Four Key Claims (Stephanie Collins.Chapters 2 to 5 of: Stephanie Collins, The Core of Care Ethics (Basingstoke: Palgrave Macmillan, 2015).

Todorov, Tzvetan. 2008. *Quel décalage entre le penser, le dire et le faire//*Concepts, approches théoriques et pratiques.

$$\boxed{5}$$

Иванка Райнова

ЗА ЕДИН НОВ ЕТОС НА ЕВРОПА, ИЛИ ПЕРСПЕКТИВИ НА ЕВРОПЕЙСКАТА ИНТЕГРАЦИЯ[1]

Ако години наред, почти през целия двадесети век, историческата отговорност на интелектуалците се е състояла в съпротивата и борбата срещу „глобалния тоталитаризъм" в Европа, то с 1989 г. настъпва, както отбелязва Рикьор, една нова епоха, изискваща нов вид ангажираност, свързан с развитието и обновлението на Европейската общност (Рикёр 1995, 115). На въпроса каква е по-конкретно задачата на Европа в съвременните исторически условия, Рикьор ми отвърна през октомври 2002 г. следното:

> На първо място трябва да започнем да съществуваме съвместно и като общност, и институционално. Защото ние навлязохме в един процес на разширяване, който се развива по-бързо от процеса на структуриране. Това изоставане може да ни струва много скъпо, защото рискуваме по този начин да създадем само една зона на свободен пазар по англосаксонски тип, вместо по западноевропейски. (Raynova 2009, 138-139)

---

[1] Настоящата статия е съкратен вариант на някои по-разгърнати изследвания (виж Raynova 2017, 268-313 ; Райнова 2019, 229-252).

Другояче казано, европейската интеграция трябва да се мисли не само в нейните икономически, но и в нейните политически, правни и културни аспекти. Това изисква обаче конципирането на един нов общинен модел, който да се основава на принципите на солидарността и признанието на различните национални традиции и ценности, тоест едно ново политическо и аксиологическо съзнание. Националните конфликти, преди всичко войната в бивша Югославия, извадиха този проблем на преден план. В разговора си с руски философи (1993 г.) Рикьор поясни това по следния начин:

> Уважението на достойнството на малцинствата е критерий за демокрацията. Струва ми се, че западните страни допуснаха грешка, като признаха Хърватска за самостоятелна държава, без да получат гаранции за правата на сръбското малцинство. Трагедията на балканските народи се състои в това, че те се опитват да осъществят неосъществимата мечта за установяването на „истинските", на „естествените" граници, докато в действителност тези граници са исторически. (...) За разлика от Америка, която е континент на емигранти, политическите граници на Европа са резултат от поредица катаклизми. Следователно политическата структура на Европа не може да съвпадне с етническия ѝ състав. Затова в случая съм съвършено съгласен с Юрген Хабермас, който твърди, че гражданството и етническата принадлежност са различни понятия. Гражданството се определя от закона, а не от етническата принадлежност. Всеки от нас осъзнава своята причастност към една или друга национална култура. Но главното е нашето гражданско самосъзнание за принадлежността ни към общността, подчиняваща се на едни и същи закони". (Рикёр 1995, 120-121).

Франция е пример според Рикьор за формирането на новото европейско съзнание:

> [...] френската култура твърде силно клони към традицията на неотменимия национален суверенитет. Този принцип бе формулиран още от Русо. Но влизането на Франция в Европейската общност свидетелства за готовността ни да се простим с националния суверенитет в името на един правов ред от по-висш порядък. По този начин ние, французите, си оставаме граждани на Франция със съзнанието за принадлежност към френската култура, но същевременно се чувстваме и членове на Европейската общност. (Пак там, 120)

Но въпросът, който възниква тук, е с какво херменевтичната феноменология спомага за преосмислянето и регламентирането на въпросното европейското съжителство?

На първо място, херменевтичната феноменология на Рикьор дава възможност да се проникне в същността на социалнополитическия чрез една нова интерпретация на отношението между политически език и риторика. Тъй като политическият език е по същество риторика, той крие постоянно в себе си опасността от софистична злоупотреба, тоест от една „ловка конструкция от софизми, която трябва да накара публиката до повярва в една смесица между неверни обещания и верни опасности" (Ricœur 1991, 161P 175). Подобна злоупотреба се случва както в индивидуалистката риторика, която опорочава дискурса относно човека, отвеждайки до технокрацията и консумативното общество, така и в колективистката риторика на тоталитарните режими, които премахват личната автономия под претекст за създаване на един нов човек. И двете риторики тръгват от грешната предпоставка, че съществува някакъв естествен или разумен ред, от който могат да бъдат изведени

106

някакви универсални ценности. Но според Рикьор съществува само ценностен плурализъм и различни противоречиви, влизащи една и друга в конфликт представи относно това що е право и обществен ред. Тези представи не могат да бъдат тотализирани, те могат да бъдат само доведени до „конфликтностен консенсус"[2] чрез политическия дискурс и водението на преговори. Легитимационната криза, в която се намираме понастоящем, изисква според Рикьор да се релативират позициите и да се признае крехкостта на политическия език в три области: първо, непрестанната конфликтност на политическите разсъждения относно правовата система, второ, плурализма на целите и усилията за „правилно" управление, и трето, неопределеността на ценностния хоризонт относно начина на живот, тоест относно това що е „добър" живот. Затова „само една деонтология на мярката и на респекта, приета от всички участници в политическата игра, може да предпази политическия език от перверзиите, които са присъщи на риторичната му функция" (Ricœur 1991, 175).

---

[2] В статията "Langage politique et rhétorique" ("Политически език и риторика"), която разглеждам тук, понятието за "конфликтностен консенсус" не е разработено. Въпросът как следва да се разбира то става ясен предимно от произведението *Самият като друг* (Ricœur 1990), където конфликтният консенсус се разглежда като особен белег и мярка за демокрацията, тоест като политическа дискусия и водене на преговори според прозрачни и свободно избрани правила, които могат по всяко време да бъдат наново поставени под въпрос (Ricœur 1990, 300-301). Проблемът по какъв начин се стига до подобен консенсус съвпада следователно с проблема за развитието на демокрацията. Затова пък въпросът по какъв начин може да се стигне от един тоталитарен към един демократичен режим, респ. дали консенсусът и преговорите са винаги възможни и желателни, остава както в това произведение, така и в други текстове открит. Известни указания в тази връзка могат да се открият в статиите на Рикьор относно насилието, както и в някои интервюта (Виж Ricœur 1955, 1991 и Raynova 2009).

Доколкото в Европа съществува многообразие на ценности, култури, традиции, е необходима определена доза толерантност. Проблемът за толерантността и за нетолерируемото в европейски контекст е друга важна тема, за чието изясняване херменевтичната феноменология допринася не малко. Рикьор показва, че толерантността не е винаги нещо позитивно, че прекомерната толерантност може да доведе до насилие, застрашаващо общността като цяло (пак там, 297-298). Толерантността и нейната обратна страна, нетолерируемото, трябва да бъдат интерпретирани на три различни нива, без да се смесват: институционалното ниво на държавата, нивото на културата и това на религията.

В позитивен смисъл институционалната толерантност би трябвало да осъществи връзка между формалното право като равнопоставеност пред закона, от една страна, и намаляването на различията във възможностите като възстановяване на справедливостта спрямо социално слабите, от друга. Нетолерируемото на това ниво възниква тогава, когато държавата, която трябва да гарантира свободите чрез обществения ред, въвежда неприемливи ограничения на свободата на мислене и действие (пак там, 301). Културната толерантност се изразява в споменатия конфликтностен консенсус, тоест в признанието на правото на мнение на противника, което включва и правото му да греши. Нетолерируемото на това равнище е липсата на респект, от където възникват расизмът, антисемитизмът и всякакви други форми на малтретиране на личността (пак там, 305). Религиозната толерантност се изразява в откритостта, в изслушването на иноверния и признаването на правото на съществуване на различни вероизповедания. В европейски контекст това означава диалог и сътрудничество между християнството и другите религии. Нетолерируемото на това ниво е самата нетолерантност, водеща до религиозни войни или пък до църковен деспотизъм (пак там, 308-311).

Най-значимият принос на Рикьор се състои по мое мнение във възможността за едно ново разбиране за Европейската общност, което може да бъде добито чрез феноменологико-херменевтичната интерпретация на диалектиката между цивилизация и култура. В своята статия „Задачи на политическия възпитател" (1965) Рикьор осъществява следното разграничение между цивилизация и култура. Цивилизацията като понятие обхваща три области от реалността: областта на материалните блага или на техническите съоражения, на институциите и на ценностите. Културата, напротив, е понятие, което се отнася само до областта на ценностите. Оттук може да заключим, че ако Европейската общност не трябва да бъде само някаква икономическа коалиция или пък утопия, то ролята ѝ в цивилизационния процес би трябвало да бъде преосмислена с оглед на взаимодействието на тези три области, като се обърне особено внимание на политическата сфера на институциите и културната сфера на ценностите. Европа като визия е според Рикьор една утопия, тоест една регулативна идея в смисъла на Кант. Тази идея може да намери реално въплъщение при условие, че се преобразува историческият опит на европейците най-напред на нивото на материалните блага и институциите в съответствие с реалните възможности на отделните страни (Пак там, 253). При това пълноправното функциониране на икономическата област може да се гарантира само чрез съзнаването на ясни политически и юридически правила и норми, на отговорни институции и на една съвместна конституция. Но не по-малко важно е достигането до една обща идентичност чрез създаването на нови общи ценности, тъй като именно ценностите са тези, които според Рикьор конституират „субстанцията", или идентичността на дадена общност.

> Ценностите" – отбелязва той – се изразяват най-напред в практическите нрави (...), под чийто пласт се намират традициите като жива памет на цивилизацията. На още по-дълбоко ниво се намира ядрото на феномена цивилизация, тоест определена съвкупност от представи и символи, чрез които всяка човешка група изразява начина си на пригаждане към реалността и други исторически групи. (...) В този смисъл може да се говори за едно етико-митично ядро, за едно нравствено и заедно с това имагиниращо ядро, което въплъщава най-висшата креативна способност на групата. Именно на това равнище различието между цивилизациите е най-голямо. (..) Всяка група притежава някакъв *етос*, някаква етична уникалност, а именно способността да твори, която е свързана с определена традиция, с определена памет и архаични форми. (Пак там, 246)

Цялата сложност на европейската проблематика се изразява именно в това, че не съществува някаква „европейска традиция", а огромно многообразие от традиции, езици и наративни идентичности, които следва да бъдат доведени до нещо като „концерт на нациите", без да се позволява някоя от тях да добие власт над другите (Raynova 2009, 42). Именно в това отношение херменевтичната феноменология може да бъде полезна, доколкото, както отбелязва Рикьор, завръщането към европейските извори следва да се осъществи чрез една реинтерпретация на европейската история с нейните различни практически опити, ценности и символи (Ricœur 1991, 254). Въпросът е, по какъв начин може да се постигне тя? Един оригинален отговор ни предлага, според мен, статията „Какъв нов етос може да придобие Европа?" (Ricœur 1992, 107-116)

В този кратък, но фундаментален текст Рикьор изхожда от разбирането, че бъдещето на Европа ще бъде вид „пост-национална държава", която трябва да бъде тепърва изобретена политически и институционално. Това обаче изисква не само определена институционална регулация, но преди всичко и една духовна трансформация на индивидуалния и колективния етос, тъй като политическото споразумение не води непременно до общност. Но как е възможно, в този контекст – пита той – да се приведат в едно интегративно цяло идентичността и другостта, респективно партикуларното и универсалните права? Рикьор предлага три модела на посредничество между идентичност и другост, които биха спомогнали за една такава духовна и етична интеграция.

Първият модел, който той нарича „модел на превод", би бил особено подходящ за ситуацията в Европа, тъй като от езикова гледна точка, той представлява не толкова непреодолим, колкото желан плурализъм, който трябва да бъде запазен (Пак там, 107). Не става дума за някакъв превод на есперанто или на друг „велик език", който след това да триумфира над другите, а за един необходим инструмент за комуникация. Защото без него многоезичната Европа би могла да се превърне в капсулиране на различните си култури. Този модел включва както дългосрочни изисквания, така и обещания, които стигат до сърцевината на етичния живот на отделните личности и народи. Рикьор припомня в тази връзка Хумболтовия модел на превода, който насърчава хората да издигнат своя език до нивото на чуждия език, особено когато става дума за оригинални постижения, които представляват предизвикателство за родния език. „Става въпрос" – обяснява Рикьор – „за това да домуваме с другия, за да можем да го доведем в своя дом като желан гост" (Пак там, 110). Точно това е необходимо в изграждането на Европейския съюз:

> На институционално равнище той [моделът на превода] ни приканва да насърчаваме навсякъде в Европейското пространство преподаването на два живи езика, които не са господстващи, за да се осигури за тях определена аудитория. Но най-вече на духовно ниво той ни приканва да разпрострем превода върху интеркултурните отношения, тоест върху смисловото съдържание, което се контролира от превода. Именно тук са необходими преводачи от една култура в друга културата, тоест двуезични преводачи на култури, способни да извършват този трансфер в духовната вселена на другата култура, като вземат предвид нейните особени обичаи, основни убеждения, т.е. целостта на смисловите референти. В този смисъл може да се говори за етос на превода, чиято цел е повторението на културно и духовно ниво на жеста на езиковото гостоприемство. (Пак там)

С други думи, Рикьор защитава модела на превода не само като средство за езиково разбиране и комуникация, но и като инструмент за отваряне и обогатяване на собствената мисловна традиция, обичаи и култура чрез други традиции, обичаи и култури.

Вторият модел, който той нарича „обмен на памет", е пряко свързан с първия:

> [...] преводът на чуждата култура в собствената предполага (...) пренос в културната среда, определяна от етичните и духовни категории на другия. Но първата разлика, която изисква пренос и гостоприемство, е разликата в паметта и то на нивото на обичаи, правила, норми, вярвания и убеждения, които съставляват идентичността на дадена култура. (Пак там, 109)

Това не е просто въпрос на психологическа възможност за при-помняне, а на „наративната функция", която предизвиква и съх-ранява паметта. Тази функция разкрива два важни момента на па-метта: Първо, наративната идентичност, която е мобилна и сле-дователно има способността да ревизира разказаната история, „да разкаже друга история", или да интегрира различни разкази за едно и също събитие в собствения си разказ и, второ, преплита-нето на собствената наративна идентичност с тази на другите. Преплитането на истории и идентичности дава възможност за об-мен на памет, който има способността да реконструира многоб-ройните европейски истории чрез различни разказвачи и разкази и да формира нов етос на признание и уважение:

> Чрез разбирането за преплитането на нови разкази, които структурират и конфигурират това пресичане на спомени, се създава нов етос. Това е една същинска задача, произ-веждане на изкуство, в което човек може да разпознае признанието на немския идеализъм, а именно „при/разпо/знаването" (*reconnaissance*) в неговото нара-тивно измерение (…) Способността за разказване по друг начин на основните събития от националната ни история се подпомага от културния обмен на паметта. Тестът за тази способност за обмен е волята за символично и изпъл-нено с респект споделяне на паметта за основните събития на други национални култури и техните етнически мал-цинства или малцинствени убеждения. (Пак там, 111)

Третият модел, който може да посредничи между идентич-ността и другостта, е прошката. Ролята на повествованието за конституиране на наративна идентичност препраща към способ-ността за ревизиране на миналото, за „разказването му по друг начин". Самата прошка е, според Рикьор, вече един вид ревизия на миналото, уповаваща се върху обмена на памет за претърпените или причинени страдания на други хора. Именно в този смисъл тя е важно условие за преработката на европейската история, която той нарича „жестока история", доколкото се характеризира с ужасите на войните, несметни страдания и дълбоки наранявания от всякакъв вид. Въпреки, че прошката не се намира на политическото ниво, а на нивото на икономията на милосърдието (*charité*), което отива отвъд морала, тя може да укаже известно влияние върху законодателството и политиката чрез призиви за милост и солидарност. В национален европейски контекст това означава, че „народите на Европа трябва да проявяват състрадание един към друг, че те трябва да си представят страданието на другите, преди те да призовават към отмъщение за претърпени в миналото рани" (пак там., 15). Наред с това, Рикьор предупреждава за две опасности: първо, опасността от прекалено бързата прошка като забрава, която води до безразличие, и второ, твърде лесната прошка, която също така води до забрава и безразличие. Прошката трябва непременно да премине през „работата на паметта в езика на наратива", през един дълъг и труден процес на преработка на „непростимото" като вид катарзис, който изисква много търпение.

Тези три модела позволяват, по мнението на Рикьор, едно опосредяване на конфликта между универсалността на законите на правовата държава и човешките права, от една страна, и различията между колективните идентичности, обявени от комунитаристите за непримирими:

Преводът, както казахме, е единственият начин да се онагледи разпръснатостта на лингвистичната универсалност в езиците. Ние добавихме, че пресичането на наративите е единственият начин за отваряне на паметта ни един за друг. Прошката, подчертахме най-накрая, е единственият начин за унищожаване на неизплатен дълг и оттук за премахване на пречките за упражняване на справедливост и признание. Нашите анализи се придържаха постоянно към посредничеството и предложените модели са насочени към дебатите относно универсалното и историческото: те засилват аргументите на тези, за които легитимацията на универсалното се състои единствено в историческото, както и на онези, за които единственият начин за преодоляване на етноцентризма се състои в прилагането на най-добрите аргументи на другия. (Пак там, 115)

Въпреки че третата глава от *Време и разказ* (1983-85 г.) и обемният труд *Паметта, историята, забравата* (2000 г.) могат да се разглеждат като интерпретативни опити, движещи се в тази насока, те са според мен по-скоро илюстрация на евристичността на феноменологико-херменевтичния метод, отколкото осъществяване на тази гигантска програма за реинтерпретация на европейската история, която не е по силите на един човек, а на екипи от експерти от различни области.

По отношение на актуалните дебати за това дали Европейската общност следва да бъде ценностна общност или правови ред (Michalski 2001; Spaemann 2001), Рикьоровата аксиологическа концепция открива възможността за един трети, „среден" път. Рикьор предупреждава за опасността от тоталитарни ценностни системи, тоест от т.нар. „терор на ценностите" (Michalski 2001, 208-218), както го наричат някои, като разобличава същевременно илюзията, че може да съществува някаква ценностно неутрална общност (Ricœur 1991, 301-302). Ако Европа трябва да се сдобие с нова идентичност и самостоятелност, за да може да провежда една независима от Америка политика, към което призовава Рикьор (Raynova 2009), то тя би трябвало не само да преосмисли ценностите от миналото, но и да създаде нови ценности в областта на политиката, правото, икономиката и културата. Създаването на тези нови обединяващи ценности съвсем не значи да се върви отново към някакъв единен ценностен модел, какъвто са визирали просвещенските мислители и Хусерл (Ricœur 1991, 301-302), а да се търси *конфликтностен консенсус* относно аксиологическите въпроси, основан върху полифонията на европейските традиции и дискурси. В този конфликтностен консенсус, който тепърва следва да бъде създаден, се съдържа може би и надеждата, че онова, което е било изгубено през 1914 г. и след това, а именно „народната основа на Европа" (Рикёр 1995, 114), ще бъде възвърнато и ще придобие ново историческо значение.

Литература

Райнова, И. 2019. *Бездната на самостта и отблясъците на абсолютното*. Vienna: Axia Aacademic Publishers.

Рикёр, П. 1995. *Герменевтика, этика, политика*. Москва: АО „КАМI".

Michalski, K. 2001. „Politik und Werte", in: *Transit*, 21, 208-218.

Raynova, Y. B. 2009. *Between the Said and the Unsaid. In Conversation with Paul Ricoeur*, vol. 1. Frankfurt am Main u.a.: Peter Lang.

Raynova, Y. B. 2017. *Sein, Sinn und Werte. Phänomenologische und hermeneutische Perspektiven des europäischen Denkens*. Frankfurt am Main: Peter Lang.

Ricœur, P. 1955. *Histoire et vérité*. Paris : Seuil.

Ricœur, P. 1990. *Soi-même comme un autre*, Paris : Seuil.

Ricœur, P. 1991. *Lectures 1. Autour du politique*, Paris : Seuil.

Ricœur, P. 1992. „Quel éthos nouveau pour l'Europe?", in Pierre Koslowski (ed.). *Imaginer l'Europe*. Paris: Cerf, 107-116.

Spaemann, R. 2001. „Europa – Wertegemeinschaft oder Rechtsordnung?", in: *Transit* 21, 172-185.

Втора глава

БЪЛГАРИ ЗАД ГРАНИЦА:

ФИЛОСОФСКИ, НАУЧНИ И КУЛТУРНИ ПРИНОСИ

Анани Стойнев

ЗА *СЛАВЯНСКА ФИЛОСОФИЯ* НА Д-Р ПЕТЪР БЕРОН. РОДОЛЮБИЕТО КАТО НАТУРФИЛОСОФИЯ

Народите, особено "нововъзродени" като нашия, винаги имат нужда от някакво митологизиране, от някаква национална митология за укрепване на идентичността, от самочувствие, което да им помага в движението на времето[1]. Такова митологизиране е нужно въпреки постоянното рационализиране на човешкото съществуване и на човешкото общежитие и независимо от различните рационалности в отделните исторически периоди. Това особено се отнася за възлови моменти в историческото битие на даден народ, каквото е нашето Възраждане. Ние трудно

---

[1] За националната митология и изграждането на "канона", литературен, а и не само литературен, вж.: Аретов, Н. 2006. *Национална митология и национална литература. Сюжети, изграждащи българската национална идентичност в словесността от 18 и 19 в.*, С: Кралица Маб; Хранова, А., 2011. *Историография и литература. За социалното конструиране на исторически понятия и Големи разкази в българската култура 19-20 век. Том I. Литература. Историография. Социология: теории, кризи, казуси.* София: Просвета; *Историография и литература. Том II. Животът на три понятия в българската култура: възраждане, средновековие, робство,* София: Просвета; Даскалов, Р. 2018. *Големите разкази на Българското средновековие,* София: Рива. В тях се анализира промяната в изграждането на "историческия канон", като не бива да се забравя, че всяко време има своята конюнктура, била тя политическа, манталитетна, парадигмална и затова не само погледът върху литературата или историята е вариативен, а във времена на промяна атаките са винаги върху установеното, върху "канона".

можем да си представим какво неимоверно упорство, и то скрито, *крипто*, с небесни надежди, е било необходимо след близо пет века робство, унищожило всички културни напластявания, да се започне отново: с цел освобождение и живот, наподобяващ европейския, по време, когато дори словосъчетанието (терминът) "български народ" не е в обращение, става наличие едва след Кримската война (1853-1856), и по-будните българи са били готови едва ли не на всичко за повече просвета, за отваряне към света, за свобода (и в етнически, и в социален, и в духовен смисъл).

В нашия възрожденски пантеон, както и в масовото съзнание, д-р Петър Берон (1799-1871) присъства най-вече като автор на прословутия *Рибен буквар*; букварът е негова емблема и името му автоматично се свързва с него. А самият буквар е само епизодичен изблик на педагогическо родолюбие от младостта му (1824 г.), докато действителното му упорство и негово жизнено дело са многогодишните му чисто научни занимания. Това е един от парадоксите на самото митологизиране и обяснението тук е в чисто научната съмнителност и на седемтомната *Панепистемия*, и на предхождащата я *Славянска философия*, която е неин своеобразен обемен увод. И то съмнителност не само от съвременна гледна точка, което би било нещо естествено, но и от равнището на научното и философското познание от неговото време. Като че за този наш случай се отнася и казаното от хапливия Славейков, който, отричайки поезията преди него, в бележката си за един от неговите литературни герои в *На Острова на блажените*, пише: "Когато мома не чини, хвали се кройката и платът на дрехата й". При това тук не става дума за мома, а за заслужаваща внимание фигура от нашето Възраждане. Защо е необходимо това внимание тогава, това вторачване в опаковката, а не в съдържанието? Отговорът трябва да е искрен, за да има кой да му вярва: защото нямаме друго. Ако имахме друго научно и натурфилософско постижение, това на Берон не би било обект на внимание. Тук идва веднага следващият въпрос: а защо изобщо трябва да бъдат обект на внимание многообемни изследвания, попадащи под егидата на научността? И тоя отговор е добре да бъде обективен, и то исторически обективен: защото за нагласите на времето народ, който иска самостоятелно съществуване, трябва да покаже свидетелства за наподобяване на неговото културно състояние – в най-различни проекции – на народите образци от тогавашна Европа. Това е причината Марин Дринов, човек и високо образован, и умерен, с качества и дела на "строител" на нова България, да има положително отношение към натурфилософските изследвания на д-р Петър Берон: искал е за пред света, и то преди Освобождението, и у нас да има научни постижения в западноевропейския смисъл, независимо от тяхната действителна стойност, искал е да има нещо, което може да се заяви *като отчет*, като *заглавие*.

Точно тая съмнителност е причината неговите съчинения да не бъдат превеждани и издавани на български, каквото е условието, когато прави голямо дарение в завещанието си на образуваното през 1869 г. Българското книжовно дружество, а такова е било и първоначално намерението след смъртта му на неговия родственик Васил Хаджистоянов-Берон. Така неговото творческо дело остава някакво тъмно петно, някакво табу за изследователското внимание с изключение на многогодишните проучвания на Михаил Бъчваров, подпомаган от Нели Бъчварова (Бъчваров 1961; 1975; 1993); за него се говори и пише като за учен, без да се знае какво точно представляват трудовете му, говори се като за митологична фигура, която не е нужно да бъде разшифрована, като за емблема, която трябва да бъде осветявана само като емблема[2]. Това не означава, че няма спорадични крайни оценки за

---

[2] Позоваването на Берон като *емблема* за европейска ученост влиза дори в Книгата-кондика на Българското книжовно дружество: "А най-светлейшата и най-голямата звезда от българския дух, която от почти половин век се появи на българския хоризонт и го вече осветли, пред цял свят на

него: за едни упорството му да смени научната картина на света, пренебрегвайки европейските традиции, е вид налудност, за други в писанията му има гениални "догадки"[3], трети, развиващи типологичната теза за "ускореното развитие" на закъснелите литератури и култури и неприемащи априорно научните изследвания на Берон като бяла лястовица в сферата на европейската наука от средата на 19 век, лансираха идеята за "Бероновия комплекс" (Г. Гачев, след него Т. Жечев) като обяснение за всяко амбициозно, макар и съмнително, дело през цялото Възраждане и едва ли не като ключ за обяснение на парадоксите на новобългарската култура.

Това *научно* неприемане на научното дело на Петър Берон, започнало още докато той е жив и продължаващо до наши дни – впрочем *аналогично* на неприемането като липса на адмирация в Западна Европа по времето, когато той публикува трудовете си

вечни време, е велеучений и прещедрий наш родолюбец от Котел д-р Петър Берон, за когото историята ще има да говори и оценява тоя велик дух между най-великите духове, най-отлични и първи в науката български мъж" (Арнаудов 1958, 9). Подобно е отношението към Берон и в основаното на негово име Българско академично дружество "Д-р Петър Берон" през 1965 г. в Мюнхен (Огнянов 2002, 144).

[3] М. Бъчваров като дългогодишен изследовател на натурфилософското творчество на Берон в различни публикации и нееднократно отбелязва "съмнителността" на неговата натурфилософия: "Като цяло Бероновата биологична концепция е ненаучна. Той не прави крачка напред в сравнение със своите предшественици и значително изостава в биологичните си възгледи от съвременниците си. В крайна сметка Берон свежда живота само до прости комбинации между флуидите и действието на електрическите течения" (Бъчваров/Бъчварова 2000, 15). "Следователно значението на научните изследвания на Берон е именно в подхранване на чувството за национална значимост, за възможности в равнението с другите народи, за подтикване на общокултурното развитие на страната и косвено за научното дирене и за формиране на научните знания" (Пак там, с. 18). "Неясните въпроси и нерешените от науката проблеми той замена с наукообразни умоконструкции" (Бъчварова/ Бъчваров 1993, 82).

там, е параболично, въпреки различните сфери, с други неприемания, като това, да речем, на "Веда словена", което имаше дълготрайни отрицателни последици и едва в края на миналия век вниманието към нея бе възобновено. Интелектуалният елит тогава – от Шишманов и Арнаудов до Пенчо Славейков и д-р Кръстев – директно или опосредствано, забравяйки различното културно и историческо време, от висотата на други научни парадигми изцяло отхвърли "Веда" като фалшификат, като че тук ставаше дума за възможно углавно деяние, аналогично на процеса около Лора и Яворов, без да иска и да знае, че дори да е фалшификат (а че фалшификация има, няма съмнение), той е фалшификат на *образец, фалшификат на нищо няма*, като по този начин отряза с тотализиращия си авторитет за десетилетия вторачването в тия древни пластове, които трябваше да се изследват, независимо чие притежание са били – докъде е "родно" и откъде "чуждо" – и независимо дали и как са били преподреждани от нечие авторство. Същото е и с прословутия "Показалец" на Раковски – "мечтател безумен, образ невъзможен" според уместното определение на Вазов, което в не малка степен може да се отнесе и към Берон, който въпреки несъмнената си образованост (цитира модерни тогава френски историци), инспириран от влудяващо родолюбие, "доказва" с фантастични аргументи, че сме най-старият народ на Европа, по-стар и от древните гърци, че всъщност корените на европейската култура са наши, български, че сме директни пратеници от древното, архаично индоевропейско лоно, пренесли сме ведическата тайна в Европа и с това сме белязани от историята, макар и потънали в неведение и забрава.

Причината за това по-скоро скрито, отколкото явно, негативно отношение е, че Берон не е на висотата на европейската наука и философия тогава, че неговата натурфилософия е анахронична и *наивна* за тогавашната най-нова наука и философия, но това не означава, че той няма място в нашия "културен канон", който има свои измерения за разлика от европейските и те не бива да се смесват и по отношение на такива като П. Берон, още повече, че поначало тогавашната натурфилософия е анахронизъм, тя е анахронизъм и у Шелинг, и у Лоренц Окен, в чиито работи той е виждал образци. Тук допълнително усложнение е в прословутата терминология на Берон, която той изковава сам, най-вече върху модифицирани гръцки образци и без да се съобразява с тогавашната традиция, като причините за това несъобразяване могат да се люшкат от естественото за всеки амбициозен изследовател чувство за откритие до онова самоусещане за недоволство от съдбата, породено от многовековното робство, което у честолюбивите натури – независимо житейски или интелектуално – води до крайности, до изстъпление, като усвояващо надмогване на наличното и с това надмогване и на съдбата. Впрочем, ако се заменят изкованите от Берон понятия – било то флуид, електър, бароген или каквото и да е друго – с традиционни, тутакси ще отпадне оня *дразнещ привкус на претенциозна неяснота*, който усеща трационната школовка, и би останала само неяснотата в опита – характерна за тогавашната натурфилософия – да се прави картина на света с директна рефлексия върху първични естественонаучни данни. Ако това се направи, ще се види не само типологичното сходство с тогавашните натурфилософски разработки, но и самият Берон ще престане да изглежда като чак толкова странна интелектуална птица.

А че той е странен, е така. Непривичното при него, което го прави изключение, като се има предвид многообемното му творчество, за цялата възрожденска култура, е крайното диференциране на умственото упорство, занимаието с предмета – и то научен предмет – *заради самия предмет*, а не за други цели, както е обикновено през Възраждането, когато всичко е посветено на националното освобождение било чрез образование, било чрез

Църква, било чрез въоръжена борба. Такова е времето и то има своето обяснение, тъй като е време и на просвещение, и на възраждение, и на освобождение. Вярно е, от друга страна, че всяко човешко дело служи на нещо, но това служене, особено в новите времена и особено на духовността, не е директно, а опосредствано, диференциациите в сферата на духовността имат своите предметни области, които са ценности сами по себе си, както теоретично аргументира Просвещението Кант. Това е и уникалното за Берон в наши условия: когато няма, ако не нищо, *почти нищо като в Европа*, той работи в предметната сфера заради самата нея, вярно, дори и в самата сфера не забравя род и освобождение – никак не е случайно, че той нарича книгата си *Славянска философия*, макар че в самия текст няма нищо етническо само по себе си, етническото е в автора, който чрез "славянското си" се противопоставя и "надмогва" европейското, но родолюбието при него е апликация към научността, а не научността апликация към родолюбието, както не рядко, да не каже човек по правило, става през Възраждането. По времето, когато той създава и обнародва *Славянска философия* (1855), дори в най-будните центрове, какъвто, да речем, е Габрово, усилията се свеждат до мъчна, костелива борба за малко по-добро образование, за малко поне отваряне на очите за новоевропейска, и то светска, образованост и положително знание, борба не само срещу общата безпросветност, но и срещу раковото съединение на стария чорбаджилък с властта, както личи и от новопубликуваните спомени и дневник на Тодор Бурмов.

Берон не обърква едното с другото (просветителството, националното освобождение с "високата наука") и в това е неговата *модерност* в европейско-просвещенския смисъл, той може и да завещава имота си на българската просвета и на Българското книжовно дружество, но кабинетно отделен, пише своята многотомна *Панепистемия* и не смесва двете. Напротив, странен и в това отношение и като поведение, и като съединение на едно място на различни, приемани за несъвместими способности, той бърза да натрупа благосъстояние, прави го повече от успешно, като отдава под наем или под аренда имоти и стопанства, като създава или участва в търговски дружества, и се отдава на аскетична кабинетна дейност, защото само такава дейност може да доведе до хилядите страници, които е оставил на мъртви или живи европейски езици. Ако не бяха неговите проявени предприемачески и търговски способности в младини (а предприемачеството и търговията тогава не са били по-лесни от сегашните), човек нямаше да се двоуми да го обяви за *homo scribens* на новобългарската култура и той е наистина такъв, ако не изначално — за това не е имал чисто материалната възможност, — то от момент нататък, при това с непознато настървение и всеотдайност — до обсебване, аналогично на Балтазар Клаес, търсача на абсолютното, философския камък — от едноименното произведение на Балзак. Ако един Ботев, въпреки цялата си гениалност, както я определяме сега в нашите мерки и нашия хоризонт, не е имал отделеното самосъзнание на творец — независимо че оставя дузина изключителни стихотворения и също така изключителна по своята френетичност публицистика с най-тънко чувство към езика, само по себе си заслужаващо внимание, като се има предвид, че още няма никаква езикова норма, а самият език ври и кипи, — а на *човек, който трябва да умре за свободата* без значение къде и как, тъй като *повече не може да търпи*, то Берон има изградено с годините самосъзнание на учен, отдаден на предметната си област и в такъв смисъл също готов да умре за нея, както — поради отдадеността му и куриоз на съдбата – става с неговия жизнен път.

Това са две различни умонастроения и жизнени поведения, две крайности, които имат своето място в националната ни история и във възрожденския пантеон, независимо от различните гледни точки по отношение на постиженията и независимо от различната им възможност за участие в националната митология. Берон е странен с много неща, включително със своята диференцирана отдаденост, ще рече, в неговия случай, странен е със своята модерност. При него няма онова смесване на нивата, объркването на едното с другото и използването на духовното за най-убоги цели, характерно за историческата *смесеност* не само на нашето Възраждане, но и на-сетнешната ни култура. С риск за парадоксалност трябва да се каже, че една от причините, ако не и основната, за сривовете и неравномерностите в развитието на цялата новобългарска култура, е, че през Възраждането не е имало повече бероновци – *не като действително постижение*, а като *заявка и стремеж за постижение* – повече отдадени на духовността и интелектуалността заради самите духовност и интелектуалност, на знанието заради самото знание; вярно, това е визия, историята е положеност, която трудно се променя, но и визията не е излишна и като нейно обяснение, и като трансцендиращо надмогване.

Роден в заможно семейство в Котел, но отрано останал сирак, Берон трябва, както се казва, сам да се справя с живота, като се има предвид силното му желание за знание и неминуемата връзка на такова желание с парични средства. Първи знания получава в родния си Котел с обучение на български и гръцки, през 1819 г. отива във Варна с братята си, за да абаджийства, на следващата година учи в гръцкия лицей "Свети Сава" в Букурещ. Поради Гръцката завера от 1821 г. е принуден да напусне Букурещ и отива в Брашов (Кронщад - Австрия), където също има българи – едни по търговски дела, други с надежда за образование; там се свързва с Ив. Селимински, а благодарение на благодетеля си Антон Йованович издава Рибния буквар и по-важното, през 1825 г. става студент във Философския факултет в Хайделберг. Вероятно под влияние на Антон Йованович – за да има по-солидна професия – след два семестъра се прехвърля в Медицинския факултет, а от зимния семестър на 1826-1827 се премества да учи медицина в Мюнхен, която завършва с докторат на латински по хирургия и акушерство, защитен на 9 юли 1831 г. След дипломирането работи като градски и окръжен лекар в Крайова. През 1841 г. напуска лекарската практика, поддържа чрез доверени лица имотите си и се отдава на изследователска работа. Пътува често най-вече по научни дела из Европа, има дълги престои в Париж, буквално се премества там, като се връща от време на време да наглежда имотите си, участва в т. нар. "български политически център в Париж" през 40-те години на 19 век (Шарова 1976) с Н. Пиколо, Ал. Екзарх, Г. Кръстевич, Ив. Селимински и др.: емигрантското представителство, което търси контакти и влияние за получаване на църковна независимост и по-нататъшно политическо освобождение на България.

Първите му публикувани произведения са "Система на атмосферологията" и "Система на геологията", писани на френски и издадени в Париж, съответно през 1846 и 1847 г. През 1853 публикува в Атина на гръцки три изследвания, посветени на атмосферологията, климатологията и магнитологията, както и доклад за всемирния потоп, изнесен пред Природонаучното дружество в Атина; през 1855 отпечатва на немски в Прага *Славянска философия*, на следващата година издава на френски в Париж "Произход на физическите и естествените науки и на метафизическите и нравствените науки", преведена и на български през 1978 г.; през 1857 и 1858 издава и на френски две изследвания върху всемирния потоп, както и няколко обемисти космогонични и метеорологични атласа. От 1861 до 1867 отново в Париж и отново на френски, публикува седемтомната си *Панепистемия*, а през 1870 излиза - пак в Париж, година преди смъртта му - неговата "Физикохимия", замислена също като многотомно произведение (Бъчварова, Бъчваров 1993). Ако философията е обяснението чрез единен принцип на битуващото, чрез който се изяснява същността на битието – през водата, въздуха, апейрона на древните йонийци, идеята, субстанцията, материята или енергията до езика и човешкото съществуване, – а натурфилософията е директно описание и с това обяснение на наличната емпирия като цялостна картина, цялостно схващане на света, то *Славянска философия* на Берон е типична натурфилософия; при това умишлено композирана така, независимо че той я нарича философия, защото за него това е истинската философия. Имащ общ поглед върху историческото развитие на философията, той е запознат и със съвременната му немска спекулативна философия и като се има предвид, че е естественонаучно настроен, не е учудващо, че не я приема; за него тя е именно спекулация, нещо, което се отдалечава твърде много от действителността в своята трансцендирана сфера, както и от естественонаучното знание – физика, химия, биология, – което за него е изключително важно. Ето какво пише самият Берон в своята *Панепистемия* като новосъздадената от него *единна всенаука*, преодоляваща дотогавашното знание за света, което се отнася и за *Славянска философия*, тъй като, както вече стана дума, няма съществена разлика между двете: "Панепистемия не се е родила в интелекта на автора, тя е в света, затова: 1) Тя се различава от спекулативната философия, създадена в интелекта на който и да е автор... съгласно логическите разсъждения, произтичащи от собствения интелект на всеки автор и независещи от тези на другите индивиди; 2) Панепистемия се различава също така от безжизнения скептицизъм и тази разлика се състои в това, че скептицизмът като безжизнен не се приближава до истината, но притежава в същото време единственото преимущество да не се отдалечава от нея, както това стана със спекулативната философия. Панепистемия, следвайки стъпка по стъпка физическите закони в появата на космическите явления, остава предпазена от всички грешки, от които се страхува скептицизмът; 3) Емпиризмът, който аспирира от своето начало, че е открил космическите явления и физическите закони, съгласно които тези явления са произведени, се намира в пълно съзвучие в панепистемия, към която той се е стремял от толкова векове насам" (Бъчварова, Бъчваров 1993: 80-81). Така той иска да направи "коперникарски преврат" в знанието за света изобщо, нещо, което заявява на различни места; ето едно от тях в края на *Славянска философия*: "Това учение може да се сравни с една новооткрита *Terra ingognita,* в която се съдържат разнообразни съкровища, предостатъчни, за да се обогатят съвременните и много бъдещи поколения" (Берон 2000: 207).

По любопитен, фантасмагоричен начин, отговарящ обаче на идеята му, че всичко в света и като макрокосмос, и като микрокосмос се основава върху първичността на физическите закони, електричеството и неговата биологическа, или по-точно физиологическа трансформация, той извежда и "славянското" в своята натурфилософия под формата на философия: аналогично на тогавашните нагласи за разликите между отделните народи, за Берон английският прагматизъм отива до чисто външното, емпирично наблюдение, изразяващо се във финансова стриктност, която не води до единни обобщения; извънславянските народи (най-вече немците) използват голяма част "от своя ток" "за образуване на различни идеали, чието осъществяване се състои в различни изкуства, поезия, живопис и скулптура", като така се губи емпиричността на действителното състояние на света, а единствено "славянският народ", като народ още в детската си възраст е обединен в единния принцип на своя монарх и така може да разкрие единния принцип, който изгражда света (а единният принцип са именно физическите закони). Така Берон иска да преодолее, от една страна, чистия емпиризъм, който сам по себе си не стига до обобщение за цялото, а от друга, "чистата спекулация",

която бяга от емпирията (за него емпирията са естествените на-
уки, всичко, дори човека и човешкото общежитие извежда оттам)
и витае в самозадоволяващата се сфера "сама за себе си". Оттук ,
а и с несъмнен балкански импулс, той се вижда като нов Аристо-
тел със стремежа да включи цялото известно му естественона-
учно знание в системата си, като за разлика от Аристотел, който
не е могъл да разкрие същността на света поради бедността на
тогавашното естественонаучно знание, той, Петър Берон, ще на-
прави това, показвайки несъстоятелността на тогавашната евро-
пейска наука. Такъв е неговият, при това директно изразен им-
пулс.

Структурата на *Славянска философия*, макар и в съкратен
вид, е аналогична на структурата на *Панепистемия*; както в се-
демтомния си труд започва с електрологията (първия том), фо-
тостатиката (втория том) и завършва с човека (седмия том), така
е и в "Славянската философия"; същото е и с неговата прословута
терминология, която в общи линии е еднаква. При това тя е осо-
бено важна не само защото е изцяло негова, но и защото изцяло
го отличава от битуващата тогава терминология, с което от само
себе си иска да покаже новото, което създава и което поради не-
обичайността на новостта си няма как да не е и с нов понятиен
апарат. Ако трябва да се прави философска категоризация на не-
говата натурфилософия, в нея има нещо "деистично", някакъв на-
чален деизъм, който по-нататък, поради цялостната му отдаде-
ност на естественонаучното, е забравен. При него "висшето дейс-
твие", както той функционално изразява Бога, като избягва да
употребява самата дума "Бог" (употребена е само веднъж, и то в
края на *Славянска философия*), вероятно за да бъде в синхрон с
тогавашните "позитивни" разработки, бягащи от религиозните
определения по същия начин, по който религията на "Върховното
същество" от времето на Френската революция (Робеспиер) бяга

от католическата религия, дава началния тласък на раздвижването, на разделението на първичния флуид, който представлява вселената. Така е в *Панепистемия*. В *Славянска философия*, макар да има цяла част "За сътворението на космоса", всъщност сътворение в библейски смисъл няма, а първичната намеса на "висшето действие" тук е пропусната и направо е положено разполовяването на първичния флуид (от лат. "течащ"), като два първични флуида, наречени електри (от гр. "смола"): "Всички материи на Универсума, както тегловни, така и нетегловни, се състоят от два първични флуида, наречени електри. Всеки един от тези флуиди има единствено свойство: стремежа да се разширява и да заема все по-голямо пространство... Това свойство, което се причинява от ексонгозата, или разширяването на обема на електрите, е техният оргазъм и този оргазъм е достатъчен да обясни всички сили - и физически, и органични, както и всички свойства на живите и неживите тела.

По-долу ще покажем, че:

- този от двата електъра, който има по-голям оргазъм, се среща повече в киселините, в светлината, в стъкленото електричество и в кислорода, поради което се нарича *оксиелектрон*, и че

- флуидът, съдържащ по-малко количество оргазъм, се среща предимно в алкалите, топлината, в електричеството на смолата и във водорода, поради което този флуид се нарича *хидроелектрон*.

Най-напред ще разгледаме действията на оргазма сам по себе си, вътре в един флуид, а след това въздействието на оргазмите един спрямо друг, които се наблюдават при съединението на двата електъра" (Берон 2000: 217).

Това е началото на *Славянска философия*, уводните думи под заглавие "Електрология". За разлика от тях в *Панепистемия* Берон въвежда понятието бароген, което изразява плътните,

132

тежки флуиди, както и по-обобщаващите понятия пикноелектър и ареоелектър, отнасящи се съответно за по-плътната и по-неплътна част на постоянно делящите се флуиди. Заедно с това трябва да се отбележи, че той свободно използва новоизкованите от него понятия, като не рядко уеднаквява смисъла на някои от тях, което допълнително затруднява изложението: така нерядко отъждествява понятията електър, първичен флуид (или флуиди) и етер. Схемата е най-общо казано следната: първичният флуид е естествена безтегловна даденост, която едва след намесата на "висшето действие" се дели на по-плътна и по-неплътна част, а преди това е неподвижен, аморфен, непрекъснат, както и безначален и безкраен; тези две сфери – по-плътната (пикноелектър) и по-неплътната (ареоелектър) са равни по обем, но поради различната плътност между тях възниква напрежение, еластичност, която Берон нарича оргазъм. Същият принцип на деление, който за него се основава на универсален физически закон, Берон по същество пренася навсякъде: от появата на вселената до появата на човека като микрокосмос, който има същите "битийни единици" и като структурообразуващ принцип, и като функциониране като самия космос. Цялото това непрекъснато движение от макрокосмоса към микрокосмоса той доказва и математически: самата възможност за приложение на математиката за него е доказателство за вярност на изложението, като преминаването към биологическото у него е чисто механистично, биологичното той вижда като особен вид трансформирано електричество, което нарича пикноелектричество.

След разделението на първичния електър чрез "висшето действие" има три начала на появата на света, на които е посветена първата част на *Славянска философия*: "Причината за сътворението е нееднаквият оргазъм на хетеронимните електри. Трябвало е да изтече неизмерим период от време, преди да се срещнат повърхностните вълни на А и А при хетеронимните електри.

I. Първата среща на вълните на двата електъра е станала на еднакви разстояния от центровете на същите и в тази точка са били произведени първите и изначални зьогми (от гр. в смисъла на Берон, комбинация, съединение, получено от смесването на няколко флуида с различна плътност, но и на еквивалентни флуиди – А.С.). Тези зьогми са се разширили на всички страни вследствис на оргазмите си, срещнали са се с хетеронимните електри и са образували други зьогми, които са светлината, топлината, електричеството и водата. Този начин на произвеждане чрез съединяване е сизьоктично (съединително – А.С.) начало.

II. Така появилите се материални и нематериални зьогми са причина за отблъскванията помежду им, които отделят част от масата и тази част, продължаваща по-нататък да се разпада на неизброими малки количества, произвежда небесните тела. Този начин на произвеждане чрез разделяне е апохористичното начало.

III. Електрическите течения, които повторно изтласкват известно количество вода в същите посоки, носят със себе си водните вълни и чрез нови подреждания на същите произвеждат органични тела. Този начин на произвеждане чрез преместване (пермутация) или метастаза е систатично начало" (5).

Както се вижда, това са прекалено общи определения за първоначалните стъпки, по които се образува вселената, които сами по себе си не казват нищо, като се има предвид, че са от средата на 19 век. Но такива са поначало писанията на Петър Берон; в тях има някаква вътрешна, чисто формална логика на извеждането, тръгнало от "очевидни" предпоставки, които обаче поради своята очевидност стават за всичко и нямат предметна плътност (това, че светът се композира чрез съединяване, разделяне или преместване на първичните дадености като най-елементарни комбинации, само по себе си не обяснява нито същността на първичните дадености, нито действителния начин на появата на новите образувания). Като се прибави и обилието от новоизковани понятия (тук бяха показани само основните от тях), се вижда специфичната словесна галиматия, а тъй като мисленето се изразява чрез словото, и мисловна галиматия в писанията на Берон, които, ако не са плашели, то поне са отблъсквали образования читател в Западна Европа въпреки четвъртвековните му усилия да се узакони като автор там, и за упорството му да бъде приет като човек, извършил "коперникански преврат" в науката.

По-нататък следват педантични описания по глави на: "За зьогмите, които се произвеждат чрез сизьоктичното начало"; "За произвеждането на моноптичните зьогми"; "За произвеждането на седемте дитпични зьогми, или на ириса"; "За произвеждането на триптичти зьогми, каквито са светлината, топлината и електричествата"; "За образуването на тетраптичните зьогми, или на водата", след което се преминава към "произвеждането" на небесните тела чрез апохористичното начало като "втори откъс" от първата част на труда, чиято първа глава е "За генеалогията на небесните тела и за астрономическия им живот" (тя започва с появата на едно голямо централно тяло, наречено от него Архегет, възникнало от сгъстени водни пари. Ето как по приказно-вълшебен-семейно-родов начин се предават етапите на генеалогията:

I. Многобройните небесни тела са членове на едно семейство, чийто праотец, пропатор, е Архегетът (първичната вода - А.С.)

II. Непосредствените приемници на Архегет, неговите синове, архегетиди, са астрите, т.е. звездите.

III. Всички произведени от една от тези астри небесни тела са също тъй братя помежду си и братовчеди на произведените от други астри. Тези внуци на Архегет
(астериди), са космическите слънца (хелиите), между които се намира и нашето Слънце.

IV. Произведените от такова слънце небесни тела са хелиадите (планетите).

V. Произведените от планетите небесни тела са планетидите, дорифорите или сателитите, с които редицата приключва.

VI. Всички тези тела, астри, хелии, планети и дорифори (сателити – А.С.) са произведени чрез атмозони (гр. "пара"; порции от пари, изригнати от едно небесно тяло под формата на дълга ивица), които са образувани от изхвърлените огнени пари на изживяващите своя астрономически живот небесни тела. Но докато тези тела прекарват геологическия си живот, в края на всеки период вместо една атмозона те произвеждат две комети от отделящите се въздушни маси" (Берон 2000: 37).

В Откъс трети на Част Първа се разглежда появата на органичните тела, произвеждани чрез систатичното начало. Първа глава проследява появата на растенията, втора – на животните, трета – на сетивните органи при животните, четвърта – "сътворението на хората и разпространението на народите по Земята", а пета е за разпространението на образоваността сред човешките раси. Навсякъде при тези "сътворения" Берон вижда творящото участие на електричеството: "Растенията възникнали от водата и от електричествата на теченията, произведени от анизотермиите (от гр. – нееднаквост, разлика в температурите – А.С.), а животните – от растителни вещества, въздух и вода, които служат, за да произвеждат анизотермии и електрически течения" (Берон 2000: 48). По същия начин различните електрически вълни се поемат и смесват с вълните на различните невроплегми (от гр. – понятие, което изразява възприемащ апарат, рецептор, образуван от нервна тъкан – б.м., А.С.) и така се оформят различните сетива както у животните, така и у хората.

В Част Втора, "За сътворението на микрокосмоса", електричеството по същия начин играе основна, формираща роля:

"Двата електъра са съществували преди още да е започнало създаването на Космоса (те са се появили след "висшето действие", както е обяснено в развитието на Бероновата схема в *Панепистемия*, след което "висшо действие" космосът сам се сътворява); елементите на макрокосмоса също тъй са съществували преди да е почнало създаването му; тези елементи са онези на топлината, а именно: двете електричества. Всички вселенски тела са вода или образувани от вода и електричества съединения (зьогми). Всички зьогми, от които се състои микрокосмосът, са образувани от откъси ток на хетеронимни електричества" (Берон 2000 : 58). Същите начала, които образуват космоса, се отнасят и за образуването на микрокосмоса; на това са посветени три раздела към Част втора на книгата му под заглавия: "За образуването на езика чрез сизьоктичното начало", "За образуването на езика чрез апохористичното начало" и "За езика, произведен чрез систатичното начало". Така чисто физическите принципи, както Берон ги вижда, по които се е образувала вселената, се прилагат и при "произвеждането" на човека; това е типична за него редукция, която той прилага навсякъде: "Както нетегловните флуиди и водата на Архегет се произвеждат в Космоса чрез сизьоктично начало, а чрез апохористично начало – небесните тела, така и в микрокосмоса чрез сизьоктично начало се произвеждат космозьогмите, или идеалите (идеалите като нещо възвишено за Берон са плод на съединение на космически ток с невроплегмите в човешкия мозък, т.е. те не са негова самоволна продукция, а са израз на универсалността на света, а чрез сизьогмите – родовете и видовете на предметите Берон 2000: 65).

Част Трета е посветена на науките, "които разглеждат въздействията от началата", с които започва неговата *Славянска философия*: "Трите космически начала се разглеждат от физиката и от естествените науки, а трите микрокосмически – от нравствените науки" (Берон 2000: 67). Така Берон продължава единния принцип, върху който изгражда своята натурфилософия. В обемния Откъс Първи той се занимава с любимите си естествени науки; стриктно спазва собствена си логика и извежда началата, които образуват космоса като начала на съответните науки: "Всяко начало има свой собствен кръг на действие, всеки един от които е предмет на отделна наука.

I. Произведените чрез сизьоктичното начало съединения се разглеждат от физиката, метеорологията и химията.

II. Произведените посредством апохористичното начало деления се разглеждат в биографията на Космоса или в астрономията и геологията.

III. Посредством систатичното начало от водата и топлината се произвеждат растенията, а от растенията и водата – животните. Природните закони, според които растат растенията и животните и произвеждат други, подобни на себе си индивиди, се изследват от физиологията на растенията и животните" (Берон 2000: 68). Върху тая основа той прави обширни теоретични екскурси, споменавайки Нютон, Лаплас, Хершел, за да покаже единството и приложимостта на своя принцип не само в появата на света и човека, но и в науките, които разгадават естеството, а след това и в науките, посветени на човека. Във физиката разглежда динамиката и причините на тежестта, топлопроводимостта на телата, превръщането на топлината в електричество, наречено от него електрикология. В "Анизотермиите, породени от въртенето на Земята, или за метеорологията" проследява появата на различните "форми на водата", причините за въздушните течения и бурите; под шапката на климатология анализира "причината за нееднаквостта на топлината на двете полукълба", разпределението на ветровете в различните части на земното кълбо и т.н., а в "За магнитологията" – естеството на магнитите, "разпределението на земноелектрическите течения", магнитните аномалии, Северното сияние. В раздела за химията обяснява различните химически процеси, включително и за да обоснове въведеното от него понятие "оргазъм".

Глава втора на тази част е посветена на астрономията и физиологията; там пише за "астрономическия живот на небесните тела", формите на звездите, луната, причината за цветовете на небесните тела, мъглявинните петна, кометите, причините "за промените на небесните тела през геологическия им живот", за потопа, който го занимава особено много (това трябва да е чисто библейско влияние), за появата на пръстени около небесните тела. В трета глава "За въздействията на систатичното начало, върху което влияе физиологията" разглежда растежа на растенията през годишните времена, влиянието на климата върху тях, тяхното възпроизводство, а в "За физиологията на животните" се спира на храносмилането, дишането и кръвообращението, техните сетивни органи, тяхното възпроизводство.

Откъс Втори от Част Втора е далеч по-малък по обем и е "За науките, които разглеждат трите микрокосмически начала". Те са същите като при появата на космоса, живата и неживата природа; по неговия си причудлив начин и за да спазва триединния принцип на "трите начала", той разкрива как те властват и в микрокосмоса. Върху тези три начала, проявяващи се в устройството на човека като не само чувстващо, но и мислещо същество, той посочва в три насоки и "науките", които се занимават с него: в глава първа "За педагогиката" включва гимнастика, пропедевтика и дидактика, в глава втора – логиката, а в глава трета "За поезията" – живописта, скулптурата, както и "поетичното" и "тоналното изкуство" (6). И тук редуцирането до първичните единици, до физическото, до "тока", без да се прави разлика дали е за космоса и мъртвата природа, или за човека, е директно изказано: "Голямо значение има нравственото благосъстояние; то винаги предпоставя наличието на електричество или на хранителни материали и се състои в логическо използване на тока, за да произвежда идеи, та да обогатява с тях своя микрокосмос и чрез ново използване на ток да споделя в различни форми тези идеи с другите индивиди" (Берон 2000: 83-84). В края на *Славянска философия* за първи път се поява и "първопричината": "Ала тъй като всяко действие води към неговия причинител, човекът е бил заведен от сътворението към Създателя" (Берон 2000: 189). Следва извеждане на преимуществото на християнството пред политеизма и "единичността" на юдаизма и мюсюлманството по неговия и причудлив, и основаващ се на "естественонаучното" начин: III. *trias* или християнството се издига над силата на единовластелина, защото само от силата не е възникнало сътворението, а преди него са съществували оживените от оргазма електри, които са били едни и същи, защото оксиелектърът е същият както хидроелектъра, само че в друго състояние, а именно - с по-голяма плътност; по такъв начин единството на Бога и същевременно trias (троичността на християнския Бог – б.м., А.С.) не са в противоречие" (Берон 2000: 190). Книгата завършва с две кратки приложения – "За свободата на волята" и "За безсмъртието на душата", които са в потока на традиционното християнско обяснение, макар и по неговия "естественонаучен" начин, и независимо от това, че се дистанцира от богословието: "Безсмъртието на душата ще намери тук много лесно своето обяснение... Така се държи и антропохоломорфът, или душата, чиито съставни части преди живота на индивида са се намирали в аморфно състояние като слънчеви лъчи и в течение на живота му са били превърнати в холоелектрически зьогми, за да образуват един микрокосмос "по образ и подобие" на Космоса. II. Както в Космоса електрите вече не могат да бъдат възвърнати към първоначалното им състояние, така и превърнатите в антропохоломорф, или душа, слънчеви лъчи не могат да се освободят, за да бъдат върнати към първото им аморфно състояние" (Берон 2000: 203-204). По подобен

начин, както е в случая с "естественонаучното" доказване на без-
смъртието на душата, Берон опровергава "мнението" и на фило-
софи, и на теолози за произхода и същността на света с човека в
него, с изключение, подразбиращо се за него като "естественик",
на материалистическата философия, на която принципите са ис-
тинни, но има недостатъци, които се изразяват в непознаването
на неговото учение (Берон 2000: 203) (7). За да преодолее всичко
това, което не му харесва, той разширява своята *Славянска фило-
софия*до *Панепистемия*, до *Всенаука* – до едно обобщаващо зна-
ние за света – което "преодолява" едностранчивостта на изброе-
ните.

В самия край има и "Забележка", в която "с две думи" из-
казва и смисъла на своето съчинение, и ползата от него: "Каза-
ното в това съчинение за отделните науки е твърде малко, за да
могат те да се изучат, но е достатъчно, за да се докаже както: 1)
извеждането на всички науки от надарените с оргазъм два хете-
ронимни електъра; 2) връзката помежду им. Следователно няма
да има човек, който ще прочете съчинението, без да извлече
полза" (Берон 2000: 207). Това "твърде малко", за което говори,
Берон преодолява в седемтомната си *Панепистемия*.

Втората част на заглавието на този текст можеше да бъде
не само "Родолюбието като натурфилософия", но и "Натурфило-
софията като родолюбие", защото стремежът на д-р Петър Берон
е да състави нова картина на света и човека в него (която след
Славянска философия разширява до *Панепистемия*), а не само да
изтъкне "славянското", а чрез него и "българското"; в такъв сми-
съл етническото подчертаване при него е апликация към изслед-
ването му, а не обратното, и затова в обобщаващия си седемто-
мен "всенаучен" труд етническото определение отпада.

Ако трябва да се разграничи намерението му от неговото
постижение, то стремежът му е да създаде цялостна схема на све-
товното развитие – натурфилософска по същността си, – която да

преодолее всичко постигнато дотогава, при това поела в себе си цял компендиум знания и науки, поради което и наречена *Всенаука*. Че тоя опит няма как да бъде убедителен в непосилните си амбиции и претенции е ясно, но все пак той е *опит* – не в оня новоевропейско-просвещенски смисъл на Лок и Кант (Кантовите "Критики" са в същността и *опити* на освобождаващия се от "средновековието" си и от Бога човек да мисли и опитва сам, извън небесните предопределения), а опит – извън илюзиите за "коперникански преврат" – в най-обикновения, повседневния смисъл да се опита нещо, което да бъде както наподобяване, така и превъзмогване на наличното, на известните образци. И затова, като се има предвид постоянното наваксване в нашата култура – такова е историческото ни битие, но ако се гледа обективно, то е такова и за повечето народи в Европа, да не говорим за света, – а еуфорията към наваксването през Възраждането е несравнима, този опит е бил обгрижван от неговите съвременници, бил е "емблема", че вече сме като Европа дори по отношение на "високата наука". Затова не само в кореспонденциите между отделни дейци от Възраждането – и в повечето тогавашни вестници и списания неговото име се споменава, възхваляват се трудовете му с израз на гордост, че сме на "равна нога" (Бъчварова/ Бъчваров 1993: 160), като това споменаване, ясно е, е само външна информация (пиар според сегашната словоупотреба), без никакъв анализ на трудовете му. Така впрочем е и сега, когато стане дума по различни поводи за д-р Петър Берон, без еуфорията, присъща на самото Възраждане. И сега името му е *емблема* на Рибния буквар и *метафора* на оня стремеж по непостижимото, който иска да надмогне и времето, и съдбата. Но, както стана дума в началото на това изложение, ние това имаме: за едни то е *симптом* и за тогавашната наша култура, и за самия Берон, за други – налични писания, архив на едно минало.

Литература

Берон, П. 2000. *Славянска философия*, София: Феникс.

Бъчваров, М. 1961. Мирогледът на д-р Петър Берон, Варна.

Бъчваров, М. 1970. Натурфилософската система на д-р Петър Берон//*История на философската мисъл в България*, том I, София: Издателство на БАН.

Бъчварова, Н., Бъчваров, М. 1993. Д-р Петър Берон. Живот, дейност, натурфилосифия, София: Феникс.

Бъчварова, Н., Бъчваров, М. 1993. *Д-р Петър Берон. Живот и дело*, София: Феникс.

Бурмов, Т. 1895. *Спомените ми. Дневник. Автобиография.*

Арнаудов, М. (съст.). 1958. *Документи за историята на БКД в Браила*, 1868-1876. София: БАН.

Огнянов, Хр., 2002. Срещи през годините, Гутенберг.

Шарова, Кр. 1976. Българският политически център в Париж в 40-те години на 19 в. // *В чест на акад. Хр. Христов*, София: БАН.

Béron, P. 1862. *Introduction à la Panépistème, II,* Paris 1862.

Nina Dimitrova

BALKANISCHE RHAPSODIE: JANKO JANEV[1]

Mitte der 1930-er Jahre wurde der bulgarische Philosoph Janko Janev eingeladen, an der Universität Berlin einen Vorlesungskurs über die bulgarische Kultur zu halten. In Deutschland übte er eine aktive literarische und gesellschaftliche Tätigkeit aus, die in den dort herausgegebenen Monografien zusammengefasst worden ist. In seinen Werken aus der Zeit, die er in Deutschland verbrachte (bis zu seinem Tode im Jahre 1943), treffen wir auf mehrere Leitgedanken und ganze Passagen aus seinen früheren Aufsätzen. In der Vorstellung des bulgarischen Philosophen bezieht sich diese (für das deutsche Publikum) kulturell-aufklärerische Tätigkeit nicht so sehr auf die Wissenschaft, vielmehr ist sie ein Teil der Mythologie Europas – "Dieses Buch <…> ist ein Teil der Mythologie Europas und dient der Errettung unserer Kultur, des Schicksalsames des Geistes" (Janeff 1943, 81).

Den zentralen Forschungsschwerpunkt bezeichnet er als metaphysisch, wobei dies hier auch als eine Abweichung von den geografischen, historischen und politischen Realien zu deuten ist, mit spezifischem Akzent auf das Völkische.

---

[1] Im Text wird dieser Name nach der in der Slawistik üblichen neuen wissenschaftlichen Transliteration als *Janev* transkribiert, in den Zitaten und den Literaturangaben zu den in Deutschland veröffentlichten Werken des Philosophen bleibt die alte Transkriptionsweise *Janeff*.

In seinen in Deutschland veröffentlichten Aufsätzen beschreibt Janev den Balkan als einen Mittelpunkt zwischen Europa und Asien – zwischen der Welt der Schuld und dieser der Unschuld (Janeff 1939, 27). Südosteuropa ist weder der Osten, noch sind es die Reste von Byzanz – es ist eben das echte Europa, glaubt der Philosoph (Janeff 1943, 294). Der Geist des Balkans ist immer noch ungenügend deutlich. Gerade deshalb gehört ihm die Zukunft, welche die Falschheit des zivilisierten Europas vertreiben wird und sein wahres, gerade auf dem Balkan unversehrt aufbewahrtes Gesicht zeigen wird. Das Motiv der primitiven Authentizität ist aus den früheren Werken des bulgarischen Philosophen wohlbekannt. Es ist auch eines der typischen "Argumente", die von einem Teil der Geisteswissenschaftler der Zwischenkriegszeit in der großen Debatte *Osten – Westen, eigen – fremd* angeführt werden; nun wird es in der für Janev typischen Manier zum Ausdruckgebracht.

Für Janev ist die balkanische Volksseele (und wie jede solche Seele ist sie ein Pulsieren des Absoluten) ein durch die Rasse bedingtes Dasein, das in Begriffen nicht umfasst und beschrieben werden kann. Wie er selber in seinem Aufsatz "Aufstand gegen Europa" behauptet, kann ein Volk am besten verstanden werden durch seinen Mythos, in dem sich ein Stück der Ewigkeit eingegraben hat. Eben von diesem Standpunkt aus ist der Balkan nicht das, was die politische Geschichte und die Interessen der großen Staaten aus ihm gemacht haben, sondern ein Konstrukt, für dessen Aufbau die romantische Einstellung und Einbildungskraft des bulgarischen Denkers zum Einsatz gebracht sind. Sein Balkan ist eine nach dem bekannten Ausdruck von B. Anderson typische "erfundene Wirklichkeit". Aber Janev leugnet es auch nicht; ihm ist nicht die Phänomenologie des Balkanischen wichtig, seine Forschung ist an Urwesen orientiert, die noch nicht in Erscheinung getreten sind: "Trotz der langen politischen Unterjochung blieb die Seele des Balkans in sich eingeschlossen, gleich einer Monade, die kein Fenster in die Welt hat" (Janeff 1937, 262). Den

145

Zugang zu dieser Seele gewährt uns allein ihr Mythos. Dementsprechend trägt sein erstes auf Deutsch veröffentlichtes Werk den Titel "Der Mythos auf dem Balkan" (1936). Der bulgarische Philosoph entwirft ein metaphysisches Gesicht des Balkans (oder häufiger ein literarisches Gesicht des Balkans), das die spezifischen Merkmale einer konservativen Utopie aufweist: Apologie der bäuerlichen Substanz, der Arbeit und der Mühe, usw. (s. Elenkov 1997). Die Balkanregion ist im Unterschied zum asiatischen Prinzip ein Reich der Bauernschaft, der Wälder und Felsen, welche einen ganz unterschiedlichen Geist schaffen – den Geist des Heldentums. In dieser anti-urbanistischen Utopie wird der *Mythos* stets als die wahre Substanz des Völkischen hervorgehoben – unangetastet und unschuldig, noch am Anfang seiner Entwicklung, ein Gegenbild zur müden und untergehenden Zivilisation. Die Bedeutung des Balkans für Europa besteht eben darin, dass dieses Land den (wahren europäischen) *Mythos* aufrechterhält, es ist seine wichtigste und von der Zivilisation unberührt gebliebene Zuflucht. Der Balkanmensch ist ein Mensch des Anfangs und nicht des Endes: "Wir, die Balkanier, sind neue Menschen, wir werden zeigen, dass wir Europäer sind, und zwar im ursprünglichsten Sinne des Wortes. Vielleicht in einem Jahrhundert, vielleicht noch später. Doch eines ist sicher: wenn das westliche Abendland völlig erstarrt und nicht mehr fähig sein wird, Geschichte zu machen, wenn alle seine Blutströme versiegen, wird das balkanische Blut weiter fließen. Und je mehr Technik und Industrie, chemische Fabriken und Atomwunder im zivilisierten Abendlande gegründet werden, desto grösser und überdauernder wird die Bedeutung des Reservoirs bäuerlicher Kräfte, das man noch immer so irrtümlich und fremd "Balkan" nennen muss" (Janeff 1943a, 294).

Die Apotheose des Bäuerlichen ist in den Schriften des bulgarischen Autors ständig im Gebrauch. Seine Ansichten sind typisch für den autoritären nationalistischen Diskurs der Zwischenkriegszeit. Die Verwandtschaft zwischen ihnen und solchen Ansichten wie diesen von Stefan Jovev – einem Autor derselben Denkströmung ("Die armen, primitiven Agrarvölker auf dem Balkan sind heute eine Oase, reine Quellen unerforschter völkischer Elemente und Lebenskraft" (Jovev 1941, 20) – ist nicht zu übersehen.

Das pastorale Landleben wird nicht nur in die Vergangenheit zurückverfolgt, sondern wird auch in seiner Eigenschaft als *die* Alternative der damaligen europäischen Zivilisation präsentiert. Janev hat die Zukunft eines bäuerlichen Europas im Sinne, welche zweifellos nach dem Kriegsende zustande kommen wird. Die Wiedergeburt des *Dörflichen* ist das Fundament des sich ausbildenden balkanischen Mythos. Janev stellt sich den Balkan als ein heiliges Land vor, in dem die Landwirtschaft der gesegnete Beruf sein wird und die Hirtenfeuer ihre magische Bedeutung wiederbekommen werden.

Nachvollziehbar ist in diesem Sinne auch das Verhältnis zur Technik – die bei Janev vorherrschend romantische Einstellung hat sich der technologischen Expansion schon immer widersetzt (insoweit die Technik keine Beziehung zum Schicksalsglauben hat, ist ihr Heldentum illusorisch (Janeff 1939, 249)), und die Bindung zum Christentum macht sie umso inakzeptabler.

Ziel dieses Textes ist es, die neuen Elemente, die in dieser (Selbst)Darstellung der Balkan-Authentizität vom bulgarischen Philosophen von der Periode seines Deutschlandaufenthalts auftauchen, deutlich zu zeigen. Janko Janev ist in einen sozialpolitischen Kontext geraten, den seine romantische Einstellung als "eigen" anerkennt. Der Wandel, der in seinen Publikationen nach dem Jahre 1935 beobachtet wird, fügt dem Charakter dieses bulgarischen Autors, der in der heimischen Literatur seit zwei Jahrzehnten eifrig und immer wieder aufs Neue entdeckt wird, neue Züge hinzu.

Also, um das deutsche Publikum mit dem Balkangeist bekannt zu machen, kompiliert Janev nicht nur aus seinen früheren Schriften, indem er sie ins Deutsche übersetzt, sondern begründet auch den

Drang nach diesen Publikationen auf Deutsch durch die Nähe zwischen der balkanischen und der nördlichen, deutschen Mentalität. Eine Nähe, die er selbst leidenschaftlich behauptet. Schon im ersten "deutschen" Aufsatz von Janev – "Der Mythos auf dem Balkan", 1936, wird diese Vorstellung von der einheitlichen balkanisch-deutschen Mythologie lanciert.

Für einen deutschen Alumnus, der bei Heinrich Rickert promoviert hat, ist diese Affinität zur deutschen Kultur verständlich – hierzulande hat sich Janev als Autor tiefsinniger Studien über Nietzsche, Hegel, Goethe, Hölderlin, Novalis, Schopenhauer usw. einen Namen gemacht. Erklärbar ist auch der Wunsch, die bulgarische Nationalkultur als verbunden mit einer so mächtigen fremden Kultur wie der deutschen zu betrachten. Die Möglichkeit, eine Brücke zwischen ihnen zu schlagen, sieht der bulgarische Philosoph vor allem in der Dichtung von Penčo Slavejkov und Dr. Krăstev. (Wobei dies besonders für Penčo Slavejkov gilt, den der Philosoph mit einem "zu den Menschen heruntergeflogenen Habicht" (Janev 1932) vergleicht). Im Jahre 1930 veröffentlicht Janev einen Artikel in der Zeitung "Hochschule und Ausland" (Berlin, 1930) unter dem Titel "Bulgarien und der deutsche Geist". Später wurden Passagen von diesem Artikel (die sich eben auf Slavejkov und Krăstev bezogen) in der Zeitung "Prjaporec" (1931, 4) nachgedruckt. Die Bedeutung dieser hervorragenden bulgarischen Schriftsteller für die Annäherung unseres Nationalgeistes an den deutschen ("durch Krăstev und Slavejkov vollzog sich die Trauung zwischen dem deutschen und dem bulgarischen Geist" (Janev 1931)) wird in den folgenden hier besprochenen Schriften des Autors auf Deutsch oft hervorgehoben, dieser Bezug ist jedoch bei Weitem nicht das einzige sichere Merkmal der gestrebten Nähe. Da mittlerweile wichtige Veränderungen ins gesellschaftlich-politische Leben eingetreten sind – "Das Deutsche Reich, das nun an den Balkan grenzt…" (Janeff 1937, 82), regt ihn das offensichtlich dazu an, immer neue Gemeinsamkeiten und Ähnlichkeiten zu "entdecken", den Balkangeist mit dem deutschen zu vereinigen und dabei auf ihre gemeinsame arische Urabstammung zu pochen – nun aber vorwiegend in den Geisteshaltungen und der Volkskunst – in den Liedern, Mythen, Legenden, Sagen usw.; in den Verhaltensmustern (vgl. die Analogie zwischen den beiden Welten als Welten des Heldentums); in den Pantheons der Sprache ("Walhalla"). Nachdem bulgarischen Philosophen diente der Balkanraum als "die letzte große Festung der indogermanischen Völker, die von Norden nach Süden gezogen waren oder die sich hier schon angesiedelt haben". Das ist die wichtigste Bedeutung und die erste Bestimmung des Balkans und Südosteuropas überhaupt in der Weltgeschichte (s. Janeff 1943, 20). Das Fazit lautet also: Es gibt keine anderen Völker, die mehr mit dem germanischen Norden verbunden sind, als die Balkanvölker; der eigentlich völkische Mittelbalkan, "das Reich des serbischen und bulgarischen Hajdukentums, ist nordisch und germanisch verzaubert" (s. Janeff 1937, 261). Dieses Motiv zieht sich auch in anderen Werken des Philosophenhindurch: "Obwohl der Balkan bei weitem nicht als ein "zweiter" Norden aufgefasst werden darf, steht er diesem germanischen Bereich doch viel näher als dem Osten. Er ist wie der Norden unergründlich und einsam in seiner Sage und kennt den östlichen Drang nach Universalität nicht; wie der Norden ist er schlicht, gesangreich und urtümlich" (Janeff 1943, 28).

Dem Thema der entdeckten ungewöhnlichen Verwandtschaft zwischen dem Balkan und dem deutschen Geist widmet sich speziell ein Teil des Buches "Aufstand gegen Europa", 1937, in dem das "Mysterium des Blutes" als Erklärung für das Unerklärte steht. Ebenso sein anderes Buch, dessen Titel schon viel aussagt – "Südosteuropa und der deutsche Geist", 1943.

Hinzu kommt, dass die Darstellung des Heimischen (auch in seiner erweiterten Variante als Balkanisch) die vorherigen Akzentsetzungen angesichts der verfolgten Ziele verständlicherweise soweit verdrängt hat, dass bereits die *Wildheit und Barberei* als Identitäts-wahrung und Selbstbehauptung gedeutet werden dürfen. Früher, als er immer noch in Bulgarien lebt, wagt Janko Janev auch ziemlich verbit-terte Bemerkungen gerade zum bulgarischen Volksgeist zu machen – von der Art, dass wir "den Welt- und Geschichtsperspektiven fremd sind, dass wir kein Messiasgefühl haben und zurückgezogen auf einer Halbinsel leben, wie ein minderwertiger Abfall der Planetensysteme" (Janev 1931a). Als Lektor für bulgarische Kulturgeschichte an der Berliner Universität setzt er nun neue (und schonendere für die Bul-garen) Akzente in solchen Überlegungen.

Die andere spezifische Neuheit, die sich eben in den deutschen Veröffentlichungen des bulgarischen Philosophen ab 1936 manifes-tiert, ist die Übertragung all der zahlreichen Eigenschaften, die Janev im Laufe von mehr als einem Jahrzehnt während seiner Beschäftigun-gen mit *Philosophie des Heimischen* ausarbeitet, vom Bulgarischen *auf das Balkanische als Ganzes*. Ziehen wir den Vergleich zu Najden Šejtanov, der diese beiden Kategorien immer in Beziehung zueinander gesetzt hat, indem er eine Balkanisch- Bulgarische Weltanschauung einführt, so gilt dies für Janev in den Jahren schöpferischer Arbeit in Bulgarien nicht. Im Mittelpunkt seiner Interessen hat immer nur das Bulgarische gestanden, das bulgarische Geschichtsschicksal, die bul-garische Heidensprache, das tragische bulgarische Volk usw. Dann aber, während seines Deutschlandaufenthaltes, erstreckt sich schon seine philosophische und kulturwissenschaftliche Reflexion auch auf das Balkanische, wobei der Transfer der Gefühle und Einstellungen von den vorhergehenden auf die nachfolgenden Überlegungen deut-lich erkennbar ist. Ein Beispiel zur Veranschaulichung: Von seiner Heimat, metaphysisch und nicht geografisch, historisch oder politisch gemeint, hat Janev hierzulande behauptet, dass sie *ein als Schicksal erlebter Raum* ist (Janev 1994, 355). So lautet jetzt aber auch die Be-zeichnung, die er dem Balkan gibt – "er ist nicht nur ein geographi-scher Begriff. Er ist ein Raum, der zum Schicksal geworden ist"

(Janeff 1936, 7). Die Metaphysik hat sich beim bulgarischen Autor als Ausgangspunkt immer gegen die Geografie und die Geschichte durchgesetzt, das Bemerkenswerte dabei ist aber die reale Identifizierung des Bulgarischen mit dem Balkanischen. Und tatsächlich, wenn Janeff über die Balkanmenschen spricht, meint er nur die *Bulgaren*, die *Serben* und die *Montenegriner*, da sich diese offenbar in ihrem Hajdukentum (einem sehr wichtigen gemeinsamen Merkmal), in ihrem historischen Schicksal usw. bis zum Verwechseln ähnlich sind. ("Die Rumänen stehen außerhalb des eigentlich balkanischen Bereiches, ebenso die Griechen und das Türkentum. Die Serben und die Bulgaren sind die Herrscher des Balkans, die Montenegriner sind seine Falken", so die von Janev lancierte Meinung (Janeff 1943, 30).) Diese vom bulgarischen Philosophen durchgesetzte Einschränkung im Umfang des Begriffs *Balkanmensch* ist überraschend und kontrovers, besonders wenn wir den konkreten Kontext der Verhältnisse zwischen den Balkanländern in der Zwischenkriegszeit, die hitzige Debatte überein "integrales Jugoslawien" usw. in Betracht ziehen. In dieser Hinsicht unterscheidet sich Janev deutlich von Najden Šejtanov, der Bulgarisch und Balkanisch oft als austauschbar denkt. Šejtanov ist ein Apologet des *Balkanischen* auch als eines Begriffs, der mehrere unterschiedliche ethnische Komponenten umfasst, unter denen die wichtigste natürlich die bulgarische ist: "Die großbulgarische Ideologie hat schon immer hochgehalten und hält immer noch hoch die Fahne eines mächtigen Balkaniens, das aus Bulgarien als der zentralen historischen Macht auf der Halbinsel und den Volksganzheiten von Serbien, Kroatien, Slowenien, Rumänien, der Türkei, Griechenland und Albanien besteht" (Šejtanov 2006, 184).

Im Gegenteil tritt Janev in seiner *bulgarischen Periode* für ein schlechthin nationales Konzept der bulgarischen Kultur ein. Dazu merkt Diana Miškova in einer Studie an, dass "in der Periode zwischen den beiden Weltkriegen ein gewisser Dualismus zu beobachten ist zwischen den einerseits autarken nationalen Projekten in den Geistes-

und Sozialwissenschaften und andererseits den Versuchen eine transnationale und vergleichende Tagesordnung in die Forschung einzuleiten" (Miškova 2010: 45). Das Projekt von Janko Janev, insoweit es hierzulande verbreitet wurde, war nicht vergleichend, ganz im Gegenteil. Sein eigenes Werk sah er als erlöserisch und eingebettet in einen Prozess des Ausbaus der bulgarischen Volksmythologie an, und konzentrierte sich dabei nur auf die letztere. In den Jahren, die er in Deutschland verbringt, "erweitert" er den Umfang seines Gegenstandes, auf dessen Popularisierung er abzielt, um die zwei anderen seiner Meinung nach dazugehörigen Komponenten. So z. B. führt der bulgarische Philosoph in seiner *deutschen Periode*, wenn er über die zwischen dem Balkan und der germanischen Welt stattgefundene Zusammenkunft spricht, neben der üblichen Figur von Penčo Slavejkov, die in den Texten von Janko Janev stets die bulgarisch-deutsche Gegenseitigkeit verkörpert, auch einen anderen Vermittler ein. Diese Rolle spielt schon ein Serbe – Vuk Karadžič, dessen Beziehungen zu Jakob Grimm, Goethe usw. vom Autor ausführlich erläutert werden. Jetzt stellt Janev dem deutschen Publikum einen verallgemeinerten Balkangeist vor, der aber auch in seinem erweiterten Bestand eigentlich eine Synthese von nur drei Nationen darstellt – Bulgaren, Serben, und gewissermaßen auch Montenegrinern.

Vom Janevs Konstrukt des Balkans sind kulturelle Ablagerungen wie der Byzantinismus, der eine fatale Wirkung auf die Identität des Balkanmenschen hatte (dabei ist hier die Ähnlichkeit mit den bekannten Stimmungen von Petăr Mutafčiev eindeutig), sowie der jahrhundertelange osmanische Einfluss weggefallen. Der Balkan hat zahlreiche fremde Invasionen erlebt, erklärt der bulgarische Philosoph, trotzdem aber haben weder der byzantinische noch der islamische Einfluss den Panzer des Balkanmenschen durchbrechen und seine Authentizität verletzen können. Die Balkanmenschen sind aber keine Slawen – das ist nach Janev eine russische Insinuation. An dieser Stelle soll auch dieses neue Moment in den Auffassungen des Philosophen erwähnt werden. Die veränderte politische Lage, der Janev folgt, verlangt, dass er nicht nur die slawische Komponente im Bulgaren verwirft (worauf er auch früher bestanden hat), sondern auch sein Verhältnis zum Slawentum überhaupt als kulturhistorischem Faktor und als "Rassenprinzip" ändert. Seit dem Ende der Zwanziger und dem Anfang der Dreißiger verfasst Janev verschiedene Texte in Bulgarien, in denen das Bulgarische als abweichend vom Slawischen thematisiert wird, dabei ist seine Einstellung zur slawischen Welt doch sympathisierend und verständnisvoll. Symptomatisch dafür sind die folgenden Zeilen, entnommen aus einem weniger bekannten Artikel des Philosophen: "Nur das Slawentum ist der Menschenidee treugeblieben. Nur das Slawentum hat sich keiner künstlichen Schemata und Programme bedient, um der Geschichte und der Kultur den Weg zu ebnen. Das Slawentum hat mehr gelebt, als nachgedacht. Deshalb ist seine Menschenphilosophie wahr..." (Janev 1932). Angesicht Janevs anthropologischer Einstellung ist dieses Kompliment bestimmt gravierend. In der *deutschen* Periode ist schon eine solche Wertschätzung undenkbar. Während das russische Slawentum expandiert und demnach sein wahres Gesicht verliert, lebt der Balkan wie der Norden auf dem Boden seines eigenen Blutes und unterliegt dem Gesetz des natürlichen Wachstums. ("In seiner brauchtümlichen Einfalt ist der Balkan roher als der Norden, aber er stellt ein geschlossenes und einheitliches Ganzes dar, während der russische Osten offen und folkfeindlich ist" (Janeff 1943, 29).) Sein Verhältnis ist schon eindeutig anders und das Leugnen der slawischen Natur gilt von nun an auch für alle anderen Komponenten des Balkanmenschen – so, wie ihn der Philosoph versteht.

Die Religion der Balkanmenschen ist eine heidnische, behauptet Janev. Ende der Zwanziger behauptet er aber doch noch, dass "als heidnisch nur unsere Sprache, die bulgarische, bezeichnet werden kann. Nur unsere Sprache hat einen heidnischen Rhythmus. Stürmisch und dynamisch, sie trägt in sich die finsteren Kräfte unseres Geistes, ein Stück von unserem Boden und unserem Leid" (Janev 1929).

Einige Jahre später gehören schon zum heidnischen Areal nicht nur die Bulgaren. Soweit die Balkanmenschen hauptsächlich Bauer sind, hat sie die "Religion des Kreuzes" kaum erreicht – das Motiv des ureigenen Heidentums des bulgarischen Geistes wird immer wieder auch in den deutschen Veröffentlichungen wiederholt. Das Christentum, "die semitische Lehre des Nahen Ostens" (Janeff 1943a, 8–9) – eine für den Balkanmenschen fremde Religion, hat im geistigen Leben des Bauern keine tiefen Spuren hinterlassen, es hat nur die Oberfläche seines Inneren berührt, ist aber bis in den Kern nicht gedrungen (Janeff 1943a, 227–228). Den Gottesdienst Südeuropas nennt Janev "Liturgie des Chaos", seinen "Christus" hajdukisch und thrakisch-dionysisch (Janeff 1943, 24). Den Balkangöttern in dem Raum zwischen Sava und den Rhodopen fehlt der Glanz der östlichen Symbolik, genau wie die Menschen selbst sind sie Naturwesen, majestätisch und unbesiegbar: "Hier können die Begriffe des christlichen Denkens nicht angewandt werden. Die Götter sind nicht Übermenschen, auch nicht Heroen, die die Kluft zwischen dem Irdischen und Himmlischen erfüllen, sie sind keine Vermittler zwischen Zeit und Ewigkeit. Diese Götter sind umstrahlt von einer anderen Sonne, die nicht im Osten aufgegangen ist, und die nur die balkanischen Gebirgsschluchten und Hofstäler kennen. Wie die Landschaft sind auch die Götter weder "klassisch" noch "romantisch". Jedem sentimentalen Sinn und jeder idyllischen Flucht vor dem Urgründigen und Schicksalshaften sind sie fremd. Besonders für den Balkan gilt die Wahrheit, dass Raumlehre auch Götterlehre ist" (Janeff 1943, 26– 27).

Der Balkanmensch ist ein Skythe – diese These, bezogen auf das *Bulgarische*, ist hierzulande ebenso erprobt worden, und zwar nicht nur von Janev, sondern auch von anderen Autoren der Zwischenkriegszeit (dabei fällt uns hier z. B. gleich der Artikel von Botjo Savov "Skythisches und Slawisches in der bulgarischen Literatur" vom Jahre

1924 ein, aber auch andere ähnliche Meinungen). Seit der Mitte der Dreißiger soll sie schon ein breiteres Feld decken, indem sie auch Serben und Montenegriner mit einbezieht.

Ein anderes wichtiges, den Balkanmenschen gemeinsames Merkmal ist das Gebirgsrelief der bewohnten Orte, das sie als eine Welt des Heroischen und Mythischen vorausbestimmt hat. Die Berge sind der Raum, wo sich der Geist verbirgt, sie hüten die Reinheit der Sippe und bewahren die alten Traditionen unangetastet – das ist die Welt des authentischen Lebens, der Mystik und der Tragödie, eine Welt des einfachen und warmen Lebens, voll von Erkenntnissen und Träumen (s. Janeff 1943a, 78).

Die Hauptmächte des Balkans werden dem Osten und dem von der Steppe geprägten Schicksal gegenübergestellt. Berg und Ebene werden von Janev als metaphysische Ansätze entgegengesetzt. Das Flachland und die Steppe werden mit dem Slawischen und Russischen eng assoziiert. Noch in seinen Essays in der Zeitschrift "Prjaporec" behauptet Janev, dass "wir Schluchten und Täler mehr lieben als die geraden Wege" (Janev 1929a). Nietzsche, der Lieblingsphilosoph, wird als "Bergseele" bezeichnet. In der nachfolgenden Periode werden die Balkanberge (vor allem Hämus und die Rhodopen) zum Objekt ständiger Achtung und Lobpreisung in seinen für das deutsche Publikum vorgesehenen Aufsätzen; in "Aufstand gegen Europa" vergleicht er diese bulgarischen (und balkanischen) Gebirge mit dem iranischen Plateau – der heiligen Gebirgskette, von der es in Zend-Avesta die Rede ist, daher die Folgerung über die Balkanberge als einen Raum des arischen Geistes (s. Janeff 1937, 265). Gerade auf dasselbe weist er auch in "Südosteuropa und der deutsche Geist" hin:

Dieser unzugängliche und schweigsame Raum ist in der eigentlichen Landschaft des arischen Geistes eingebettet, der mit den großen Gebirgen der Welt verbunden ist. Deshalb ist die Rhodopa oder Hämus für den Balkan das, wie die heiligen Gebirgsketten, von denen im Zend-Avesta gesprochen wird, für die ersten arischen Hirten waren.

Wie jeder Gebirgsraum, verbirgt der Balkan den Menschen. Er schickt ihn nicht in die weite Welt hinaus. Er hält ihn fest zwischen seinen Felsmauern, bindet ihn, gibt ihn nicht auf, verrät ihn nicht. Darin drückt sich die Macht des Gebirges aus; es verteidigt das Wesen des Lebens und schützt es vor der Sünde der Auflösung. Seine Menschen sind nicht wie die der weiten Ebene und der Steppe, treuerfüllte, die nicht in sich bleiben können, nicht Menschen, die eine Stütze brauchen (Janeff 1943,25).

Indem Janev eine fantastische Zukunft für Europa entwirft, in welcher der dem germanischen Norden verwandte Balkan endlich eine entscheidende Rolle spielen und Träger des ureigenen europäischen Geistes sein wird, versucht der bulgarische Philosoph einen eigenen Beitrag zur nationalsozialistischen Romantik zu leisten. Überzeugt davon, dass er völlig in die sozialpolitische Konjunktur hineinpasst, erkennt er bis zum Ende nicht, dass er ihre Wirklichkeit tatsächlich verfehlt, indem er sich ein Trugbild von ihr ausmalt und ihm treubleibt. Übrigens, das ist typisch für einen großen Teil seiner Werke überhaupt. Es bleibt zu fragen, wie das K. Hitchins treffend formuliert, "had he [Janko Janeff] survived, whether he, too, idealist that he was, would have repudiated his attraction to the German revolution" (Hitchins 2012, 90).

Übersetzung aus dem Bulgarischen: *Deniza Dimitrova*

Literaturangaben

Elenkov, I. 1997. Pet podhoda kăm Janevite utopii. // *Literaturen vestnik* 6, 9-13.

Hitchins, K. 2012. *Modernity and Angst between the World Wars: Emil Cioran and Janko Janeff.* // *Filosofski alternativi* 4, 76-90.

Janev, J. 1929. Ezičesko slovo. In: Prjaporec 30, 2. Janev, J. 1929a. Tragičen narod. // *Prjaporec* 11, 2.

Janev, J. 1931. Bălgarija i nemskijat duch. // *Prjaporec* 4, 2.

Janev, J. 1931a. Kult na ličnostta. // *Săvremennik* 11.

Janev, 1932. Penčo Slavejkov // *Săvremennik* 36.

Janev, J. 1936. *Der Mythos auf dem Balkan.* Berlin, Verlag für Kulturpolitik.

Janeff, J. 1937. *Aufstand gegen Europa.* Berlin: Verlag für Kulturpolitik.

Janeff, J. 1939. *Dämonie des Jahrhunderts.* Leipzig.

Janeff, J. 1943. *Südosteuropa und der deutsche Geist.* Berlin.

Janeff, J. 1943a. *Zwischen Abend und Morgen: eine Balkanrhapsodie.* Leipzig.

Janev, J. 1994. Filosofija na Rodinata. In: Elenkov, I., Daskalov, R. (Hrsg.), *Zašto sme takiva? V tărsene na bălgarskata kulturna identičnost.* Sofija: Prosveta,345-348.

Jovev, ST. 1941. Revoljucija v etikata. // *Filosofija i sociologija* 1, 19-25.

Miškova, D. 2010. Istoričesko prostranstvo i maštab (S primeri ot balkanistikata). // *Kritika i Humanizăm,* Bd. 3/3, 139-154.

Šejtanov, N. 2006. *Balkano-bălgarskijat titanisăm.* Sofija: Zaharij Stojanov.

3

Таня Батулева

ОТНОШЕНИЕТО ФИЛОСОФИЯ–НАУКА–РЕЛИГИЯ В ТВОРЧЕСТВОТО НА РАДОСЛАВ ЦАНОВ

Философът Радослав Андреа е роден в София на 3 януари 1887 г. През 1903 г. заминава за САЩ, за да продължи образованието си в *Oberlin College,* завършва с почести и награда за отличен успех и през 1910 г. защитава докторат по философия. Започва работа в *Rice University* в Хюстън като асистент по философия през 1914 г., а през 1956 г. се пенсионира като почетен професор. Отново се връща на работа през 1961 г. като "заслужил професор по хуманитарни науки" и настоятел преди окончателното си пенсиониране през 1974 г. Безспорен авторитет по история на идеите, продуктивен автор и уважаван преподавател, вдъхновил цели поколения студенти. През 1970 г. "Алумни асоциацията" на *Rice University* му присъжда златна значка за изключителен принос. Умира през 1976 г. в Остин, а след смъртта му университетът учредява награда на негово име.

Първите книги на Радослав Цанов са съдържателни историко-философски анализи на водещи етически и религиозни концепции, като авторът заема критична позиция спрямо всяка от тях. Тематиката им включва въпроси като: природата на морала и основни типове етически теории; проблеми на личния морал (добродетели и пороци; егоизъм и алтруизъм); социална етика (морални проблеми на семейния живот; моралното и интелектуално възпитание като път към съзряването; етика на призванието;

морални проблеми на икономическата система); национален живот и международни отношения; проблеми на моралната философия (свобода, прогрес, цивилизация, отговорност). Две от тях завършват с параграфи, посветени на "моралната дейност в нейните космически параметри": тематика, която е обстойно разгърната в последните му две книги *Светове за опознаване. Философия на космическите перспективи* (1962) и *Цивилизация и прогрес* (1971). Ще се спрем на някои основни тези в концепцията на автора, чиято родина е България, с уговорката, че те съвсем не са единствените.

Първата от тях е тезата за *света като драма*. Според Радослав Цанов в своята философска интерпретация идеята за история изразява ценностния аспект на реалността, който се разкрива чрез човешката дейност. Утвърждаването на ценностите е резултат от взаимодействие или противодействие на алтернативи: това дава основание да говорим за драматичен характер на ценностите (Tsanoff 1962, 214). Цанов дава пример с учения-физик, който очертава каузалните процеси и игнорира телеологията като ирелевантна на разглежданата материя. Това "неглижиране" обаче се нуждае от преразглеждане, ако желаем да постигнем по-адекватна, интегрална визия за реалността. *Драматичната перспектива* включва признаването на интереси, причини и ценности; тя е биполярна: истината, например, се осъществява чрез изясняване и отстраняване на грешките; в самото признаване и установяване на истината грешката става видима и бива дискредитирана. Справедливостта също не е неутрална, а се ражда в борба с определена несправедливост. Изборът на единия от двата полюса е свързан с оценка и предпочитание. Радослав Цанов се позовава на Бердяев, според който историята е драма със свои действия и вътрешна логика, свои развръзки и катарзис. Той поставя акцент върху идеята за полярност: всяка сила среща противодействие от друга, противоположна на нея сила. В случая Цанов няма претенции за новаторство, а намерението му е да потвърди значимостта на драматичния принцип като една от основните перспективи към реалността и при анализа на ценностните аспекти на човешкия опит.

Драматичният подход е водещ и в света на *човешкия микрокосмос*. Той е комплексна система от процеси със своя физическа и психическа фаза, чиито аспекти не бива да бъдат смесвани или противопоставяни един на друг, а разграничавани и разглеждани в тяхната взаимна обвързаност: подход, който Цанов определя като "интеграция на базисните перспективи" (Tsanoff 1962, 159). Като подчертава уникалния характер и безкрайните възможности, които природата е заложила във всяка отделна личност, ученият изтъква, че прецизните дефиниции изискват висока степен на абстрактност, а това е неприложимо към същността на конкретния човек, един винаги изплъзващ се, мистериозен обект. Цанов прави асоциация с латинския термин *persona*, означаващ маската, носена от актьора на сцената, през която гласът му достига до публиката. Във всяка специфична релация личността изпълнява определена роля. Ние познаваме човека като самия него, но също и в неговото уникално амплоа да се превъплъщава в различни роли. Развитието на личността е единство от разнородности, процес, драматичен по своите вътрешни напрежения и непрестанното си развитие. Заключението на мислителя е, че много повече от всяка друга форма на реалност, тук действа *драматичното само-проявление*: индивидуално и разбираемо единствено като разнообразие от перспективи.

Особен акцент в изследователската дейност на Цанов заема *етическата перспектива*, която също носи драмата на човешкия живот и света. Нашите дебати, затаените ни, а впоследствие заявени предпочитания, изборите, които правим и действията, които предприемаме, натрупаната морална опитност, всичко това предполага наличие на алтернативни ценности, противоположни цели и интереси. С всеки свой морален акт човек утвърждава или отрича, става носител на по-висшите ценности или извършва предателство спрямо тях. Моралната активност според Цанов също може да бъде пример за творческата сила на интелекта, която се разкрива в поетичните и научните постижения.

Теологичната традиция интерпретира моралната същност на човека като гласа на Бог, отекващ в душите на хората. Нито интуитивистите (които разглеждат моралното съзнание като императивна ангажираност на моралния субект), нито теолозите (които приемат, че понятието ни за добро и зло е универсално и императивно) не успяват да осмислят фактическото многообразие на моралните оценки. *Драматичният характер* на моралната дейност е свързан с факта, че тя произтича от избора. Човекът винаги е на кръстопът. Конфликтът може да приеме формата на сблъсък на принципи, еднакво приемливи за него, които в конкретна ситуация влизат в противоречие помежду си, така че той да е принуден да избере на кой от тях да остане верен. Или да се развие като сблъсък между установени обичаи и принципи и непреодолими желания и страсти, които са овладели душата му. Конфликтът може да приеме формата на задълбочен размисъл или на нерешим проблем, трагичен избор на живот и смърт, който независимо от тежестта си, "показва силата на устремилия се към светлината човешки дух" (Tsanoff 1962, 180). Тези форми показват различните нагласи на съзнанието при осъществяване на неговия базисен характер, чието движение е от импулсивното и частичното към интегралното и императивното прозрение. Важно е да останем верни на своя основен дълг, но не да го следваме сляпо и фанатично; да видим ясно своята роля и това което се изисква от нас. Двигател в драмата на моралната дейност е критичното взаимодействие на интелект и воля.

161

Тази драма е видима и в конфликта между егоизма и алтруизма, както и между различния тип ценности: *споделяеми и несподеляеми*. Така например, икономическите ценности или материалните облаги са несподеляеми блага; в този случай печалбата на един може да означава загуба за друг, а отношенията между индивидите приемат форма на съревнование. На най-високата степен на социалност и сътрудничество ние преследваме ценности, които могат да бъдат споделени и които това споделяне не намалява: на принципа "колкото повече, толкова по-добре". Особеност на дейностите в тази най-висока степен (интелектуални, религиозни, естетически) е, че пълната реализация на тези по презумпция споделяеми ценности става възможна именно чрез споделянето им. Истината, красотата, духовното усъвършенстване предполагат не конфликт и съревнование, а общуване, комуникация, обмен. Няма как да се усъвършенствам духовно в резултат на нечие духовно падение.

Според Цанов в егоиста ние упрекваме не неговото самоутвърждаване, а ценностите, които той утвърждава с поведението си. Пълноценен и продуктивен морален живот в отношенията ни с другите е възможен само чрез търсене на по-висши ценности. Ученият обосновава извода, че този принцип постепенно трябва да се въведе в световен мащаб и в международните отношения. Световен мир и сътрудничество се постигат, само когато хората и нациите съдействат активно за утвърждаването на споделяемите ценности, за повече свобода, човечност и прилични условия на живот за всички.

Реалността като процес. В последните си книги Цанов започва да говори за необходимост от *интегрален подход,* който съответства на космическите перспективи. Като отделя внимание на процесуалната философия и не пропуска да отбележи значението на Уайтхед, този, по думите му, "изключителен мислител",

162

той търси драматичните аспекти на неговата космологична теория (Tsanoff 1962: 154). Намира ги в идеята за фундаментален активизъм. Философът споделя тезата, че природата е "театър на взаимовръзки", апелира за отхвърляне на дихотомиите, на традиционния дуализъм на механицизма и телеологията, защото реалността е непрестанно случващ се продуктивен процес. Опирайки се на Уайтхед, Радослав Цанов обосновава извода, че философията следва да признава причинността, но не като божествен дизайн, предопределящ хода на съществуването, а като фази, покълнали и вкоренени в сама структура на природния организъм като базисни характеристики на реалността като процес (Tsanoff 1962, 158).

За отношението наука/изкуство. Още в труда си "Пътищата на гения" Радослав Цанов прави детайлно описание на процесите в творческия интелект на гения в изящните изкуства (поезията и драмата), научното мислене, моралните възгледи, философията, социалните науки и религията. Споделя, че единствената му предварителна установка е била общоприетият възглед за свободния полет на творческото въображение в поезията и изкуствата и строгата прецизност, отличаваща умствената дейност във фундаменталните науки и теоретичното познание. Това обаче не изключва наличието на *впечатляващи аналогии* между тях. Ученият се отличава от поета по своите методи и базисни цели. Научното мислене търси логическа валидност, последователност и непротиворечивост и използва думите за обективно пресъздаване на фактите, на техните релации и импликации.

За разлика от научния труд поемата не е споделяне на факти, нито описание или обяснение на тези факти. Тя е себеизразяване. Разбира се, някаква зародишна идея подхранва поетичната дейност, но творбата не е решение на тази зародишна идея, нито нейно описание или обяснение. Поетичната дейност е синтезеиран израз на някакъв преживян опит, а не негово заключително обяснение.

Разликата между базисната цел на поета и учения се долавя в употребата на думите. Ученият търси логически непротиворечива дефиниция, а поетичните слова не са термини и не се поддават на дефиниране. Посочените в речника техни употреби се различават от начина, по който ги използва поетът. За поета думите не са форми с фиксирано значение, напротив, той им вдъхва нов живот, разкрива нови фасети от значения, които не фигурират в речника. Но, както в поетичната, така и в научната дейност геният се отличава с върховна проява на творческа сила и интегративно съзерцание.

Цанов се позовава и на разграничението между въображение и фантазия. Фантазията е ангажирана с подходящия подбор на изображения. Тя води читателя от един омагьосващ детайл към друг. Силата на поетичното творческо въображение е другаде: в умението му да интегрира елементите в живо и убедително единство и в бездната на опита да открива неподозирани аналогии, изразяващи универсалния порядък и хармонията на битието. Според Цанов в научната работа може да се направи разграничение, аналогично на това, което съществува между фантазия и творческо въображение. Научната дейност предполага откриване на огромно количество факти и установяване на специфични каузални връзки: нещо, над което се трудят множество учени, които може да се нарекат "акумулатори", т.е. колектори, събирачи. Техният принос е несъмнен, само че те поставят акцента върху проучването на детайлите, но не притежават способността или не проявяват интерес към изграждане на по-широки модели. Цанов сравнява дейността на събирачите с фантазията в поезията. Отвъд наблюдаваните факти и получените по пътя на опита констатации великите умове в науката се стремят да открият някакъв космически модел, някакви фундаментални принципи, с които да превърнат изследването си в рационална интерпретация. В търсенето на теоретичен модел ученият може да изпревари конкретните доказателства, да направи скок в правилната посока. Цанов споделя тезата на Поанкаре, че тази дарба (наречена "усещане за математическа красота") действа на подсъзнателно ниво: подбирането на алтернативни идеи е дейност подобна на творческото въображение при човека на изкуството. Точно тя дава сила на ума да подбере най-подходящата и хармонична интерпретация. Умът на гения търси релации, които едновременно свързват и разграничават. Чрез своята дарба той пресява асортимента от рутинни аналогии и избира най-адекватната, най-убедителната. Тогава се ражда теоретичен модел, обединяващ специфичната съвкупност от факти и по-широкия космически порядък. Историята на науката познава много подобни скокове, при които на преден план излиза способността за теоретичен синтез. Тук е общото между гения на учения и този на човека на изкуството. Те не бива да бъдат нито отъждествявани, нито разделяни. Заключението на Радослав Цанов е, че аналогиите на творческия интелект в научната и поетическата дейност откриват пред нас перспективата да вникнем в духовния аспект на реалността (Tsanoff 1962: 167-169).

Наука / религия / философия: от субординация към интеграция. Мислителят поставя въпроса: дали науката не се е превърнала в ново Евангелие? Да, науката (Цанов използва термина "нов сциентизъм") е успяла да проникне в атомното ядро, но не е успяла да научи хората да живеят заедно. Новият сциентизъм е допринесъл за усъвършенстване на цивилизацията, но в същото време е станал заплаха за живота (Tsanoff 1962, 210). Прекаленото съсредоточаване върху физическите и механичните аспекти на съществуването не допринася за интегриране на ценностите, осмислящи това съществуване. А това интегриране е повече от наложително. Тук на помощ идва философията, която предлага перспективи на мислене, без които научният поглед би бил непълен. Интелектуалните ценности не са просто допълнение към науката, а обосновка на самата наука. Според Цанов именно ученият е най-пълноценен изразител на духа на интелектуалния интегритет и търсенето на истината. С живота и позицията си той е живо свидетелство за реалността на интелектуалните ценности.

Що се отнася до *религията,* Радослав Цанов приема, че, както определен тип наука, така и определен тип религия преекспонират някакъв значим аспект на реалността: и в двата случая обаче такъв подход се оказва прекалено абстрактен. Тезата му е, че науката и религията се нуждаят една от друга; отношението между двете е отношение на комплементарност, допълнителност, а не на взаимно изключване. Погрешно е схващането, че пълната подмяна на духовната с материалистическа перспектива води до истината: така на мястото на върховния авторитет на теологията е поставен друг, но гледната точка отново е непълноценна. И научният, и теологическият дискурс са авторитарни и представят цялото на основата на собствената си ограничена перспектива: подход, който "не е добър нито за науката, нито за религията, нито за философията" (Tsanoff 1962, 211). Затова отношението наука/религия/философия следва да бъде не субординация, а *интеграция.*

Интеграция обаче не означава смесване на базовите принципи, а философска необходимост от *корелация на перспективите.* Интегративното мислене е особено нужно на философската рефлексия, защото тя е интелектуална дейност, която се нуждае от определена степен на абстракция. За да бъде адекватна на самия живот, философията трябва да интегрира различни перспективи на мислене; тя не трябва да бъде наука за средношколци, продиктувана, записана и съгласувана с предварително зададени формули. Автентичната философска интерпретация има предимството, че благодарение на нейния интегриращ критичен подход в много частни науки се достига до идеи и изводи, които остават незабележими при разглеждането им в рамките на конкретната научна област. Цанов обосновава и необходимостта от по-висока степен на интеграция при подготовка на програмите в областта на висшето образование. "Всеки базисен проблем трябва да води отвъд "нашия ведомствен график", пише той. Лично за себе си съм открил, че това е особено валидно за философията. Изследванията ми върху вярата в безсмъртието, проблема за злото, пътищата на гения, отново и отново ме отвеждаха отвъд "чистата философия", в религията, историята, литературата, психологията и всички останали науки. Нашите ведомствени парцелирания не са адекватни на реалните проблеми, които се развиват по свои собствени пътища и които ако проследим, ще разберем колко важно е интегративното мислене" (Tsanoff 1962, 216). Практическата реализация на този фундаментален за философията принцип изисква философът да остане верен на собствените си задачи; ние не сме философи, поради това, че пълним страниците с уравнения и физически и химически термини. Философията трябва да вземе под внимание проблемите на частните науки, да ги снеме диалектически; но в същото време тя трябва да се издигне над тях. Разбира се, обратното също е в сила, защото автентичното философстване, което води до прозрение за реалността на ценностите, предполага обективност, критическо мислене, а то изисква съобразяване с фактите и тяхната логика.

Все още неизследвано, творчеството на Радослав Цанов се вписва в общия хор на плеядата български мислители, работили зад граница, чиито теории са пример за креативна интерпретация на водещи автори и концепции, на основополагащи историко-философски, етически и философско-научни проблеми. При тях рецепцията на идеи не е раболепно възпроизвеждане и механичен пренос, а селективен, запазващ своето отстояние прочит: едно раждащо смисъл различие, един автентичен, проникновен и приканващ към размисъл глас.

Литература

Tsanoff, R.-A. Worlds to Know. 1962. A Philosophy of Cosmic Perspectives. NY: Humanities Press

4

Нина Димитрова

ИНТЕЛЕКТУАЛЕЦЪТ И РЕЛИГИЯТА: АСЕН ИГНАТОВ

> *„ ... възкресението, т.е. победата на Бог над*
> *смъртта, е и абсолютният мащаб на доброто,*
> *върховният израз на всичко прекрасно, на*
> *всичко, от което, чрез което и за което живеем.“*
> Асен Игнатов (*Похвала на благодарността*, 1993)

През 1968 г. младият български философ Асен Игнатов издава сбирка от свои статии под надслова *Тъга и порив на епохата*. В книгата се съдържат критични към идеологическия догматизъм текстове, които са в основата на последвалите спрямо философа репресии. Както е известно, той понася редица наказания, включително уволнение от Софийския университет, където преподава. „Въдворен“ е на работа във Философския институт към БАН. Възползвайки се от поканата за научна конференция в Белгия през 1972 г., Игнатов успява да остане там, да се установи в Католическия университет в Лувен, а след това и в Bundesinstitut für Ostwissenschaftliche und Internationale Studien в Кьолн.

След политическите промени в края на осемдесетте години Асен Игнатов отново е духовно приобщен към проблемите на българската действителност, става Почетен доктор на Софийския университет, общува активно с български интелектуалци.

Предлаганият текст има амбицията да проследи промяната в отношението към религията от страна на интелектуалеца с марксистки светоглед, и от страна на философа-дисидент; да очертае основните маркери на тази промяна, да обясни причините, улеснили нейното настъпване.

Богоборчеството

Голямата тема на българския философ от неговия предемигрантски период е отчуждението, един от акцентите в световната интелектуална мода тогава, получила достатъчно забележим отзвук и в България; емблематичен пример са студиите на Цветан Стоянов, но и на други български интелектуалци по онова време. Асен Игнатов прави достояние за българската публика подстъпите към тази тема от страна на екзистенциалната философия (и атеистична, и религиозна), както и на философската антропология, разработвана на Запад – позициите, които ще станат впоследствие присъщи за самия български интелектуалец. („Но по-късно разчупих тясната марксистка призма и се присъединих към основните тези на екзистенциалната философия" (цит. по: Знеполски 2016: 370).) Разбира се, подобна популяризация в България тогава е възможна единствено под формата на критика. Философът говори за Хайдегер, неотомизма, френския екзистенциализъм, руската религиозна философия (особено за Бердяев) и др. във времена, когато тази литература е недостъпна не само за обикновения читател, но и за специалистите – значителна част от малкото налични книги са затворени във фонд, ползван със специално разрешение в Народната библиотека. В едно от късните си писма Асен Игнатов, спомняйки си за периода 1961–1968 г., споделя за активните си занимания с Хайдегер и Ясперс, за афинитета си към *философията на съществуването*, към която е отправял първоначално рязка идеологическа критика. По думите му тя се е различавала от множеството подобни на нея единствено по това, че той, за разлика от другите партийни критици, е чел *и тогава* авторите, срещу които е пишел.

Изключително ерудиран и талантлив мислител, Асен Игнатов, за когото става все по-тясно пространството на родната марксистко-ленинска философия[1], в сборника си от 1968 г., чиято публикация се оказва съдбовна, съзнателно към проблемните статии с антидогматическа насоченост включва и такива, написани от съвсем правоверни позиции. Към последните спада и един текст с изразено в него отношение към религията, в пряка връзка с основната тема за отчуждението. Именно по повод на отчуждението философът коментира гледната точка на неотомизма, а също и на религиозния екзистенциализъм. Усилията му са съсредоточени да докажат, че религиозната критика, утвърждаваща в първородния грях изначалната причина за отчуждението, няма нищо общо с научното обяснение и следователно е несъстоятелна. (Но и атеистичната критика на отчуждението – в лицето на нерелигиозния екзистенциализъм, превърнал темата в постоянна, не се справя много по-добре според българския интелектуалец. Така например, философията на Хайдегер, непревеждан за дълго у нас, той определя като „атеистичен ерзац на легендата за грехопадението" (вж. Игнатов 1968: 78).)

Асен Игнатов анализира отношението на католическите философи и към *спора за хуманизма*; обект на язвителното му отношение е концепцията за *теоцентричния* хуманизъм. В това понятие философът намира непреодолимо противоречие – ако не човекът, а Бог е висшата ценност, то тогава не бихме могли да наречем изповядваните възгледи *хуманизъм*. Като погрешно приписва на Бердяев (наричан от него „православен мистик") концеп-

---

[1] Асен Игнатов е „най-чуждото и непонятно тяло във Философско-историческия факултет" през 60-те години, както го определя Димитър Бочев (Бочев 2013: 75 – 76).

цията за „интегралния хуманизъм", всъщност лансирана от Ма-
ритен, Игнатов отхвърля католическата претенция за религиозен
хуманизъм:

> Тая най-разпространена и най-меродавна католическа теза е
> невярна не защото а priori би могло да се възрази, че е странен
> този хуманизъм, който поставя не човека, а бога в центъра на
> ценностите, а просто защото бог не съществува (ако имаше бог,
> то наистина всеки бунт против него би означавал принизяване, а
> не издигане на човека). И понеже, за щастие или не, няма бог,
> ние, хората, заемаме висшето място в системата на фактите и
> ценностите, място, което „теоцентричният хуманизъм"
> предоставя на свръхлични, призрачни сили (Игнатов 1968: 116).

Религиозната антропология, базирана на един „отвъден
свят", т.е. на едно „истинско царство на призраците", е опреде-
лена като наивна, а освен това и като унижаваща човешкото дос-
тойнство, доколкото поставя човека на второ място след Бога. Раз-
глеждането на човека като висша ценност, твърди Игнатов, е въз-
можно само ако се постига по пътя на строгото научно изслед-
ване, което отчита перспективите пред човешката интелектуална
мощ (вж. Игнатов 1968: 120).

Подобни нагласи, които можем да наречем *човекобожески*
(по определението на Достоевски от „Бесове"), са неотменна част
от господстващия по това време светоглед. Положителните след-
ствия от установеното – „за щастие или не" – обстоятелство, че
Бог не съществува, Асен Игнатов представя по следния начин: чо-
векът (а не Бог) притежава принципно безгранични възможности
и той е, който вероятно ще сложи край на „метафизическите"
страдания – грозота, старост, болест, смърт, като или ще премахне
самите факти, или ще промени трагичното им възприемане (вж.
Игнатов 1968: 118). Тук философът сякаш изобщо не се замисля
за неравностойността на предлаганите опции – да вземем напри-
мер въпроса със смъртта: *отмяната* на смъртта (в отсамността,
на земята), за която мечтае сциентистки ориентираният марксист-

ленинец, съвсем не е заменима с *промяната на отношението* към нея, промяна, възможна далеч не единствено от страна на изповядваната от Игнатов идеология тогава, но от разнообразни гледища, включително от християнско. Написаните от Игнатов редове са в духа на наложилата се в страните от „социалистическия лагер" програма за създаването на *нов човек* – алтернатива на западноевропейската философска антропология.

Особено важен текст, спрямо който можем да усетим дълбоката промяна в мисленето на Асен Игнатов за религията, е една негова статия от 1964 г., публикувана в сп. „Младеж" – „Комунистическата ерес и католическата анатема". Там той е положил особени усилия за развенчаването на тезата, която представя *комунизма като (псевдо)религия*; същата теза става емблематична за по-късното творчество на самия Игнатов. В написаната от изцяло правоверни марксистко-ленински позиции статия от 1964 г. той отбелязва, че няма по-крайна форма на атеизма от убежденията на комунистите; комунист и безбожник са оправдани синоними според него: „Привържениците на религията се стремят да ни внушат, че религиозните предразсъдъци са универсална форма на човешкото мирогледно мислене, а материализмът е една ненормална, чудовищна метаморфоза на това общочовешко качество. Главната теоретична подбуда за това рисковано приключение е бележитата ограниченост на попските глави, за които вън от Вехтия и Новия завет няма не само мъдрост, но и изобщо човешка интелектуална дейност" (Игнатов 1964: 52).

Интерпретаторите на марксизма като религия, срещу които възразява тук Асен Игнатов, са Густав Ветер[2], Йозеф Мариа Бохенски и Николай Бердяев. Цитирайки Бердяев, Игнатов вижда в неговите схващания не анализ на марксизма, а някакво „мистическо виждане" (Игнатов 1954: 55). В обсъжданата статия Игнатов и Бохенски са показани като заемащи двата полюса на опозицията *човекобожество – богочовечество* (позовавам се отново на

Достоевски). Тогава българският философ е бил горд да утвърди яростната антирелигиозност на диалектическия материализъм: „... има черти, които наистина принадлежат в най-висока степен на марксизма: крайното отрицание на религиозния морал и религиозния мироглед. Ето защо ние нямаме нищо против да бъдем привърженици на едно „сатанинско" учение" (Игнатов 1964: 56). Обвиненията в сатанизъм философът приема като похвала за революционната смелост на марксизма. (А колко различно звучат по-късните му думи за сатанизма:

В сатанинските култове се проявява необяснимата склонност на човека дръзко и предизвикателно да се обявява именно за злото, мазохистично да се хвърля в обятията на отвратителното, да скача сам в пропастта, да се стреми към собствената си гибел... (Игнатов 1990: 44).

Боготърсачеството

Очевидно, за да е била възможна по-сетнешната коренна промяна в отношението към религията (каквато всъщност при новото политическо убежище не е била така необходима, ако не е била вътрешно инспирирана), тези правоверни мисли на Асен Игнатов за религията не са изчерпвали отношението му към нея. Ще дам един пример – струва ми се, че сред „каналите", по които тогава е протичало различното мислене за религиозното, е близостта до творчеството на Достоевски, обект на специално внимание от страна на редица български интелектуалци от различни години, но все от времето на социализма – Кръстьо Куюмджиев, Цветан Стоянов, Тончо Жечев, и т.н. В един свой ранен текст, озаглавен „Социалистическата действителност пред *проклетите въпроси*" (включен в книгата, заради която е репресиран), Асен Игнатов казва, че поколението, родено след 1939 – 1940 г., е поинтелигентно от предишното дори само по това, че е чело Достоевски (вж. Игнатов 1968: 111). Впрочем, не ми стана ясно какво е имал предвид Игнатов – Достоевски има достатъчно ранни преводи в България, великото му „петокнижие" е преведено не по-късно от двайсетте години на XX век (преводи се появяват и в края на XIX век), а първото издание на събраните му съчинения в 10 тома е от 1928 г. Но важно е нещо друго – Достоевски, който наистина не „навлиза" в България чак толкова късно, както го представя философът, е невъзможно да бъде обект на творчески коментари *покрай* или *извън* религиозната тематика, основополагаща и за житейската съдба на писателя, и за написаното от него. Защото, както казва впоследствие самият Игнатов в една блестяща своя студия – сравнително изследване между *беса* и *свръхчовека* като основни „играчи" в тоталитаризма (Ignatow 1989), „главният проблем, който занимава и двамата [Достоевски и Ницше], е религиозният, въпросът за вярата и атеизма, при все, че той формално има различна функция в техните произведения. Освен това, както при Достоевски, така и при Ницше, въпросът за вярата е свързан с проблема за морала, ценностите и човешкото поведение, както и с проблемите на обществото и политиката" (Игнатов 2011, 148).

Годините преди бягството си на Запад Игнатов „телесно е тук, духовно – там", както пише Димитър Бочев, неговият верен студент и приятел в емигрантските си години. Независимият характер и големият интелектуален багаж, с който философът се сдобива още в семейна среда, контрастиращ на преобладаващото невежество на „философския фронт", несъмнено са фактори, довели до смяната на светогледните му позиции, които по отношение специално на религията може да се обозначат като „смяна на 180 градуса". Това не може да се каже за антропологията, екзистенциализма и персонализма, на които Игнатов открай време е бил близък и чиито позиции обстойно е излагал, запознавайки българската публика с идеите на мислители, вълнуващи тогавашния философски свят. Много малко е трябвало от интелигентната критика на посочените направления да се пристъпи към споделяне и утвърждаване. Както е известно, Игнатов има особен афинитет към творчеството на Хайдегер и впоследствие пише дисертация за него. Такъв афинитет обаче той има и към руската религиозна философия, също толкова неизвестна в България (вж. по въпроса Димитрова 2017). „Европейският" период на Асен Игнатов преминава до голяма степен под знака на духовното му родство с руската религиозна философия. „Боготърсач" (в смисъла на понятието, прилагано към мислителите на руския Сребърен век) го нарича Димитър Бочев и наистина философстването на Асен Игнатов често е à la Бердяев. Към Бердяев той храни особена любов[3] – нагласа, съвсем нетипична за българската душевност преди, а и в по-късния философски живот на страната. (Както казва Димитър Бочев:

> Разочарован, макар и по различен начин, и от цинизма на Изтока, и от безсърдечието на Запада, той потегли към интелектуалните корени на християнската ни цивилизация: с годините и десетилетията Асен все по-определено, все по-недвусмислено, все по-радикално се себеразбираше като православен християнин – последният му и недописан труд бе едно обстойно изследване на руските фундаменталисти от края на XIX и началото на миналия век, в чиито концепции Асен бе влюбен до полуда (Бочев 2016, 110).)

Един от неговите най-значими теоретични трудове – върху антропологическата философия на историята (Ignatow 1993), представлява опит да бъдат съчетани позициите на Хайдегер с Бердяев. Игнатов сам е наясно с проблематичността на този синтез и не предлага решение, просто споделя това свое желание. По-важното е, че на историята той гледа с очите на Бердяев и много от страниците от неговия труд са сякаш написани от руския философ, от една ясно разпознаваема, специфична християнска философия на историята. Съществуването на божествен план в историята не е оспорено и до днес, отбелязва Игнатов, въпреки че несъвършенството в нейното изпълнение сочи, че тя е резултат от взаимодействието на божествената с човешката сила.

Още в началото на книгата си Игнатов заявява:

Бердяевата гледна точка естествено е религиозна и тя съвпада с нашето лично убеждение. Въпреки това нашата позиция се различава – и това ясно изпъква от текста – от традиционните форми на християнското схващане на историята, както е при Августин, при Йоахим от Фиоре или при Босюе. Ние смятаме, че с чисто философски средства не може да се разясни Божественият план на историята. Опитът за неговото разсъдъчно схващане принадлежи към тематиката на една теология на историята, но дори и там пред рационалното мислене са поставени прегради, тъй като и от нейна гледна точка най-дълбоката същност на Божиите мисли и решения остава тайна, която не се разбулва напълно дори пред вярата. В човешкото доближаване на Божествения исторически план, до Божието действие в историята могат да бъдат установени следните възходящи степени: философията на историята не го изключва, прави го теоретично възможно, но тя се въздържа от позитивни съждения за него; теологията може да постигне частично спекулативно вникване в него, но нищо повече; вярата може още повече да се доближи до него, да го почувства, но най-дълбокият пласт на същността му е недостъпен и за вярата (Игнатов 1999, 29–30, к.а.).

Късната, написана вече след важните политически промени в света, монография на Асен Игнатов върху философията на историята е едно от най-важните основания да се говори за ново мислене *на* религията и за ново мислене *в* религията от страна на философа. Но християнският персонализъм и християнският екзистенциализъм са позициите, от които той създава емигрантското си творчество изобщо – както по-големите си теоретични трудове, така и многобройните си философски статии.

Промяната в отношението към религията у Асен Игнатов има и своите външни белези – още веднага след озоваването си в Белгия той става член на католически институт, по-късно, като редактор на българския отдел на Deutsche Welle изнася различни беседи на християнска тематика, някои от които преведени и публикувани в българската преса (вж. напр. Игнатов 1993; Игнатов 1990, 1990а, 1990об).

Особено видна е обаче промяната спрямо ранния период, когато Игнатов коментира връзката *комунизъм – религия*. Разглеждани от него са два аспекта на тази връзка – *комунистическото отношение към религията* и *комунизмът като религия*.

Публикуваната в Мюнхен малко преди началото на съветската „перестройка" книга, с която Асен Игнатов е може би най-известен – *Психология на комунизма* (Ignatow 1985), се родее с други изследвания, чиито автори, подобно на Асен Игнатов, са изпитали на гърба си „практиките" на строя. В първото издание на български език философът казва, че животът му в България е оставил отпечатъка си върху книгата, че трудът се опира и върху неговия личен опит:

> Макар че предмет на труда е комунистическият манталитет изобщо, то тези мои лични преживявания се отнасят най-вече до неговите проявления в България, защото за мен комунизмът се превърна именно в условията на българското общество в непосредствен, преживян опит – крайно горчив, но и крайно поучителен" (Игнатов 1991: 3).

Обширен параграф от книгата е посветен на темата *комунизмът и религията*. По същество тезите, изложени в него, са подобни на представените в специално посветената на тази тема статия, писана вече в доста по-късен период – „Отрицание и имитация: две страни на комунистическото отношение към религията". В следващите редове ще се ползвам от двата текста паралелно.

Комунистическото отношение към религията

И така, какво е религията за комунистическия, т.е. марксис-тко-ленинския светоглед? Игнатов привежда известните определения за изопаченото отражение на действителността, обяснявано както с изначалния страх на човека от природните сили, така и със социалните му предпоставки, като посочва, че комунистическата литература за религията е популяризация на резултатите, постигнати от културната антропология, критическата история на религията, историята на древността и др., в сциентистки ориентирания деветнайсети век. Но

> по-висшите форми на културата (религия, морал, изкуство) могат да произхождат от естествено-емпирични или примитивно-обществени потребности. Доколкото обаче тези форми, веднъж възникнали, се различават основно от породилите ги потребности, то тази „качествена" разлика, т.е. същността им, не може повече да бъде обяснявана единствено чрез произхода им. (…) Усилието следователно се отклонява от целта си, тъй като „естественият" произход е ирелевантен за разбирането на неговата природа. Традиционната марксистка и марксистко-ленинска литература пропуска именно това – и съответно изпада в анахроничен сциентизъм, натурализъм, рационализъм и утилитаризъм от викторианската епоха. В интелектуално отношение комунистите живеят не в епохата на Бергсон, Хайдегер, Сартр и Фройд, а в епохата на Конт, Спенсър, Мил, Хекел, Бокъл и дори във времето на Холбах, Ламетри и Хелвеций (Игнатов 1991: 82).

Пряката връзка с просвещенското мислене е видна и в самоопределението на комунистическия светоглед като краен, войнстващ атеизъм, *atheismus militans* (вж. Игнатов 2001, 25–26): „Комунистическият атеизъм на практика е твърде последователен, но само в смисъла, че главният му тезис е формулиран категорично и безапелационно: няма Бог, няма нито безсмъртие, нито възкресение, единственият свят е нашият материален свят, несъздаден от никого и съществуващ извечно. Този тезис не знае никакви „възможно е", „доколкото ни е известно", чужди са му твърдения от рода на: „Бог е вероятна хипотеза", „Бог – това е нещо у мен", „Бог – това е всичко добро, което го има у човека"; той не признава никакви възражения, уговорки и допускания, с които се обзавеждат атеистичните формулировки от другите направления. Това е атеизъм без „ако" и „но", *атеизъм и точка*" (Игнатов 2001, 28-29). Точно така бе изразено отношението към съществуването на Бога от самия Игнатов през шейсетте години; по-късно вече отправяните към комунистическия атеизъм упреци са към тази категоричност – присъща на ранните текстове на Игнатов – с която е отхвърляно божественото.

Асен Игнатов определя като особено агресивен ленинизма и в такава връзка той привежда известните примери на крайна мнителност и подозрителност от страна на Ленин към „замаскираните форми" на религията. Но тъкмо тази непримиримост към религията от страна на комунистическия светоглед издава и близостта му до нея – *раждането на религията от духа на атеизма*, по думите на руския философ Михаил Риклин (вж. Рыклин 2009).

Ако се позовем на едно изследване на Игнатов върху *беса и свръхчовека*, то можем да определим – в смисъла на изказваните дотук негови идеи – комунистическия атеизъм като атеизма на *беса*, но с прибавка и на теоретичната му „обоснованост". Ако за героите на Достоевски атеизмът е *екзистенциален модел* на живота и на света, носещ прагматичен, нетеоретичен, волеизявителен характер (Игнатов 2011, 150), то марксистко-ленинският атеизъм, бидейки „научен", държи на теоретичната си издържаност.

Комунизмът като религия

Поставяйки въпроса за комунизма в качеството му на религия, българският философ е напълно в руслото на създадената световна изследователска традиция. Игнатов показва как, появявайки се в период на дълбока криза на християнството, комунизмът се е стремял да запълни оставения от нея духовен вакуум, за да задоволи потребностите на човека от висши ценности и идеали. Тук се крие и обяснението за неговото религиозно естество. Николай Бердяев е сочен от българския философ като най-прозорливия аналитик на религиозната същност на комунизма, обясни привлекателността на този светоглед с неудовлетворителното историческо осъществяване на християнството.

В статията за комунистическото отношение към религията Асен Игнатов се позовава на споменатия католически професор Густав Ветер, критикуван от него през шейсетте години. Марксистко-ленинският атеизъм, показва Игнатов, е свързан с революционната практика и по това се отличава от всички останали разновидности на атеизма. Противоречивостта на ленинския атеизъм се състои в това, че, от една страна, той отрича изцяло религията и всичко, водещо до нея, но, от друга, подражава на християнството, като изработва аналози на основните му постулати. Българският философ показва как трансцендентността, категорично отричана от комунистическия атеизъм, е заменена с историята, чиито закони са съответстват на християнското предопределение.

(Ако за Асен Игнатов *историята* е комунистическото съответствие на християнската трансцендентност, то мнението на Риклин поставя на нейно място *комунистическия идеал* – осъщественото на земята Царство Божие. Преобразеният свят така радикално се различава от обичайния, мисления по законите на здравия смисъл свят, че всъщност е много по-загадъчен от всички отвъдни светове на Книгата (Рыклин 2009: 30). Това мнение е твърде близко до изказаното от Асен Игнатов, доколкото той има предвид *завършека* на *историята*).

Асен Игнатов представя една цялостна картина на комунизма в качеството му на (псевдо)религия: комунизмът има своя сотириология, своя есхатология, свои пророци и апостоли, свои мъченици и светци, свои обреди и молитви, своя църква (партията). Особено внимание философът отделя на сциентисткия характер на тази „религия", на превръщането на самата наука в религия, както и на внушенията ѝ сред масовото съзнание (и тук Марксовото определение „опиум за народа" е напълно подходящо) с популярния пример за опита на съветските космонавти, доказали несъществуването на Бога.

Освен като пародиен подражател на християнството, Асен Игнатов коментира комунизма и като заимстващ от класическия гностицизъм с неговите пориви за насилствено разрушение на наличния свят, дело на тъмни сили. Такива нагласи водят и до един своеобразен *култ към смъртта*, олицетворен от извършваните пред *мавзолея* ритуали, наподобяващи религиозните.

В крайна сметка резултатът от изследването на темата *комунизмът и религията* гласи: „Марксистко-ленинският светоглед има двойствена, външно даже противоречива природа. От една страна, той е явно атеистичен. От друга, в него по удивителен начин се проявяват религиозни и по-точно, християнски или напомнящи християнството черти" (Игнатов 2001, 25).

Доколкото Асен Игнатов е от малцината български интелектуалци, успели да се озоват на Запад още по времето на „развития социализъм", преосмислянето на позицията му спрямо религията като цяло е улеснено, не се е налагало използването на *езоповски език*, за да я изразява. И все пак тъкмо по отношение на религията промяната в неговите схващания е най-осезателна. Трудно е да се мисли радикализмът на тази промяна без да се предполага изначална предразположеност, заложен усет към религиозното. Ще повторя, че това съвсем не следва автоматично от рецепцията и свободното изразяване на новите и политически, и философски схващания. Съпротивата срещу комунистическия режим и неговата идеология не изисква непременно заставането на религиозни позиции, пък макар и не строго догматични. Същевременно не можем да се съмняваме и в искреността на написаното в най-ранните, отстояващи *войнствения атеизъм* статии. Може би именно радикалната промяна в отношението към религията показва степента на промяна изобщо в светогледа на българския интелектуалец.

Литература

Бочев, Д. 2013 Болестта и нейните симптоми. // *Християнство и култура*, № 9, 75 – 90.

Бочев, Д. 2016 Боготърсачът на път към отвъдното. // Бочев, Д. Несъгласни думи. Портрети и размисли. Есета, Т. 1. „Хермес".

Димитрова, Н. 2017 Асен Игнатов: историята като драма. // *Български философски преглед*, № 7, 69–85.

Знеполски, И. 2016 Случаят Асен Игнатов. Отвъд границите на официално регламентираното познание. Философията като тематизиране на човешката ситуация. // Знеполски, И. Как се променят нещата. От инциденти до голямото събитие. Първа част. София, Институт за изследване на близкото минало, „Сиела", СУ „Св. Кл. Охридски".

Игнатов, А. 1964 Комунистическата ерес и католическата анатема. // *Младеж*, № 2.

Игнатов, А. 1968 Тъга и порив на епохата. София, „Български писател".

Игнатов, А. 1990 Лицата на християнския свят // *Септември*, № 4, с. 39 – 41.

Игнатов, А. 1990а Молитвата. // *Септември*, № 4, 41–43.

Игнатов, А. 1990б Дяволът. // // *Септември*, № 4, 44–48.

Игнатов, А. 1991 Психология на комунизма: студии за манталитета на господстващия слой в комунистическия свят. Превод от немски Елена Никлева. София, „Аргес".

Игнатов, А. 1993 Похвала на благодарността. // *Отечествен вестник*, 20. 04., 1, 8.

Игнатов, А. 1998 Диалектика на свободата у Николай Бердяев. // *Философски алтернативи*. Превод от английски Нонка Богомилова, № 2, 41–51.

Игнатов, А. 1999 Антропологическа философия на историята (За философията на историята в постмодерната епоха). Превод от немски Лазар Копринаров. София, „Факел".

Игнатов, А. 2008, Идеокрация или Realpolitik: бележки върху амбивалентността на комунистическото съзнание и комунистическата социална система. // *Философски алтернативи*, № 2, 66-75.

Игнатов, А. 2011 Бесът и свръхчовекът: Антиципацията (предусещането) на тоталитаризма при Достоевски и Ницше. Превод от немски Мирела Иванова. // *Философски алтернативи*, 2011, № 5, 147–161.

Рыклин, М. 2009 Коммунизм как религия. Интеллектуалы и Октябрьская революция. Москва, Новое литературное обозрение.

Ignatov, A. Psychologie des Kommunismus. Studien zur Mentalität der herrschenden Schicht im kommunistischen Machtbereich, 1985.

Ignatow, A. 1989. Der Teufel und der Übermensch. Die Antizipation des Totalitarismus bei Dostoewskij und Nietzsche // *Impulse*, 29.

Ignatow, A. 1993. Anthropologische Geschichtsphilosophie: Für eine Philosophie der Geschichte in der Zeit der Postmoderne, Sankt Augustin: Academia Verlag.

5

Димитър Цацов

ГЕОРГИ ГАЧЕВ: УНИКАЛЕН ВАРИАНТ НА ОНТОЛОГИЗЪМ

Творчеството на Георги Гачев стои някак встрани от общия тренд на хуманитаристиката както в България, така и в Русия. След неговата смърт (2008) се организираха няколко паметни срещи, изложби и конференции, но постоянен и силен интерес към неговите идеи все още няма. Вероятната причина за това е, че неговите разработки не са жанрово определени. Неговите произведения са пресечна точка на различни изследователски линии – философска, социологическа, литературоведска, лингвистична, фолклорна. В своите лекции *Менталността на народите по света* Гачев описва себе си чрез фигурата на пресечени множества – три окръжности, които са съответно България, Русия и еврейството – и съвпадението между тях „съм аз, моята земя, персоналната почва" (Гачев 2008, 11). Вероятно именно този „микс" от различни етнически субстанции определя неговия постоянен и силен интерес към това, което нарича "Космо-Психо-Логос" на различните народи.

Основната теза, която ще аргументираме тук, е, че творчеството на Георги Гачев трябва да се разглежда в контекса на т.нар. "онтологичен обрат". Това е процес, който, макар и единен, в своя общ смисъл има различни исторически реализации в европейските традиции. Схематично могат да се представят основните исторически конкретни форми: от онтология на съзнанието при Хусерл към фундаменталната онтология на *Dasein* на Хайдегер, от тъждеството на битие и съзнание при Шупе към даденото на Ремке, от чистите форми на неокантанството към съдържателността им в онтологията на Н. Хартман, от лайбницианството на Лоски към неговата теория за непосредствеността, Франк – пред-предикатното като условие за предикатното, от критичен реализъм към наивен реализъм (неореализъм, пряк реализъм).

Българският вариант на онтологичния обрат е от репрезентативен реализъм към презентативен реализъм. Ако този обрат се конкретизира спрямо Георги Гачев, може да се каже, че и тук има опит за очертаване на онтологичния път, което не е нищо друго, освен опит за разкриване на естествеността на мисленето, неговата предметна изпълненост. За Гачев художествената форма не е чиста форма, а изначално съдържателна, нещо завършено, тя е вторичен продукт от художествената дейност. Гачев по много оригинален път показва битийната изпълненост на художествените форми: според него те са битийно вкоренени с художествена предметност (смисъл, идеи и т.н.).

Емблематичен е фактът, че в течение на 40 години Георги Гачев води нещо като дневник, който нарича „Секретарстване на Битието", и в него записва жизнения опит и мислите си всеки ден. За него няма неща, които трябва да се пропуснат, няма неинтересни срещи и хора. Всяко събитие, което е свързано с неговия екзистенциален опит, е достойно да бъде превърнато в слово, в думи и така да остане в историята на културата. Не само в екзистенциален план Гачевите идеи са релевантни към онтологичния обрат. Неговата цялостна изследователска стратегия носи битийна натовареност. Дори делението Космо-Психо-Логос е специфично виждане на съществуващото като слоесто. Ако използваме концепция за слоевете на битието, може да се каже, че Космосът на Гачев е пространствено-времевият свят, Психо е идентично със субективно идеалното, а Логосът е духовно идеалното.

По този начин той дава своя трактовка на идеята на Николай Хартман за слоестата структура на съществуващото.

Идейните влияния върху Гачев са разнообразни. Тук се намесва Хегел през Илиенков: съответно любимата книга на последния е *Феноменология на духа*, а вероятно и *Критика на чистия разум* на Кант. Повечето от онези автори, които са писали за Гачев, го свързват с хегелианските идеи. Самият той внушава тази насока на търсене, като отбелязва, че според някои той пишел като Розанов, но ето какво казва той по този повод:

> Розанов по-късно го прочетох, когато този метод за жизнемисли (жизнемыслей) вече бе изработен. За мен основен учител тук бе Хегел […] Първите ми произведения не бяха така полифонични, стояха по-близо до строгата наука като влияние на понятийниците и системниците [...] Всеки, който е чел „Съдържателност на художествените форми", чувства, че в голяма степен е написан в хегелианската традиция, но жизнемислите (жизнемысли) вече се бяха появили [...] Не е изключено влиянието на Розанов, продължава Гачев, но като източник на жанра [...] самата тригласност в „60-ти днях" не е случайна, тук е явното влияние на Хегеловата триадичност [...] във философията ми помогна Илиенков, Евалд Василевич [...] това бе силно влияние [...] Хегел като че ли запълни целия историко-логически схематизъм, в който са написани моите първи работи [...], патосът за историческата стадиалност, шествието на духа в историята [...] : това е ключът на „Животът на художественото съзнание" и „Ускореното развитие на литературата" (вж. Федякин 2010, 9).

Може да обобщим, че Гачев успява да операционализира стадиалността като обуславящ жанропораждаш фактор, който е подробно разгърнат в *Ускореното развитие на литературата*. В България тази книга предизвиква дискусии, в чийто център е европоцентристкото развитие на културата, както и етапността в мисленето на обществото. Самият Георги Гачев представя диалектическата сложност на картината с една великолепна формулировка – „новост на архаиката“, което ще рече, че изоставането в определени условия може да се окаже ефективно и дори модерно.

Но аргументациите за „присъствието“ на Хегел в творчеството на Гачев са от типа: Хсгеловата идея за развитието е в основата на статията, публикувана в знаменитата тритомна *Теория на литературата. Основни проблеми в историческо осветляване* (Абрамович, Г. Л. и др. 1962-1965), в която се изследва образното съзнание в литературата (Гачев 1962), както и в *Животът на художественото съзнание* (1972); продължението на тази проблематика Гачев осъществява в книгата си *Образът в руската художествена култура* (1981), защитена като докторска дисертация – това е точната констатация на Камен Михайлов, т.е. подобни твърдения не са концептуално развити, а са повторение на самооценките на самия Гачев. Неоспорим факт е, че в неговия живот има период на активен интерес към Хегел и в това отношение помощта на Илиенков е неоценима. Ето защо въпросът за влиянието на Хегел присъства по-скоро като проблем, а не като аргументирана постановка (Михайлов 2016).

Михайлов защитава тезата, „че Кант е новаторът, разработил концепцията за историята и еволюцията на расите. А оттук – в ролята на логическа последователност, следва проектът на Г. Гачев за националните образи на света, в който нациите са схващани като продукт на Космо-Психо-Логос-а, който благодарение на своите субектни признаци търси и получава единение с означената триада“ (Михайлов 2016: 287). Тази подхвърлена хипотеза може да се допълни и с влиянието на Хердер, който като цялостно настроение много повече се доближава до интелектуалния релеф на Гачев.

На друго място Гачев характеризира своя стил като „смесица от Пруст (или Розанов) и Шпенглер: тече потокът на самосъзнанието на живота ти, а в него се ситуира културологичната конструкция, изследването на предмета и проблемите (Гачев 2006, 8).

*

Особено силно влияние върху творчеството на Гачев упражнява Михаил Бахтин. Както е известно, има различни тълкувания за коленичението на Гачев при срещата му с Бахтин (Димитров 2016), но независимо от това какво точно е станало, този жест може да се приеме като емблематичен образ на присъствието на Бахтиновите идеи в творчеството на българския автор. Статията „Космосът на Достоевски" е посветена на М. Бахтин. Текстът е отглас на „голямата среща" през юни 1961 г., реверанс на Гачев към мислителя, благодарение на който той е „влязъл" в света на Достоевски. Както Хайдегер твърди, че предсократиците чуват по-автентично гласа на битието, така и Гачев още в началото на студията за Достоевски предлага да се види космосът на Достоевски чрез предсократика Емпедокъл и четирите елемента – земя, вода, огън и въздух (Димитров 2016).

Бахтин е този, който му помага да преодолее разсъдъчната целесъобразност, да опредили дълбинно творческия образ на Гачев. Той се среща с Бахтин, когато е на 32 години, но преди това вече знае за него и е чел произведенията му. Не може приятелят на Гачев Вадим Кожинов да разказва, че до 1961 г. познава „само книгата му за Достоевски и още една книга, издадена под чуждо име – *Формалният метод на литературознанието*, без това да се обсъжда с Гачев (Димитров 2016). Георги Гачев потвърждава приоритета на Кожинов по отношение на Бахтин и допълва: "Нещо повече: в архива на ИМЛИ, зад една желязна врата се намира дисертацията на Бахтин за Рабле. Ние се залепихме да четем пожълтелите страници – и пред нас „се разкри един друг

свят". Кожинов написа писмо. Бахтин отговори и ние – леснопод-
вижни, тридесетгодишни, ето вече сме във влака, а сутринта
бяхме в Саранск" (Димитров 2016). Е. Епщейн изцяло отнася
творчеството на четиримата приятели като продължители на оп-
ределени линии, заложени в концепцията на Бахтин: „Пътищата
на бахтинските сираци, независимо от тяхната обща привърза-
ност към учитсля и грижа за неговото здраве и интелектуално
наследство, се оказват много различни. В. Турбин, по природа пе-
дагог и публицист, преподава по бахтински метод теория на
жанра в Московския държавен университет, в семинара си, който
привлича най-надарените и неортодоксални студенти, макар и
сам да носи черти от бахтиновата ортодоксалност. Г. Гачев пре-
образява бахтиновото наследство в свой оригинален метод на
Космо-Психо-Логос при изучаването на националните култури.
В. Кожинов в началото разработва бахтиновата теория за романа,
след това се движи в редовете на различни славянофилски мис-
лители и успешно ги оглавява, докато не е изтласкан от геополи-
тически по-хищни и метафизически нагли евразийци" (Епщейн
2017).

Още с първата си публикация „Изкуство и отговорност"
(1919) Бахтин заема критична позиция спрямо формализма. За
него трите области на човешката култура (науката, изкуството и
животът) намират своето единство само в личността (Бахтин
1986, 7). През 1928 г. публикува първата си книга *Проблеми на
творчеството на Достоевски*. Останалите три книги излизат под
други имена: *Формалният метод в литературознанието* (1928)
– Павел Медведев; книгата *Марксизъм и философия на езика*
(1929) – В. Н. Волошинов; под същото име е публикувана и кни-
гата му *Фройдизъм* (1927). Медведев и Волошинов са в близки
отношения с Бахтин и поради тази причина Бахтин не се вълнува
от авторството; за него е по-важно публикуването на книгите в

условия, в които доминира формализмът и отношението на властите към него е враждебно.

Водещата постановка в творчеството на Бахтин е, че формата не може да бъде независима от съдържанието" (Бахтин 1986, 176). В „Автор и герой в естетическата дейност" (1924) Бахтин разглежда автора като творческа организираща сила. Тук проличава разликата между него и формалистите, които игнорират авторовото начало. Формата за него е израз на активността на личността на писателя по отношение на литературната конструкция, но вътре в произведението авторът изразява себе си косвено, в съвкупността от творчески прийоми и принципи.

В *Проблемът за съдържанието, материала и формата в словесното творчество* (1924) защитава тезата за това, че естетическият обект изцяло е съставен от съдържателни художествени форми. Защитата на тази постановка Бахтин осъществява (първо), чрез критика на формалистите за техния подход, който поради акцентирането само върху лингвистична „техника" ограничава обхвата на анализ; и (второ), за откъсването на философията от литературознанието. В раздела „Проблема за формата" твърди, че формата трябва да бъде изучавана като структура, ценностно насочена към съдържанието, и като вътрешно-композиционно начало. В художествената форма, твърди Бахтин, субективността на писателя се обективира и става културно значима.

Михаил Бахтин по специфичен начин се включва в т.нар. онтологичен обрат и с това като цяло оказва влияние върху Гачев. В „Към методологията на хуманитарните науки" Бахтин е категоричен в тезата си: всяко частно явление е потопено в стихията на битийните първоначала (Бахтин 1986, 381).

Първоначално повлиян от кантианството, по-късно Бахтин фактически извършва преход от научно-теоретичната оптика към онтологията (Махлин 1996). Както при Гачев, така и при Бахтин една от концептуално натоварените категории е битие, живот. В

Към философия на постъпката (1920-1924; вж Бахтин 2003, 7-68) Бахтин предлага онтологичен проект, в основата на който са залегнали ангажираното съзнание, отговорността и постъпката като елементи от конкретното, историческо, живо битие на личността. Като основен опонент на това разбиране, който Бахтин фиксира във „Философия на постъпката", е трансцендентализмът, критицизмът, защото трансцснденталната активност не може да е исторически-индивидуалната активност на моята постъпка, за която аз съм индивидуално отговорен. Откриването на априорно трансцендентален елемент в нашето познание не посочва изход от познанието, което е затворено в познаващото съзнание, изолирано от съдържателно-смисловата страна, определена от исторически-индивидуалната действителност. Може да се каже, че Бахтин възприема утвърждаващо се в западноевропейската философия чрез Шупе, Брентано, Хусерл и др. ново разбиране за съзнанието като отворено към битието, а не като затворен субект на познанието със своите иманентни чисти форми, моделиращи идващите в него фрагменти от света. Затваряйки се в познаващото съзнание, трансцендентализмът налага разкъсаност, непроницаемост между познание и битие, което изисква да се измисли чисто теоретичния, исторически недействителен субект, съзнание изобщо. Гносеологическото съзнание, съзнанието на науката, е единно и единствено…, то не може да има извън себе си друго съзнание (Бахтин 1986, 85). На Кантовия гносеологически субект Бахтин противопоставя конкретната, индивидуално-отговорната постъпка. Всички ценности на действителния живот и култура са свързани със света на постъпката – научните, естетическите, политическите, етическите, социалните и религиозните ценности.

Критиката на чистите форми на Бахтин е насочена към кантианството като емблематичен израз на монологизма: „Точните науки това е монологична форма на знанието" (Бахтин 1986, 383).

Основна алтернативна категория, върху която се акцентира, е битието, животът, подвижно битие, в което постъпката е основен елемент; затова той въвежда термина „събитие на битието“, единственото събитие, битие-събитие. В работата „Автор и герой в естетическата дейност“ подчертава, че събитие-битие е феноменологично понятие (Бахтин 1986, 173).

Бахтин се обявява против гносеологическия дуализъм. Според него класическата теория на познанието се създава по образеца на природонаучното знание, изключващо „живата историческа реалност“, „жизнения свят“. Тези „натуралистични“, „обективистки“ оптики са навлезли и в други типове знание, по-специално в етиката и естетиката. При този подход, подчертава Бахтин, се получава „принципиален разкол“ на два свята, които са „абсолютно некомуникативни и непроницаеми едно на друго“. Това са, от една страна, света, в който се обективират актовете на нашата дейност и, от друга страна, акта, който действително протича в определено време (Бахтин 2003). В основата на подобен дуализъм е неокантианството. Да си припомним концепцията за двата типа научност – природонаучната и историческата. Основната линия на аргументация на Бахтин е, че, независимо от качеството на научния подход, той страда от битийно-историческа недостатъчност, не се докосва до историческия жизнен свят, културата. С това Бахтин заявява едно ново разбиране на рационалността и в това отношение са неговите разсъждения за постъпката, защото в своята цялост тя е повече от рационална, защото е отговорна. „Рационалността е само момент на отговорността“ (Бахтин 2003).

Традиционната епистемология налага „теоретизиран свят“, „самозатворен свят“ на познанието, в който субектът, истината и другите категории „живеят“ свой автономен живот, където действа чисто теоретически, „исторически недействителен субект“ – съзнание изобщо. Тук познаващият субект губи възможността да бъде индивидуално отговорен, т.е. традиционният субект на епистемология е абстрактен и затова е чужд на реалното битие-събитие. Бахтин не признава това теоретизиране, което, вкоренено в науката, философията и културата, господства от времето на Декарт като универсална традиция. Нужна е нова оптика, характерна за „участващото съзнание": ангажирана познавателна позиция, чрез която се постига „живото единство на света", който за теоретичния свят е некомуникативен, защото последният е закрит в своята идеалност и автономност (Бахтин 2003: 96). Съвременната философия на познанието трябва да почива не върху абстракции, получени от живия и конкретен човек, а на основата на доверието на човека като цялостен и конкретен индивид. И обектът на епистемологията е не атомизиран, а цялостен. Затова Бахтин въвежда нова терминология – ангажираност, не-алиби, отговорност, постъпка като битийни основания на субекта, единна и единствена събитийност на битието, историческа действителност на битието, единствения свят на живота, в който е включен теоретичният свят. Това е терминология, която отличава концепцията на Бахтин от традиционната теория на познанието. Вместо субект – постъпка, обект – битие (историческия конкретен живот); затова субектно-обектното отношение е отношение на отговорност, ангажирано съзнание.

Специално трябва да се подчертае, че вместо абсолютното картезианско безучастно познаващо съзнание, Бахтин въвежда ангажираното мислене, съпричастното съзнание (участному мышлению), което превръща познанието в постъпка на отговорното мислещо съпричастно съзнание. Според терминологията на Гачев това е не ОТВ-влечено, а ПРИ-влечено мислене. Съпричастността е път към истината. Вместо абстрактни теории и изсушени категории, Бахтин защитава идеята за конкретно историческо действително участие, което носи със себе си ясни естетически, етически ценности. Много сходно звучат идеите на Хайдегер в „Основни понятия на метафизиката", където се изтъква, че истината не е просто налична, напротив, като открытие тя изисква в крайна сметка въвлеченост на целия човек, истината е вкоренена съдба на човешкото присъствие" (Хайдегер 1989, 136–137).

Съпричастното съзнание (или по Гачев – ПРИ-влеченето мислене) е отговорно съзнание, което приема напълно своята абсолютна отговорност за постъпките, за събитията в своето битие, постъпките в тяхната историчност и конкретност, в техният последен контекст. Когато се говори за съпричастното, ангажираното съзнание, подчертава Бахтин, не трябва да се психологизира, защото субективизмът и психологизмът са възможни, когато се разделя абстрактно постъпката на обективна (смисъл, съдържание) и субективна (процеса на нейното конкретно-историческо реализиране), но в своята отговорност постъпката задава своята правота като обединяваща тези два момента на общозначимото и индивидуалното (действителното). И затова постъпката съдържа в себе си рационалността като неин момент, а не обхваща нейната цялост. Рационалното, т.е. имащото отношение към отвлечено-теоретическия самозатворен свят, което е извън съпричастното съзнание, е битие в себе си, т.е. тъмното и стихийното (Бахтин 2003, 33).

Когато характеризира причастното съзнание, Бахтин отбелязва и един момент, който е в основата на неговата критика на формализма в литературознанието, а именно че ангажираното съзнание е в своето битие езиково, говорящо. В работата си „Въпроси на литературата и естетиката" той разглежда езика не просто като система от абстрактни граматически категории, като език, който носи идеологически, светогледни и дори конкретни оценки („конкретно мнение"), защото езикът е,словото е почти всичко в човешкия живот (Бахтин 2003).

Основна характеристика на съпричастното съзнание е, че то е осъзнаващото и утвърждаващото факта на своята автентичност в битието. „В основата на единството на отговорното съзнание лежи не принцип като начало, а фактът на действителното признаване на причастност, ангажираност към единното битие-събитие, факт, който не може да бъде изразен адекватно в теоретични термини, а само да бъде описан и преживян" (Бахтин 2003). Бахтин продължава разсъжденията си в това направление, като заявява, че Азът е съпричастен към битието по единствен и неповторим начин, Азът заема в битието неповторимо и непроницаемо за друг място, [...] единствеността на наличното битие е принудително задължителна (Бахтин 2003: 41). Автентичното присъствие в битието не трябва да се разглежда просто психологически, а като онтологична вкорененост, т.е. човешкото Аз навлиза в битието чрез постъпката и всичко, което се случва в света, е резултат от човешката дейност във всеки един отделен конкретен случай. В този контекст се дават и определенията на неговия метод. Гачев описва образно жанра „екзистенциална културология" така: „Тъй като мисълта ми се хранеше от кръвта на жизнения интерес, в основата на текста, предложен сега на читателя, е заложен дневникът на моето жизнепътешествие, а в него е и изследването трактат за България и тези два потока текат ту отделно, ту се сливат един с друг. Този жанр е екзистенциалната културология" (Гачев 2006, 8). Генезисът на този жанр може да се намери в трактовката на Бахтин в произведението му „Авторът и героят на естетическата дейност". Тук абстрактният гносеологически субект се замества от автора и героя (Николаев 1995, 63). Бахтин също отбелязва, че „[...] спокойствието, силата и увереността на автора са аналогични на спокойствието и силата на познаващия субект, а героят на предмета на естетическата активност (другият *субект)* се приближава до *обекта* на познанието" (Бахтин 1986,

169). Субектът се оказва разделен на две съставни части, по аналогия на художественото произведение – този, който осъществява рефлексия над познанието, "пише" за него и става автор, и този, който осъществява самото познание, е неговият герой.

*

Стремежът на Гачев да намери точката на покриване на литературата и живота (битието) е онова, което е в основата на тематизирането на идеята за съдържателността на художествената форма, изложена във втория том *Теория на литературата*, където съответната статия е написана от Гачев и В. В. Кожинов. По-късно и в монографията на Гачев *Съдържателност на художествените форми. Епос. Лирика. Театър* (Гачев 1968).

> Литературната структура, която ние сега умъртвяваме и превръщаме в схеми и подвеждаме под категории и видове: драма, сатира, елегия, роман, при своето раждане е била живо литературно-художествено съдържание, което в дадено историческо състояние на света (тип отношение между общество и индивид), възниква като най-органично изразяване на ситуацията на живота в литературата. Литературната структура абсорбира в себе си това жизнено съдържание [...] Формата, като понятие, живее вече като нещо реално, а не като удобна конструкция на съзнанието на естетиката и литературния теоретик (Гачев 1968, 18).

Активността на формата, кумулираща в себе си силата на традицията, отразява в себе си дълбинната устойчивост на битието. И за да разкрие какво архитипично съдържание излъчват литературните форми, Гачев ги търси в началото, там, където те се формират в античността, в даденото на наивното съзнание, т.е. там, където те израстват от опита на живеенето.

Ако се разгледа битийният хоризонт на наивното, то в него ще намерим базисните понятия-образи – четирите първоелемента на предсократиците – въздух, вода, земя, огън, пространството и

197

времето, четирите посоки на света, планините, полетата, Слънцето, Луната, звездите, небето и т.н. В неговия социален пласт са родът, бащата, майката, синът, децата, къщата, и др. Тук има определени отношения като любов, омраза, приятелство, страдание, радост, обич и др. Ето това е част от „категориалния" хоризонт на Георги Гачев. Това е неговият понятиен образен инструментариум, чрез който чертае менталностите на народите, техния Космо-Психо-Логос. Даденото в негова конкретизация, което е в основата на методологията на Гачев, може да се нарече образна априорност. Гачев следва Гьоте, за когото думи, които не носят оптичен опит, са безсмислени понятия. Това е изначалното на наивното съзнание, обикновеният човек ги намира като зададени, с него той започва да категоризира света, да го осмисля и да действа в него. Потопеността на Гачев в наивното възприемане и съществуване не е абстрактно, изкуствено. И като начин на живот, и като теоретик той е вкоренен в обикновеното съществуване. „Не мисли, че мъдрост и знание ще получиш от книгите, повече мъдрост и знания можеш да получиш от живота. Това сближаване с мъдростта на обикновения живот при мен се осъществи по време на войната" (Гачева 2016). И по-късно, не под натиска на външни обстоятелства, Гачев напуска кабинетния, научен труд и работи най-обикновена работа. Той желае, както обяснява, да пробва дали не може да живее с физически труд, т.е. да упражнява живота на обикновените хора. Вероятно любимата песен на Гачев би била тази на Любэ „Тянет к людям", в която припевът е „тянеть к людям простим..."! Обикновения живот, пояснява Гачев, исках да изпробвам". Затова за него базисна основа е създаването на наука за хората, а не толкова за тесния специалист, експерта, който в по-преобладаващата си част е подчинен на много ограничени норми на рационалност, на научност, което води до елиминиране на съществени специфики при изучаване на етнонационалните особености, националните цялости като Космо-

Психо-Логос, т.е. единство на местна природа, характер на народа и особености на мисленето. За тази цел е нужно да се слезе на „долните етажи", до първичните слоеве, там, където непосредствено съществува съответната общност, и да се намерят базисните зависимости и онтологичните понятия. Затова за него живеенето на село е заземяване. Той отива в малката си селска къщичка през април и се връща през октомври и така „преживява целия селски цикъл". Да се живее според съществените ценности – семейството, любовта, природата, творчеството, книгите, и минимално да си в средата на града, литературата, публикуването. В тази топика на живеенето Гачев чувства радостта и красотата на обикновеното, всекидневното:

Аз поначало съм против строгата научност и методологизирането. Те (семиотиците) са строго образовани, а аз съм образован в по-малка степен, не така информационно-еродитски [...] Предпочитам, вместо да седя и да чета някаква научна статия, доколкото мога, да живея. Страхувам се да не пропусна да живея. Вместо да чета, мога да живея, да обичам, да цепя дърва или нещо друго – за мен е важен прекият контакт с Битието (вж. Федякин 2010, 7).

В едно интервю на Гачев на въпроса на българската журналистка Наделина Анева „Как точно правите своите изследвания?", Гачев отговаря:

Моята теория гласи, че на първо място категорично трябва да отхвърля преценката кой е по-голям, по-хубав или по-важен. Етносите за мен са уникални като духовно-исторически и природно-исторически образувания. И аз се задълбочавам да описвам и да правя сравнения. Изследвам природата, психиката, поезията, науката. И тези особености във всяка националност формират космоисторическо тяло. Едно е за Франция, друго за Русия, Америка, Индия и т.н. Това за мен са уникални космоисторически организми. Моят метод е космософия. Природата, където народът израства и върши своята история, не е „географско понятие",

„околна среда“, тя е митична субстанция. Не са случайни чертите на етноса, те имат съответствие с чертите на природата. За описание на националните мирогледи е потребен особен метаезик. Аз използвам древен натурфилософски език на четирите стихии – земя, вода, въздух и огън. В лекцията си пред БАН и в Софийския университет „Българският космо-психо-логос в сравнение с руския“ казах, че Русия е водо-земя, тя е безкраен простор и аморфност, прилича на огромна белоснежна жена, която лежи от Балтика до Китайската стена – равнина и безкрайност. Очевидно е, че й трябва мъжкото начало, което да й допринесе формата и на стихиите огън и въздух. Русия-майка ражда сина си – руския народ, но той е винаги малък спрямо огромното тяло – територията на Русия. И той е вечен „мальчик, недоросль и подросток“ (момченце, подрастващ и юноша) – такива персонажи са характерни в руската литература. Руският човек има широка душа – значи стихията на въздуха образува неговия състав. Но той е СВЕТЕР, това е мой неологизъм, от свет+ветер – странник, със слаби корени. Затова е трябвало за Русия да се яви силен мъж и в тая функция застава царят, олицетворяващ държавата. Ако в други страни човек и народ сами добре стопанисват, в Русия държавата е главният стопанин, шеф и работник. Носител на държавното начало в Русия обикновено е чуждоземец“ (Анева 2003).

Цялостната изследователска стратегия на Г. Гачев е подчинена на осъществяване на прехода от научност към жизнения свят на етноса, нацията, народа. Той сякаш е изпълнител на онези насоки, които дава Хусерл за жизнения свят в книгата си *Кризата на европейските науки и трансцеденталната феноменология*.

Гачев определя себе си като синтез на три култури: българската, руската и еврейската. В тази връзка може да се каже, че насочеността му към даденото е в резултат на българското като стремеж към реалистичното, докато разгърнатата онтология на даденото, т.е. на наивното съзнание, е плод на фантазията на руско-еврейското в него. Ако ги нямаше еврейското и руското, то

Гачев би останал на нивото на концептуалната беднота в разбирането на даденото, както това става и с последователи на основонаучната философия в България, и с техните критици. Използваните понятия от Гачев не носят някакъв абстрактен смисъл, те са изпълнени със сетивност, видимост, образност. Сякаш мисловността на Гачев е възпроизвеждане на източното мислене, изпълнено с образност, в което и двете полукълба на мозъка работят в един и същи ритъм, а не се акцентира само върху рационалната, логическата половина. За него е важен синтезът на рационалност и художествена интуиция. Той изтъква, че съществува мислене като ясна форма, рационални понятия, разсъдъчни определения, атом-мисъл, мисъл-частица; но съществува и мисъл-вълна, поле, нещо по-размито, където рационалното е съчетано с естетическото и емоционалното. Това той нарича „мыслеобраз". Използването на „мыслеобраз" е особен род духовна дейност, в която се съединяват разсъдък и въображение, рационализъм и художествена интуиция и образност. Може би най-адекватният превод е умозрение, т.е. онова виждане на същности, за което говорят Хусерл или Гьоте. Бахтин се спира особено много на този момент в творчеството на Гьоте (Бахтин 1986: 220 и сл.).

Именно по тази причина Гачевата мисловност е полифонична, основана на формирани устойчиви смисли, залегнали дълбоко в обикновеното съзнание. „Мыслеобраз", умозрението, не е някаква специална измислица на Гачев, защото използването на метафори в научните изследвания е стандартна процедура, но при Гачев това не е инцидентно, а тясно вплетено в цялостната архитектоника на реконструкцията на съответния обект. С това той се сближава с предсократиците, които според Хайдегер чуват адекватно гласа на битието. В *Космосът на Достоевски* например Гачев прави опит да види света на Достоевски през оптиката на Емпедокъл. Гачев се самоопределя така: „по типа мислене съм платоник, предсократик даже, поради това аз мисля с митове, със стихии. Този тип мислене е залегнал в мен като дълбинен пласт". Може да е пресилено, но подходът на Гачев е специфично възраждане на натурфилософията, на предсократовото мислене, което пряко общува с битието, с жизненото движение на космоса. Не е случайно, че той пише „45 натурфилософски романса по стихове на Тютчев". Натурфилософията във варианта на Гачев става екзистенциална културология. Той подчертава, че местната природа е текст, скрижал, завет, който народът е призван да разбере и реализира в хода на историята, да създава култура, която е в хармония с природното.

Когато се опитваме да характеризираме методологията на Гачев като онтология на обикновеното съзнание с определен категориален апарат, не трябва да мислим в традицията и да си представяме някаква склонност у Гачев към систематична натурфилософия, макар че самият той отбелязва големия интерес, с който е чел и конспектирал Хегеловата „Философия на природата". Гачев споделя, че при изследването на националните космоси в него се засилва влечението към натурфилософията, но след това осъзнава, че това е странно във времето на научно-техническата революция и поради тази причина се насочва към изучаване на физиката, химията, математиката, а в този процес се раждат асоциации, залегнали в основата на неговите книги, в които той прави синтез между хуманитарните и природните науки. В резултат на това се раждат „национални хидростатики" – Архимед, Галилей, Паскал, Декарт, П. Берон и др.

За да покаже, че в генезиса дори и най-абстрактните понятия имат умозрителен слой, той прави деструкция на подобни категории. Например в романа на Айтматов „Първият учител" Гачев намира в репликите на обикновените хора резонанси с разсъжденията на Кант. Така просто се елиминира разликата между патриархалния бит на киргизеца от началото на XX век и немеца от

Кьонигсберг от XVIII век. Гачев успява да намери единното движение на мисълта на различните степени на абстракция. Репликите на киргизеца са ембрион на онова, което по-късно ще развие Кант. На тази логика е подчинено и произведението му „Есента на Кант".

Синтетичността на мисловността на Гачев е споена от „техниката" и на философа, и на фолклориста, и на лингвиста „Гачев" и поради тази причина е движение от абстрактност към образна конкретност и това е опит да се улови онази невидима и силна динамика, която се крие в ежедневния поток на обикновения живот, в импулсите на онова, което са чувствата като присъствие, като тотална потопеност в съществуващото. Това е екзистенциалната пълнота, която всеки усеща, когато се събуди от сън, като онова чувство, което е в основата на израза: „Тук съм!". Естествено е, че подобна логика на движение от абстрактност към образна конкретност води последователно към мита. А нима днешното виртуално не е модификация на митологичното?! Може ли да се каже, че митотворчеството на Кастанеда не е релевантно към съществуващото? Същото е валидно и за творчеството на Гачев – че то в голяма степен е митоворчество, но това не означава принизяване, а напротив, призив за едно по внимателно вглеждане в него, защото то става реалности, които рационалистичната суха мисловност ще превърне в предмет и така ще ги изгуби като цялости.

В творчеството на Гачев ясно се откроява и друга характерна черта: на онтологичния обрат – холизма, опита за обхващане на цялото, на единството. Затова той търси да възстанови „изгубената цялост". „Ние имаме само калейдоскоп от множество знания, специализации, разбита е цялостната картина на света. Тя може отново да бъде възродена, като се прибягва до образите, до мита." Ето защо през XX век се възвръщат архаичните форми в мисленето. Гачев посочва в това отношение Фройд, Юнг, Леви-Брюл, Топоров, Айтматов, Маркес, Радичков и др. – всички те се докосват до мита, което позволява да се построи светът като цяло от безкрайните части от информация. Изследването на националния Космо-Психо-Логос е търсенето на цялости и затова стандартните критерии за научност не са валидни, но независимо от това, когато се четат неговите описания на менталността на отделните народи, се остава с усещането за налична реалност, за описание на действителности, на национални битиета.

В монографията си *Национални образи на света. Космо-Психо-Логос* той излага тезисно основни моменти от концепцията си:

> 1. Проблемът е за Цялото. То е постижимо само със съвместните усилия на разсъдъчното и образното мислене и поради това става дума за умозрение, „мислеобразами". 2. Изследването е подчинено на интернационализма и равноправието: в оркестъра на световната култура всяка отделна култура е уникална и едновременно с това в хармония с другите. 3. Всеки народ вижда Единно устроеното Битие в особена проекция, която аз наричам" национален образ за света". Това е вариант на инварианта [...] 4. Всяка национална цялост е Космо-Психо-Логос (...) 5. Природата на всяка страна е текст, изпълнен със смисъл [...] Народът = съпруг на При-родината (Природа + Родина). В историята на своята трудова дейност той разгадава природата и създава Култура [...] 6. Природата и Културата са в диалог: и в тъждество и в допълнителност [...] (Гачев 1995, 7).

Гачев признава, че изводите му са интуитивни, но все пак са направени върху основата на много наблюдения, защото да се твърди, че в Германия времето е по-важно от пространството, а в Русия е обратното, да се твърди, че Рахманиновата музика се разлива хоризонтално, докато музикалните теми в Бетовен се движат по вертикала, е резултат от познание и на философията, и на литературата, и на музиката. Това е, заключава Гачев, извод върху основата на интуитивно-емпирични наблюдения.

Единното, общото аз го усещам чрез мигновените жизнени ситуации, чрез умозрение, жизнемисъл, които са къс от Единното, те са ипостаси на Цялото. За мен са важни не представите, а мигновените усещания. Това не са зрителни умствени представи, а дълбинни екстатични прозрения. Важното е да се преживее Единното. [...] Всеки фрагмент от живота се вижда под знака на Цялото, което по същността си е синтез и стремеж към Единното. И това е много характерна особеност на синтетичния ум и синтетичния начин на живот. [...] И значи твоето писане е само „говоренето" на Единното, [...] начин чрез тебе то да се изрази. Ти се превръщаш в оракул. Единното тук не е умопостижимо, а сетивнопостижимо. Именно така мисълта е потопена в битието, в земното (Гачев, пак там).

Произведенията си той нарича „драми на мисълта". Защо? Защото в тях основното не е концептуализацията, категориалният строеж, а понятията-образи, *мыслеобразы*, тук писането съвпада с движението на мисълта и поради тази причина текстът е и история на авторовата мисъл, а не само отнесен към обекта, който е предмет на „разказ". Ето защо четенето за него не трябва да е пасивно възприемащо, а активно, т.е. да съществува съвъображение с авторовото и поради това при възприемането няма линейност, а мисъл плюс въображение: нещо, което дава широки хоризонти, многообразни асоциации, размах на мисълта, т.нар. от Гачев странично виждане. Така текстът формира култура на въображението. В това се състои главната разлика между ОТ-влеченото от ПРИ-влеченото мислене. Този начин на възприемане Гачев нарича дедукция на въображението. Ако логическата дедукция е метод на разгръщане на мислите и добиване на нови понятия, като се изхожда от други, то дедукцията на въображението е внимателно вглеждане, прислушване в дадените мисли-образи и виждането какви нови мисли-образи те предизвикват. Така се развива поетично природознание. Тези идеи на Гачев пряко провокират асоциацията с натурфилософските виждания на немските романтици.

*

Още в началото на книгата си „Съдържателност на художествените форми“ Гачев ясно и категорично заявява своята позиция и изходна гледна точка. А тя е – съдържанието е доминиращото, то е, така да се каже, първото. Формата е вторичен продукт.

> До разбирането на литературните форми може да се стигне по пътя на извеждането им от съдържанието на живота и литературата. Закон, съгласно който формата е утвърждаване и закрепване на съдържанието. Някога формата е била съдържание; литературните структури, които сега ние, след като смс ги умъртвили и превърнали в схеми, причисляваме към категориите род и вид: драма, сатира, елегия, роман – при своето зараждане са изтекли от литературно-художествено съдържание, което при дадено историческо състояние на света (типа отношения между общество и индивид) е възникнало като най-органичен израз на жизнена ситуация в литературата. Литературната структура абсорбира това жизнено съдържание и след това го излъчва при всяка нова епоха, идея, писател, които се отнасят с нея безгрижно, без да имат представа с какъв самовъзпламеняващ се огън ще си играят. Така разбрана, формата вече живее като нещо реално, а не като удобна конструкция в съзнанието на литературния естетик и теоретик (Гачев 1968, 17-18).

Ето защо още преди Корней да започне да пише своя „Сид“ е съществувала разработената от векове и хилядолетия структура на драмата.

Причините да се приема обратното на това, което твърдят формалистите, са много, но Гачев се спира на няколко. Първо, особеност на мисленото, защото още като се прочете допълнението към заглавието „Делението на литературата на родове и видове“, автоматично възниква представата, че изследването ще бъде посветено на нова класификация на различните форми на художественото произведение – епос, лирика, драма, роман, трагедия, комедия, балада, сонет и т. н. Този автоматизъм се дължи на една естествена проява на мисленето, което, когато се сблъска с нещо ново, прави опит да го класифицира в познати категории, да го отнесе към устойчиви рубрики. „И тъй в жанра, в реда („Ordo est clavis omnia rerum“ – „Всяко нещо си има ред!“) се крие някакво свещено и вековечно съдържание, богатството и значението на което трябва и да се разбере“ (Гачев 1968, 7).

В тази връзка той прави кратък коментар на руски формалисти, които приемат формата за нещо „по-почтено“. Но Гачев не прави директна критика, а посочва тяхното положително значение за развитие на литературознанието:

> [...] именно поради това, че те решаваха реален, обективно-исторически (а не мним, словесно-назоваващ) комплекс от задачи и го решаваха с въодушевление, последователно и творчески – в крайна сметка решиха маса въпроси, които ние бихме отнесли към рубриката „художествено съдържание“. Изобщо съсредоточеността върху идеите на формите, върху смисъла на похватите, върху тяхното съдържание винаги е била присъща на руската литературна мисъл. Освен писателите (Пушкин, Гогол, Толстой и др.) и критиците, като се започне с Белински, в тази насока мислеше собствено и науката за литературата – в трудовете на Буслаев, Веселовски, Потебня. В съветско време този въпрос се изследваше от различни страни в произведенията на Б. Айхенбаум, В. Жирмунски, М. Бахтин, Д. Лукач, В. Гриба, И. Виноградов, Д. Лихачов, Н. Берковски, Гуковски, Г. Фридлендер и много други (Гачев 1968, 15).

Гачев изтъква ролята на формалната логика, за да се стигне до акцентиране върху формата. И в това отношение може да се направи връзка с отношението на Михалчев към формалната логика, за когото тази логика е една от основните дисциплини, които погрешно затвърдяват приоритета на формата във философията. Според Гачев на нито един естетически проблем отрицателното влияние на формалната логика не се отразява така силно, както на проблема за родовете и видовете (жанровете) на изкуството. И този проблем собствено е създаден и формулиран така, а не иначе именно от формално-логическия начин на обяснение на битието и формите на съзнанието. Това обяснение всъщност съвсем и не е обяснение, а само класификация и описание на явленията (Гачев 1979). Подобно разпределение на литературните форми по рубрики е нужно само като предварителна инвентаризация на литературното стопанство, но само по себе си не ще ни доведе до разбирането какво представляват литературните форми. Акцентирането върху формално-логическите разсъждения е проява на разсъдъчната мисъл и, ако си припомним думите на Хегел за разсъдъчната технология, трябва да приемем, че проява на лоша метафизичност е използването на формалната логика в литературознанието. Резултат от тази намеса на формалната логическа мисъл се разкрива не спецификата на литературните форми, а самата себе си: логическата категория „общо" се представя уж като литературно-художествената категория „род"; „особеното" като „вид"; „единичното" като отделно произведение. Но получавайки в крайна сметка самата себе си, т.е. онова, което е вложила от себе си в литературно-художествените явления, формалната логическа мисъл не смята, че при този резултат нейните изводи преминават през собствената природа на предмета, без да го засегнат изобщо, но тъй като тук нещата напълно си съвпадат намира в това потвърждение на универсалността на своя начин на разглеждане на нещата, така че всяка „специфична" природа за нея се оказва уж разтворима и подменима, преводима на нейния класифициращ език (Гачев 1979). Казано накратко, намесата на формално логическата мисловност, на разсъдъчността води до елиминиране на спецификата, на характерната битийна специфика на даденото явление. То се включва в някакъв предварително зададен схематизъм и по този начин се загубва уникалността. Затова и Гачев казва: „няма нищо по-лесно и по-евтино от това да се глумиш с непохватността на движенията на формалната логика върху чужда нейна територия и да объркваш козовете й, показвайки как тя непрекъснато сама себе си наказва" (Гачев 1968, 17).

Като първа изходна изследователска позиция за Гачев е разглеждането на литературата като устойчиво, материално тяло. Главна реалност е произведението като вещ, устойчиво цяло. Литературните форми са структури, които, „едва докоснали се до аморфния поток на художествените идеи и представи, магически предизвикват кристализация в него [...] единична завършена вещ" (Гачев 1968, 14). Гачев допълва още методологичното изискване, свързано с литературното тяло, да се разглежда като цяло – от проявата на онази специфична жизнена ситуация, в която именно е трябвало да възникне то; през зараждащото се в съзнанието на художника смътно художествено съдържание – до изкристализирането му в предметност. По-рано Гачев е прочел нещо подобно в „Към методологията на хуманитарните науки" на Бахтин: „Съдържанието като ново, а формата като шаблонизирано, стихнало старо (познато) съдържание" (Бахтин 1986, 388).

Не сме ли длъжни ние, пита Гачев, да виждаме в тази активност на формата, в силата на традицията не само нещо отрицателно, но и благодатната, народната сила, отразяваща дълбоката устойчивост на битието, простотата и ясната на основните му ценности, които не се поддават на разнищване сред суетната разюзданост на новостите и модата?

> [...] битието очевидно неслучайно създава устойчиви форми: на изготвянето на предмети, общуването между хората, бита, мисленето. В тях всеки път се осъществява равенството му на самото себе си и братството на епохите. В тях продължава предметният живот на „умрялото човечество"; в тях разумът на предишните епохи разбира, усвоява и приобщава към лика на човечеството всички но-

вовъведения. И ето че в процеса на нейното изкристализиране ние се интересуваме какви идеи излъчва самата форма на кристалите. Как онова, което подлежи на изказване, в процеса на изказването се изпълва с неподозирани преди това съдържания – само поради това, че изказването се оформя като трагедия, балада, роман и т.н.? Нас ни интересува съдържателността на самите жанрови форми" (Гачев 1968, 14).

От историята на философията е известно едно от обясненията на чистите форми, априорното. За индивидуалното познаващо съзнание априорните форми са предопитни, но от гледна точка на онтогенезата априорното е резултат от натрупан опит. Отнесено към нашия проблем, може да се каже, че за индивидуалното литературно критическо съзнание литературните форми (жанрове) се „срещат" като завършени, но от историческа гледна точка те са плод на историческото развитие на творческата художествена дейност. Като цяло подходът на Гачев е „затворен" в тази методологична фигура.

*

Георги Гачев плътно се вписва в многогласния хор на т.нар. онтологичен обрат. Основните изводи са два: първо, водеща категория, около която се центрира творчеството на Гачев, е битие и неговите производни; и второ, няма никакво съмнение, че за него основен идеен източник на по-късен етап не е нито Хегел, нито Кант или Розанов, а Михаил Бахтин. С това е зададена координатната система, в която може да се реконструира адекватно творчеството на този уникален мислител, който никога не прекъсва своята силна връзка с българското и в изследователската си дейност достига до дълбоки прозрения.

210

Литература

Абрамович, Г. Л. и др. 1962-1965. *Теория литературы. Основные проблемы в историческом освещении.* 3 т. Москва: Издательство Академий Наук СССР, 1962-1965.

Анева, Н. 2003. *Проф. Георгий Гачев: Българите имат призвание да намерят хармонията между материално и духовно// Сега,* 31.05.2003, https://old.segabg.com/article.php?id=90559.

Бахтин, М. 1986. *Эстетика словеного творчества.* Москва: Исскуство.

Бахтин М. 1975. Слово в романе. // *Вопросы литературы и эстетики.* Москва: Худ. лит.

Бахтин, М. 2003. *Философская эстетика 1920-х годов. Собрание сочинений.* Т. I, Москва: Языки славянской культуры.

Бахтин М. 1986. Формы времени и хронотопа в романе. Очерки по исторической поэтике// *Литературно-критические статьи.* Москва

Гачев, Г. 1962. Развитие образного сознания в литературе // Абрамович, Г. Л. и др. *Теория литературы. Основные проблемы в историческом освещении.* Т. 1. Москва: Издательство Академий Наук СССР, 186-311.

Гачев, Г. 1968. *Содержательность художественных форм. Эпос, лирика, театр.* Москва: Просвещение.

Гачев, Г. 1995. *Национальные образы мира. Космо-Психо-Логос.* Москва: Прогрес.

Гачев, Г. 2008. *Менталности народов мира.* Москва: ЭКСМО.

Гачев, Д. 2005. *Писма от оня свят.* София.

Гачев, Г. 1981. *Образ в русской художественной культуре.* Москва: Исскуство.

Гачев, Г. 2008. *Национальные образи мира. Эллада, Германия, Франция.* Москва: Исскуство.

Гачев, Г. 2009. *Дневник современного философа.* М. Москва: Исскуство.

Гачев, Г. 1979. *Ускореното развитие на литературата.* София

Димитров, Е. 2016. Срещата като събитие и преображение: Г. Гачев – от Бахтин към Достоевски. // *Достоевски: мисъл и образ.* София: Изток-Запад.

Епщейн, Э. Сергей Бочаров и „бахтинские сироты" // *Частный Корреспондент,* вторник, 14 марта 2017 года, http://www.chaskor.ru/article/sergej_bocharov_i_bahtinskie_siroty_41664.

Махлин, В.Л. 1996. Бахтин и западный диалогизм // *Диалог. Карнавал. Хронотоп*, № 3, 68-69.

Михайлов, К. 2016. Логософът: нормативността на езиковата описателност по Г. Гачев. // *Достоевски: мисъл и образ*. София: Изток.-Запад.

Николаев Н.И. 1995. Оригинальный мыслитель // *Философские науки* № 1, 62-71.

Федякин, С. 2010. В поле напряжения между жизнью и мыслью (Творческий портрет Георгия Гачева). // *Литературоведческий журнал*, № 24.

Хайдеггер М. 1989. Основные понятия метафизики // *Вопросы философии*, № 9, 116-122.

6

Габриела Касърова

„КАЛЕЙДОСКОПИЧНИЯТ УМ“: ОПИТЪТ НА НИКОЛАЙ МИЛКОВ ЗА ПОСТ-ВИТГЕНЩАЙНОВА ФИЛОСОФИЯ

Още от младежките си години Милков разбира, че заниманията с философия ще бъдат „най-важното нещо в живота му“[1], но не само философията, като наука, а и като като начин на живот и като отношение към света. Интересите на му са в областта на аналитичната философия, история на философията на науката, метафизика, философия на съзнанието и др. Неговият професионален път е извървян предимно в Германия, но започва от Софийския университет „Св. Климент Охридски“, когато през 1974 год. е приет за редовен студент по специалността. Завършва магистратурата си с дипломна работа на тема „Логиката на Бъртранд Ръсел и Платоновата диалектика“. Пътят му минава през Киевския университет, но след редица бюрократични трудности се прехвърля в Московския държавен университет „М. В. Ломоносов“, където защитава докторска дисертация на тема "Философия логического атомизма" („Философия на логическия атомизъм“) (Бенчев 2019: 28). Не може да се скрие разочарованието на автора още в предисловието – голяма част от коментарите при защитата

---

[1] Из личен разговор на авторката с Проф. Милков.

на дисертацията били негативни и тя е върната за доработка. Поради това са добавени препратки към марксистко-ленинската философия. Последните обаче са отстранени в публикуваното през 2018 год. издание (Милков 2018: 3). Факт е обаче, че десетилетия по-късно Милков е вече доказан философ и критиката е била несъстоятелна. След завършването си се насочва на Запад поради търсене на такава нагласа, съответстваща на разбирането и нужда му от философия, където т.нар. *vita contemlativa*, според него, е много по-добре познат начин на живот по онова време. [2]

Доколкото името на Н. Милков неминуемо се свързва с темата „Витгенщайн" и с неговите усилия относно превода на три от книгите му (Логико-философски трактат, Философски изследвания и Бележки върху основите на математиката) издадени в един том Събрани съчения, то безспорно приемам, че тази връзка е ненарушима. Не бива обаче Милков да се свързва само с превода и с представянето на Витгенщайн у нас (и полагането на основите на българската аналитична традиция (Лозев 2019: 43)), тъй като оттогава е постигнал признание и в редица други държави и в различни области на философията. От друга страна това е разбираемо – в Националната ни библиотека не се намират по-голяма част от трудовете му и те все още не са преведени на български език[3]. Нещо, което в най-скоро време трябва да се случи, защото българската философска традиция черпи авторитет именно чрез личности като Н. Милков. Като представител на философската ни диаспора, Милков публикува десетки статии на

---

[2] Из личен разговор на авторката с Проф. Милков.
[3] Като напр. *The Varieties of Understanding: English Philosophy since, A Hundred Years of English Philosophy, The Philosophy of Logical Atomism, Early Analytic Philosophy and the German Philosophical Tradition, Kaleidoscopic Mind: An Essay in Post-Wittgensteinian Philosophy, Hermann Lotze's Influence on the Twentieth Century Philosophy* и др.

английски, немски и руски език, участва в множество междуна-
родни философски конференции (над 100), преподавал е в Уни-
верситета в Билефелд, Германия и е бил гост-лектор в Универси-
тета в Оксфорд, Англия (1990-1991), в Университета в Питсбърг
(Пенсилвания), Университет Макмастър (Онтарио), а към насто-
ящия момент е професор в Университета в Падерборн, Германия,
където работи от 2007 год. ("Analytic Philosophy in Context" - Dr.
habil). Основател е на Клуб „БАН-научна диаспора" (Bulgarian
Academy of Sciences — Scientific Diaspora), като цел на работната
група е поддържане на връзка между Българската Академия на
Науките и българските учени, реализирали се в чужбина.

Ще представя някои от положенията на Милков в
Kalejdoskopian Mind: An Essey in Post-Wittgensteinian Philosophy
(Калейдоскопичният ум: Опит за пост-витгенщайнова филосо-
фия), без да претендирам за изчерпателност. Книгата е публику-
вана през 1992 год. като е разделена на въведение и три основни
части: Двигателят на съзнанието, Преосмисляне на философията и
Калейдоскопична епистем-онтология. Всяка от тях е с определена
насоченост, но разгледани като „цяло", като аспекти и проблясъци
на едно и също нещо, те изграждат систематична философия.

В годината на публикуване на книгата, в „От гледна точка
на логиката" Йосеф Моурал, професор по философия в Чешката
академия на науките, публикува кратко представяне на книгата
(Moural 1992: 92): „Начинът на представяне е доста калейдоско-
пичен: читателят се оказва в средата на поток от аналогии, при-
мери, откъси от други философи като се позовава на Витгенщайн,
пишейки във фрагменти и очаквайки читателя да изгради връз-
ките между тях". Към днешна дата обаче Моурал отчита като
грешка въпросните негативни коментари и ги отдава на „младеж-
кото си неразбиране", определя ги като „разочароващи", а след
като се е запознал и с останалите трудове на Милков ги намира

за „заслужаващи прочит".[4] Това споменавам във връзка с факта, че въпреки критичните коментари и рецензии, които Милков е получавал (и за дисертацията си „Философия на логическия атомизъм"), определено е доказал, че те са по скоро несъстоятелни и за философията е нужно повече време от всяка друга наука за да се открои истински значимото, от временните интелектуални моди, и още нещо - читателят задължително трябва да притежава сериозна философска „зрялост". Съответните препратки, множеството примери и съпоставки, приемам като необходими за проследяването и осмислянето на цялостния замисъл на книгата.

Една от задачите, които си поставя Милков в тази книга е свързана с правилното ни отношение към „концептуалното неразбиране". Друга – да се опита да покаже пътя към промяна на нагласите и вярванията ни, свързани с основния философски въпрос – как мислим, как се зараждат идеите ни, какъв е „механизмът" на съзнанието ни и неговите реакции. Представен е теоретичен анализ на философията на Витгенщайн и опит да бъде преосмислена философията му, като се даде минимална „концептуална схема". Следователно книгата е вид методология, която би „променила ума, идентичността и душите ни" (Милков 1992:11).

Друга задача, която си поставя Милков, е да очертае границите на т.нар. *fair thinking* (безпристрастно, правилно, непредубедено мислене) за да преоделее т.нар *bad thinking*, което несъмнено не е ново в историята на философската мисъл, но е ново от гледна точка на предложения метод. Милков приема, че традиционната философия предлага модели на мислене, по правило свързани с концептуална схема, които не винаги са ясно забележими и предлага своя собствена такава в контекста на аналитичната философия, която ще бъде опорна точка при решаването на философски въпроси свързани с проблемите на философията,

---

[4] Из личен разговор на авторката с Проф. Моурал.

като нейната системност и методология, както и програмата на критическото мислене изобщо.

Предложеният от Милков метод се опира на синтез от два други – този на диалектическият материализъм и на аналитичната философия и е описан в Първа глава, което отговаря на въпроса: защо „калейдоскопичният ум" е „пост-витгенщайнова философия".

Този метод не ни дава знание „веднъж завинаги", той е умение, актуално към „тук и сега". Това умение се изгражда и тренира. Основава се на идеята, че трябва да отделим това, което се е считало за едно или да обединим това, което се счита за отделно. Но това трябва да се случи без да се губят връзките, отношенията и приликите между нещата. Милков свързва двата паралелно съществуващи метода от края на миналия век в термина „аналектичен". Намира редица сходства между аналитичната философия и диалектическият материализъм, като по този начин отрича съществуването на „пропаст" между тях, като това, че се борят срещу метафизиката, че са рационалистични, че търсят правилната „философска формула", че и при двете може да се проследи практиката като критерии за истинност и отделят особено внимание на категориите битие и мислене. За Милков може би философската формула, която и аналитичната философия и диалектическият материализъм търсят е във вид на пъзел – или калейдоскоп. Като съпоставя основната характеристика на калейдоскопа – състои се от всички картини, които съществуват и не съществуват по едно и също време и на едно и също място, но всички те са там и го изграждат. Възприемането им като „отделни" е предпоставка за *bad thinking*, а да се гледа на тях като на различни аспекти на едно и също нещо е път към *fair thinking*.

Нека проследим по-конкретно стъпка по стъпка основните тези и аргументи на Милков[5]. Според Милков, въпреки факта, че Витгенщайн често е изразявал анти-фундаменталистки настроения, например, в твърдението си, че философията е дейност за анализ на езика, в действителност той създава една теория под формата на особена концептуална схема. Целта, която си поставя Милков, е да използва тази концептуална схема, точно както Витгенщайн препоръчва да се използва неговия Трактат, тоест като инструмент (стълба), с помощта на който да се решават философски проблеми, след което да се излезе извън него чрез нови изследвания, следвайки зададената от Витгенщайн посока.

Концептуалната схема на Витгенщайн, използвана в книгата на Милков, е изградена около малък брой биполярни категории: изобразяване и тълкуване, изразяване и интуиция, изчисление и съзерцание. Късният Витгенщайн артикулира тази схема с помощта на модела за менящите се аспекти на човешкия ум. Витгенщайн бе убеден, че това дава отговор на основния въпрос на неговата философия: „Как човешкият ум реагира на конкретна задача?“

Този основен проблем има две страни. Първо, въпросът е как възникват продуктите на човешката мисъл, а също така и емоциите, желанията и мечтите, както и всички артефакти на човешкия ум, като напр. научните теории или произведенията на изкуството. Второ, логичната страна на този проблем е каква е правилната преценка? Тезата на Милков е, че това е функцията *bona mens* – термин на Декарт, означаващ добре култивирана интуиция за правилно мислене.

Основната идея на книгата на Милков, залегнала в заглавието е, че от гледна точка на концептуалната схема, развита от

---

[5] Тук се позовавам на самопредставянето на книгата на Милков, виж: https://kw.unipaderborn.de/fileadmin/fakultaet/Institute/philoso-phie/Milkov/Schriften_zum_Download/Kaleidoscopic_Mind.2.pdf

Витгенщайн, умът е калейдоскоп, съставен от краен брой парчета. От различните им пренареждания възникват нови образи. Така реконструираният Витгенщайнов модел на човешкото разбиране теоретично обосновава една нова форма на радикален антиесенциализъм. Според него няма трансцендентални обекти и то във всеки един аспект на функционирането на ума изобщо: гносеологичен, онтологичен, логичен, етичен. Тази позиция се прилага от Милков по следния начин:

(i) Във философията на съзнанието (philosophy of mind) Милков възприема холистичната гледна точка, подкрепена от някои скорошни разработки в когнитивните науки, че няма разделителна линия между различните отдели на ума: емоции, разум, воля и т.н.

(ii) С калейдоскопичния модел Милков обяснява динамиката на продуктите на ума, тоест онтологията на артефактите, възприеми като образи или картини (pictures). Картините са копия или визии, образи на факти. Това, което ги прави различни от другите точни копия, е, че те са изразени изображения. Ето защо хората произвеждат различни картини (имат различни виждания) на едни и същи факти.

(iii) В епистемологията тази концепция цели премахването на загадъчния антагонизъм между знанието и реалността. Според Милков частиците от знанието са просто нови начини за виждане на фактите чрез пренареждането им наново.

(iv) Логиката създава модели на движение на човешкото мислене, които според Милков могат да бъдат използвани за обучение на формиране на правилни съждения.

(v)В последната част на книгата си, Милков показва как в етичния аспект на функционирането на ума калейдоскопичният подход разглежда човешкия живот като промяна на поредица от преживявания без трансцендентални епизоди. Двигателят на тези промени е нашето естествено любопитство, чието по-висше проявление е търсенето на обяснения, които могат да бъдат дадени от философията.

Минималната концептуална схема и предложеният аналитико-диалектичен метод ще ни помогнат, според Милков, да изградим нова философия[6] или поне да направим „опит" в тази насока. Чрез труда си Милков минимизира разликитс между континентална и аналитична философия и ги представя като части от калейдоскопична картина, приложима в различни сфери на познанието и имплицитно намалява дистанцията между т.нар. „професионални" философи и континенталните , доколкото се приема, че вторите не са „професионални" – т.е. не са аналитични и предпочитат неаргументирания подход.[7] В Сп. Философски алтернативи, Милков е представил основни положения в книгата, като е отбелязал, че книгата му е опит за „прехвърляне на мост" между епистемология, логика и онтология (Милков 1995:166), между folk и професионална, аналитична и континентална философия.

Предложените тук идеи – новата методология и опита за изграждане на систематична философия, правят Милков един от миротворците на съвременната философия, която повече от век е разделена.

Въпреки, че *Kaleidoscopic Mind: An Essay in Post-Wittgensteinian Philosophy* е достатъчно основание Милков да получи място на „значим" философ за българската философска общност, трябва да отбележа, че оттогава професионалният му живот е изключително натоварен – преподава, публикува редица книги и статии, анотира и редактира книги, подготвя докторанти в университета в Падерборн. В момента Милков работи

---

[6] Която Милков нарича „радикална" в статията си „Калейдоскопичния ум: опит за пост-витгещайнова философия
[7] Като напр. Киркегор, Ницше, Хайдегер.

върху следващата си книга, която предстои да бъде публикувана през 2022 год. – *Влиянието на Херман Лоце върху философията на XX век.*

Литература

Бенчев, К. 2019 „Една историко-систематична монография от проф. Николай Милков“. // *Философски алтернативи*, 28/2, 159-64

Лозев, К. 2019 „Значим труд на най-значимия български аналитичен философ. // *Nota Bene*, 43

Милков.Н. 1995. Калейдоскопичният ум: опит за пост-витгенщайнова философия“ // *Философска мисъл*, 4/3, 164-166.

Милков, Н. Философия логического атомизма, Изд. Наука, Санкт-Петербург,

Milkov, N. 1992. *Kaleidoscopic Mind. An Essay in Post-Wittgensteinian Philosophy*, Amsterdam-Atlanta: Rodopi.

Moural, Josef. Kaledoscopic mind // *From the logical Point of View*, 92.

7

Пламен Дамянов

ЗА ВЕСЕЛИН ПЕТКОВ И НЕГОВАТА НАУЧНА ДЕЙНОСТ У НАС И В ЧУЖБИНА

Веселин Михайлов Петков е роден на 29.09.1942 г. в гр. Бургас. Родителите му са учители по математика. Баща му преподава в Поморийската гимназия, където и самият Веселин е учил до 18 годишна възраст. Веселин Петков започва своето израстване като изследовател в България. През 1967 г. той завършва Факултета по Математика към СУ „Климент Охридски", след което става асистент в същия Университет.

През есента на 1969 г. Веселин Петков става докторант (тогава аспирант) с научен ръководител Олга Оленик в Московския Държавен Университет (МГУ). Той пише дисертация по математическа физика на тема *„Тензор на енергията-импулс в квантовата механика"*. През 1972г.

Веселин защитава своя дисертационен труд във Факултета по Математика и Механика на МГУ. Там той получава научната степен „кандидат на математическите науки" - к.м.н., която отговаря на сегашната докторска степен – PhD (или т.нар. „малък доктор").

Веселин Петков се връща в София и през 1972 г. е назначен за научен сътрудник в Института по Математика към БАН. На тази длъжност там работи от 1972 до 1977 г. През 1977 г. той става доцент по математика в СУ „Кл. Охридски". Там работи до 1988 г., след което се връща в БАН, където е избран за професор (тогава ст.н.с. I ст.) в Института по Математика и Информатика. В този Институт проф. Веселин Петков става първия ръководител на секция "Математическа физика". През своята научна и преподавателска дейност в България Веселин има студенти, някои от които се реализират в чужбина. След като защитава докторска дисертация на тема *"За онтологичния статус на пространството на Минковски"* в Института за Философски Изследвания към БАН през 1988 г., Веселин Петков придобива научната степен Доктор по философия (сега д.ф.н. или т.нар. "голям доктор").

През 1989 г. Веселин Петков напуска страната и отива на работа в Университета в Бордо (Франция). От 1991 г. той вече е професор в този престижен френски университет, където през 2000-та година получава най-високата титла професор "classe exceptionnelle". От 1991 до 1992 г. преподава във Физическия факултет на Университета "Йохан Кеплер" в град Линц, Австрия. През 1992 г. В. Петков се премества в Монреал (Канада) в Университета Конкордия (University Concordia – Montreal). Като преподавател там той създава много добри учени в различни области на математиката и математическата физика. В Университета Конкордия през 1997 г. Веселин Петков защитава дисертация и става Доктор по физика. По-късно става един от основателите и настоящ директор на Института за фундаментални изследвания "Херман Минковски" в Монреал (Канада).

Веселин Петков владее свободно руски, английски и френски езици, български (майчин език), а също може да ползва текстове и на немски език. Той е канадски гражданин, женен е за Светла Петкова и има един син.

Научни интереси

Научните разработки на Веселин Петков обхващат широк кръг теми в областта на теоретичната и на приложната физика.

223

Основните му интереси обаче са насочени към физика на пространство-времето и гравитацията. В тази област нашият учен анализира проблеми, свързани с *Физическите закони и мировите линии в пространство-времето на Минковски* (Petkov 2009: 54-72) *Физиката като пространствено-времева геометрия* (Petkov 2014: 141-163) както със *същността на реалността*.

Приоритет в изследванията на Веселин Петков са темите за *Пространство-времето на Херман Минковски* и неговото значение за разбиране на реалността. Предмет на проучванията на Веселин са и някои интересни и по-слабо изследвани проблеми, като *„Разпространение на светлината в гравитационно поле"* (Petkov 2002) както и въпросът *„За инертните сили, инертната енергия и произхода на енергията."* (Petkov 2012).

В обсега на неговите научни търсения има и други интересни теми, свързани например с *„Разпространение на светлината в неинерциални координатни системи"* и с *„Природата на силовото взаимодействие върху заредените частици, отклоняващи се от геодезичните линии на гравитационното поле"* (Petkov 2009: 118-134). Веселин Петков анализира и проблема - *Зависима ли е гравитационната маса на заредените тела от разстоянието между тях ?* (Petkov 2009: 187-206). Други по-значими теми, по които проф. В. Петков работи, давайки своя принос за изясняване на някои проблеми в съответните области, са следните:

- Еднопосочна скорост на светлината, конвенционалност на едновременността, размерност и съществуване (Petkov 2006: 67-88).

- Инерцията като проява на реалността на пространство-времето, както и темата за Движещата сила чрез електромагнитно самоподдържащо ускорение (Petkov 1999).

- Инерция, Гравитация и Електромагнитна маса (Petkov 1997).

- Какво е квантово-механичен обект? Квантовата механика и Специалната Теория на Относителността: За границите на тяхната валидност, както и проблема относно „Протичане на времето и конвенционалност на едновременността" (Petkov 1987: 108-110).

Изследователските цели на Веселин Петков са насочени главно към *основите на физиката*. Той разработва теми относно *естеството на инерцията и гравитационните явления*, анализирайки проблемите: Дали гравитацията е физическо взаимодействие; Може ли гравитацията да бъде квантувана? Как се променя енергията на масата и геометрията на пространството?, които са едни от основните нерешени въпроси в гравитационната физика, съответно във физиката на пространство-времето, респ. в Специална Теория на Относителността (СТО) и в Обща Теория на Относителността (ОТО). Веселин изследва и проблеми, засягащи разпространение на светлината в неинерциални системи, както и наблюдението и измерването на физически явления на повърхността на Земята. Той работи и по теми в областта на квантовата механика и теорията на квантовото поле. Интересите на Веселин Петков са и в областта на Философия на науката и Философия на физиката, където работи по следните проблеми:

- природата и онтологията на космическия период.
- естество на времето и същността на това, което възприемаме като поток от време.
- концептуални и философски въпроси на физика на пространството и квантовата физика.
- растеж и истинност на научното познание и експериментална верификация на научните теории.

- следствия от идеята за космоса като свободната воля и същността на съзнанието.

Едни от значимите публикации на Веселин Петков, илюстриращи неговите трайни научни интереси, са книгите му *From Illusions to Reality: Time, Spacetime and the Nature of Reality* (Petkov 2013) и *Relativity and the Nature of Spacetime* (Petkov 2009).

Професор Петков разглежда и някой *методологични проблеми на науката,* изследвайки *скритото знание във физиката,* като си поставя задачата да обучава учените, да извличат важна, но понякога скрита информация от теоретичните или експериментални данни, което може да съкрати и улесни пътя към научните открития. Идеята за стратегия, която може да открива и изследва „еретични" идеи в науката, е дадена в статията на В. Петков *„Може ли тежестта да бъде количествено измерена?",* публикувана като *Приложение B* в книгата *„Инерция и гравитация: от естественото движение на Аристотел към геодезичните световни линии в изкривеното пространство-време"* (Petkov 2012: 218-231).

В статията е разгледан въпросът - как проучването на вътрешната логика на една идея може да бъде описано като се изследват следствията от нея чрез мислени и реални експерименти. Философите от школата на елеатите (Ксенофон, Парменид и Зенон) са първите, които започват да разработват и използват този метод. Галилео Галилей също показва възможността да се анализира вътрешната логика на идеята за движение, като обсъжда мислените опити, което му помага да стигне до два фундаментални резултата - идеята за *инерционно движение* (движение на телата с постоянна скорост без да е нужна сила, в което вярва и Аристотел) и *Принципа на Относителност,* който постулира, че движението с постоянна скорост не може да се установи чрез механични експерименти.

Другите учени, които успешно използват метода за изследване вътрешната логика на идеите, това са Алберт Айнщайн (чиито анализи на мисловни експерименти водят до СТО и до ОТО) и Херман Минковски, който изследва вътрешната логика на математическия формализъм на класическата механика (вкл. факта, че уравненията на Нютоновата механика имат двойна инвариантност), което помагат да се види същността на СТО, като теория на абсолютния четири-измерен свят, където времето е четвъртото измерение.

Професионални дейности

Веселин Петков активно участва в ръководството на научни инстуции, Неправителствени Организации (НПО), редактор е на научни издания. Той също така организатора редица международни конференции, семинари и други научни форуми.

Проф. В. Петков е директор на Издателството на Института Херман Минковски (Minkowski Institute Press). Член е на Управителния Съвет на Международното Дружество за Авангардни Изследвания на Пространство-времето (International Society for the Advanced Study of Spacetime) и говорител на това Дружество. Той също така е член на Канадската Асоциация на Физиците, Американското Физическо Общество, Асоциацията "Философия на науките", Канадското Общество за История и Философия на Науката, Общество за Академична Свобода, както и на Националната Асоциация на Учените.

Нашият учен е главен организатор на поредица от Конференции по „Същност и Онтология на Пространство-времето". През 2004, 2006 и 2008 г. той организира и Биенале с домакин Университета Конкордия - Монреал (Concordia University – Montreal).

227

Веселин е основател и организатор на Между-университетския семинар в Монреал (Montreal Inter-University Seminar) по „История и Философия на Науката", състоял се за пръв път през януари 2002 г.

Проф. Веселин Петков е член на Редакционния съвет на книги от серията Фундаментални Теории на Физиката и Писма между учени-физици, издания на Springer Verlag (Springer Fundamental Theories of Physics и Springer Briefs in Physics), както и на Международния Консултативен Съвет на българското списание Философски алтернативи. Той е организатор на международни форуми, провеждани през две години - Международната Конференция „За Природата и Онтологията на Пространството" и Срещите „Херман Минковски за Основите на Космическата Физика".

Научни теми, разработвани от Веселин Петков

Ще представим някои от най-съществените теми, по които е работил проф. В. Петков, представяйки главните негови изследователски постижения. Те са преди всичко в области от математиката и математическата физика, както и по фундаментални проблеми на физика на пространство-времето. В тези насоки са и основните му публикации.

Веселин Петков работи по конкретни въпроси на приложната физика в областта на математическата физика, както и по проблеми на разсейването и разпространение на радиовълните. Трябва да отбележим, че големите постижения като GSM-те, интернета, телевизията и много други неща са свързани с постижения в математическата физика. Веселин се занимава с въпросите на разсейване на вълните, което помага за идентифициране на обекти и получаване на по-точен образ при ползване на сонари и радари. Проф. В. Петков има ученици, които разработват революционен метод в медицината, като вместо т.нар. магнитен резонанс, търсят друг начин, даващ много по-точен образ. Това е термоакустичния томограф, за което се работи през последните години. Тази задача се решава чрез методи от математиката и физиката. Целта е да се получи поне 10 пъти по-точен образ, за да се идентифицират микрометастази, както и тяхното точно местоположение, което ще помогне за лечението на онкологични заболявания.

В поредица от статии Веселин проучва и разработва Проблема на Коши за неточните хиперболични уравнения, системи от уравнения и разпредление на сингулярните решения. Неговите интереси по тези въпроси са още от времето, когато е докторант (тогава се нарича "аспирант") в Московския Университет. Резултатите му в тази област заедно с тези на В. Иврин са основа за много съвременни изследвания по Проблема на Коши за неточните хиперболични уравнения и системи, във връзка с което излиза статията на В. Иврин и В. Петков в *Russian Mathematical Surveys*, 1974 (Успехи Математических Наук, 1974 г.) (Ivrin and Petkov 1974: pp.30-70). В разработката е изследвана коректността на нетипичната задача на Коши за хиперболични уравнения с корени с променлива кратност. За уравнения с корени с произволна променлива кратност са намерени условията, необходими за коректното формулиране на задачата на Коши. Всички доказателства са осъществени чрез метода на изграждане на асимптотични решения. Статията е една от водещите работи по Проблема на Коши за неточните хиперболични уравнения и системи уравнения, в която се доказва, че корените на тези уравнения са реални, но не прости числа. Това е едно необходимо условие за верността на нетипичния проблем на Коши. Общите необходими условия при постоянна кратност са валидни за скаларни уравнения.

В друга съавторска статия (Petkov and Stojanov 1989: 203-235) са разгледани необходимите условия за добрата формулировка на проблема на Коши. За първи път са въведени условията на Леви за по-нисък ред несиметризирани системи. Те са постоянни относно измененията на променливите при канонични трансформации. Тези условия са от съществено значение за изследване проблема на Коши за хиперболични системи с множество характеристики. Веселин изследва и проблема за съществуването и уникалността на решения на проблема на Коши.

Веселин Петков изследва и друг проблем в математиката, какъвто е този за *спектралните разсейвания* според *Теория за непълните оператори*. Основните му приноси са свързани с *високо-честотното асимптотично и полукласическо поведение на обекти в математическа физика*. В. Петков и Ж.Попов съвместно изучават *високочестотните асимптотични амплитуди на разсейване за неизпъкнали тела*, както и *асимптотичното поведение на фазата на разсейване при незадържащи препятствия*. Заедно с Д.Робърт (D.Robert), Веселин Петков проучва *полукласическите асимптотични спектри на квантовите Хамилтониани*.

Петков работи и по теорията на разсейването за движещи се препятствия, както и по теми, свързани със сингулярностите на ядреното разсейване. Като резултат от тези разработки през 1989 г. излиза монографията на В. Петков – *"Теория на разсейването за хиперболични оператори"* (Petkov 1989) в която са разгледани важни проблеми на Теорията на разсейването за вълнови уравнения при движещи се препятствия. В същия труд са изследвани също *време-зависими потенциали*, както и наличието на вълни и разсейване, поведението на локални и глобални енергии, връзките между разсейване, ядра и вълни, проблеми на обратните разсейвания и симетричните системи от RST-порядък.

Друг съвместен труд на В. Петков и Л. Стоянов е монографията *Геометрия на взаимодействащи си лъчи и инверсионни спектрални проблеми,* от 1992 г. (Petkov and Stoyanov 1992). Разработката съдържа проучвания на различни свойства на билярдни траектории при взаимодействащи си лъчи и по-конкретно - двойни характеристики и тяхната връзка с определени проблеми на спектралните разсейвания. В книгата е направено цялостно изследване на съотношението на Поасон (Poisson) за ограничени домейни, както и на неговия аналог за ядреното разсейване. Разгледан е конкретен случай на разсейване от няколко изпъкнала домейна, отговарящо на условието на Икава „H" (Ikawa's condition H), което се разглежда в детайли. Проучени са и някои инварианти, свързани със сингулярностите на ядреното разсейване. Резултатите са представени в монографията с подробни доказателства.

Веселин Петков изследва също така *резонансни и спектрални променливи функции.* Той изучава *приближенията на Брайт-Уигнър (Breit-Wigner) и разпределението на резонанси,* като съвместно с М. Зворски проучва постоянно променящи формата си *спектрални променливи функции.* В. Петков, В. Брюно (V. Bruneau) и М. Димаси (M. Dimassi) изследват *резонанси за периодични пертурбации в ограничено време.*

Както вече отбелязахме, проф. В. Петков има приноси не само в изучаване фундаменталните проблеми на физиката, но осъществява и научно-приложни разработки в областта на физическите науки. Така например, той изследва *"Електронния парамагнетизъм и миония резонанс във фулерените"* (Misra and Petkov 1995: 277-310), както и *електронния парамагнитен резонанс в слабо намагнетизирани полупроводници с кубична структура.* Той проучва също и *корозионни продукти в слоеве от сплави на бисмута чрез метода на Мьосбауеровата спектроскопия.*

Приоритет в изследователската работа на Веселин Петков обаче, винаги са били творчеството и идеите на Херман Минковски. Той анализира възгледите на големия немски учен в своята монография от 2017 г. „*Може ли Минковски да е открил причината за гравитацията преди Айнщайн?*" (Petkov 2017). В друга своя книга, издадена през 2016 г., той анализира въпроса за реалното физическо взаимодействие и гравитация – Има ли физическо взаимодействие с гравитация или просто геометрия с изкривени пространства ? (Petkov 2016).

Други теми, върху които работи Петков, също имат отношение към проблеми от фундаменталната физика (вкл. и такива, свързани с идеята за квантуване). Той изследва естеството на *квантовия обект, квантовата гравитация* и дали скалата на Планк предполага дискретност на самото време-пространство. С тези разработки В.Петков показва, че експеримента, предложен от през 1986 г. от Столакис (Stolakis) не води до пълна синхронизация, а следователно и до измерване на еднопосочната скорост на светлината. Една от най-интересните (според самия Веселин Петков) теми е свързана с проблема за *квантуването на гравитацията* (Petkov 2012: 218-231). Българският учен изследва и въпроса „*Дали изучаването на инертните и гравитационни свойства на електрона дава възможност за разгадаване на неговата природа ?*" (Petkov 2005: 169-180).

Веселин Петков анализира понятието *време* според елинската философия и *Теория на относителността*. Също така, разглеждайки проблемите на *Конвенционалността на едновременност и съществуване* (Petkov 1989: 69-76) той се стреми да обоснове идеята, че едновременността на далечни събития може да бъде въпрос на конвенция само в четири-мерния свят.

Институтът за Фундаментални Изследвания „Херман Минковски"

Както споменахме, Веселин Петков е един от учредителите на основания през 2007 г. Институт за фундаментални изследвания

"Херман Минковски" (Hermann Minkowski), който е със седалище в Монреал (област Квебек, Канада) и съществува повече от десет години. Сега Веселин Петков е и директор на Института Минковски. Като негов ръководител той се проявява като отличен организатор, превръщайки Института в авторитетна научна организация. Петков е в основата на дейностите на Института "Херман Минковски", чрез който се организират научни форуми (конференции, срещи, семинари и т.н.), като се осъществява и издателска дейност.

Целта на Института е създаването на изследователска стратегия, основана на успешните методи, които стоят зад най-големите открития във физиката. В този смисъл Института Минковски е без аналог в света. Основните задачи, които екипът на Института „Херман Минковски" си е поставил са следните :

Да помогне за промяна на сегашната ситуация във фундаменталната физика, като изследва основните открити въпроси.

Да използва иновативни изследователски методи в науката.

Да стане световен център за обучение на най-перспективните изследователи на науката през XXI век.

Да мотивира младите хора да продължат кариерата си в науката.

Да работи за популяризиране на науката сред обществеността, щото научната култура да стане част от общата култура на всеки.

Колектив от учени на Института създават блог, за да се обсъжда използването на иновативна изследователска стратегия във фундаменталната физика. Факт е, че в продължение на няколко десетилетия няма революционен пробив във фундаменталната физика, каквото е създаването на *Теория на Относителността* или на *Квантовата механика,* въпреки големия напредък в приложената физика и технологиите. Усилията на много физици да изградят нова базисна концепция в теоретичната физика, обаче са неуспешни. Веселин Петков и екипът учени на Института Минковски смятат, че вероятната причина за това е, че изследванията не са в правилна посока. Все повече физици започват да мислят, дали няма отклонение от методологията за изследване, по която се е работило в началото на XX век, когато възникват основните съвременни теории във физиката. За да помогне за промяна на сегашното положение, основната задача на Института за фундаментални изследвания "Херман Минковски" е да използва изследователска стратегия, която открива, анализира и развива успешните методи за най-големите открития във физиката. В този смисъл Институтът е уникален.

Използването на евристична методология, стимулираща творчеството, ще позволи на Института Минковски да се утвърди като водеща международна институция за изследване на най-важните отворени въпроси в областта на физиката. Постигането на тази цел ще покаже, че една креативна изследователска стратегия е по-важна за науката, отколкото инвестирането на големи финансови средства в нея. За да обединят усилията на най-активните изследователи и да насърчат появата на нови идеи, учените от Института редовно организират дискусии на конференции, срещи и семинари по основни проблеми в науката, търсейки начини за тяхното решаване. Освен това всяка година Институтът "Херман Минковски" организира зимни школи по базисни въпроси на науката. В тях се обучават завършили студенти, пост-докторанти и изследователи на методите за извършване на креативни изследвания в различни научни области, но най-вече във физиката.

По инициатива и под ръководството на проф. Веселин Петков Институтът „Минковски" все по-успешно организира като домакин двугодишни международни конференции „За при-

родата и онтологията на космическото време". Още преди неговото официално учредяване са проведени първите три (през 2004, 2006 и 2008 г.) в Университета "Конкордия". През 2004 г. представители на 16 страни представят резюмета на конференцията, през 2006 г. - от 19 страни, а през 2008 г. вече има представени резюмета от 33 страни.

Всички искания за отпускане на средства за първите три конференции са удоволетворени, като са получени максималните суми от Съвета за Научни Изследвания за Обществените и Хуманитарни Науки в Канада. За трите конференции - на Университета на Монреал (Université de Montréal), на Университета McGill и на Университета "Конкордия" през 2004 г. са дадени 10 000 $ (за 2004 и 2006 г.) и 10 000 $ за 2008 г. За тези университети са отпуснати също 2 млн. долара от Министерството на Икономиката, Регионалното Развитие и Науката на Канада, както и частно дарение от 25 000$.

Образователна дейност на Института Минковски

Институтът „Херман Минковски" се стреми да стане световен център за обучение на настоящи и бъдещи изследователи. Това включва методи как да се извлича важна, но скрита информация от наличните теоретични и експериментални данни, как да се правят научни открития. Двигател на тези амбициозни цели е ръководителят на Института – българският учен Веселин Петков. Като поема водеща роля в тази област, Институтът Минковски обучава иновативни изследователи с възможност да направят важни открития в науката през новия XXI век.

В продължение на повече от 10 години проф. Петков с група учени (повечето от Института Минковски) разработват изследователска стратегия, която включва и разширява успешните методи, ползвани от учени като Галилео Галилей, Исак Нютон,

Анри Поанкаре, Алберт Айнщайн, Херман Минковски, Луи де Бройл, Пол Дирак и другите създатели на съвременната физика. Основите на тази стратегия се дават в курса по „*Изследване вътрешната логика на фундаменталните идеи – по-кратки пътища към научни открития*", чиято версия е предложена на новите членове на Института „Херман Минковски" и по-конкретно на младите изследователи и докторанти. Съкратена версия на курса (един или два семинара) е предоставена също на фирми и корпорации. Акцентът на този курс е поставен върху две направления. Първо, идентифициране на закъснели открития във физиката чрез метода, че те се съдържат в базисни идеи, добре познати преди направените открития. Второ, очертаване възможните решения на настоящи открити въпроси въз основа на извлечена „скрита" информация от фундаментални идеи, получавана чрез изследване на тяхната вътрешната логика.

Институтът Минковски работи в сътрудничество с физици, математици и философи от другите университети в Монреал, каторъководи и докторанти. Институтът предлага и курсове за висше образование по конкретни проблеми в различни научни области, които не се предлагат от другите университети в Монреал. В Института се осъществяват също и бакалавърски курсове по основи на *Теория на Относителността, Квантовата физика*, както и *За физическите и философски основи на космоса и квантовата механика*. За научното образование на широката общественост, Институтът „Херман Минковски" организира редовно *„Дни на отворени врати"*, чиято задача е да се демонстрира на колежани и ученици колко интересно и полезно е научното знание, с цел да ги насърчи да продължат образованието и кариерата си в науката през новия 21-ви век. Също така, всички конференции относно проблемите на пространство-времето завършват с публични лекции, представени на популярно ниво, подходящо за широк кръг слушатели (вкл. за неспециалисти). За да се информира обществеността относно резултатите от важни научни открития, Институтът Минковски от януари 2012 г. организира, като домакин, Междуинститутския семинар по *История и Философия на Науката*, който се провежда в Университета "Конкордия" в Монреал. Семинарът се провежда месечно (или двуседмично), като на него се представят научни постижения на популярен език и се обсъждат теми в областта на философия на науката. Института разработва и уебсайт - онлайн енциклопедия на науката, в която на обществеността се представят на достъпен език основните концепции и открития в науката. Всеки нов изследователски продукт, който е научно откритие се слага на този сайт. През 2018 г. Институтът „Херман Минковски" стартира издаването на списание *"Институт Минковски"*, като едно от основните средства за постигане целите на Института, които включват : мотивиране на младите хора да продължат образованието и кариерата си в науката; научно образование на обществеността, за да може научната култура да стане част от общата култура на всеки, както и да се популяризира науката като способ за развитие и облагородяване на обществото. *За да постигне основните си цели, екипът на Института организира поредица от Конференции и Срещи.* По инициатива на Веселин Петков се осъществяват Международни конференции относно *Природата и онтологията на космическото време,* каквито са:

- Петата Международна конференция *За природата и онтологията на космическото време* , проведена от 14 до17 май 2018 г. в хотел "Лагуна Гардън" в курорта Албена, България.
- Четвъртата Международна конференция *За природата и онтологията на космическото време*, от 30 май до 2 юни 2016 г., която се провежда в хотел "Лилия" в курорта Златни пясъци (Варна, България).

- Третата Международна конференция *За природата и онтологията на космическото време*, осъществена от 13 до 15 юни 2008 г. в Университета "Конкордия" в Монреал. С нея е отбелязана стогодишнината от беседата на Минковски *"Космос и време"*, проведен на 21 септември 1908 г. в Берлин.
- Втората Международна конференция *За онтологията на космическото време*, от 9 до 11 юни 2006 г. е проведена също в Университета "Конкордия" в Монреал (още преди официалното създаване на Института Минковски), както и Първата Международна конференция по тази тема (от 11 до 14 май 2004 г.) се провежда в същия Университет. Институтът „Херман Минковски" организира също така и срещи по проблеми, свързани с *Основите на космическата физика* :
- Първата среща *За основите на космическата физика* е проведена в Монреал от 15 до 18 май 2017 г.
- Втора среща *За основите на космическата физика* се провежда отново в Монреал от 13 до 16 май 2019 г.

На 2 юли 2017 г. е отбелязана 110-та годишнина от двете лекции на Минковски през 1907 г., в които са представени новите идеи относно *математическият формализъм на четири-измерната физика на космоса*, обобщени в прочутата лекция на Х. Минковски *„Космос и време"*. В тази връзка Институтът „Минковски" инициира серия от срещи на всеки две години – това са срещите *За основите на космическата физика*. Изследователи от Института издирват и публикуват доклади по теми *За пространството и времето*, изнесени от Херман Минковски. Това са *Докладите на Минковски за относителността*, публикувани през август 2012 г. от Minkowski Institute Press, Montreal (Petkov 2012).

Заключение

Проучването ни показа, че научната, преподавателската и организационна дейности на българския учен Веселин Петков е *разностранна*. Той има интереси както в области от фундаменталната физика като *физика на пространство-времето* (*Специална Теория на Относителността и Обща Теория на Относителността*), *философия на физиката*, така и в областта от *методология на науката*. Веселин Петков обаче също така изследва и приложни проблеми на физиката. Във връзка със своята научна работа Веселин Петков има редица публикации по широк кръг теми в престижни издания у нас и най-вече в чужбина. Разбира се като всеки човек той си има предпочитания и слабости към определени теми и свои разработки, каквито са: *Physics as geometry space,* published as Chapter 8 in *A. Ashtekar and V. Petkov (eds), Springer Handbook of Spacetime* (Springer, Heidelberg 2014), 141-163; *Can gravity be measured quantitatively?,* published as annex B in *V.* Petkov -*Inertia and Gravitation: From Aristotle's Natural Motion to Geodesic Worldlines in Curved Spacetime* (Minkowski Institute Press, Montreal 2012); *"Simultaneity, Conventionality and Existence".* The British Journal for the Philosophy of Science, 40, 1989, 69-76; *"On the Reality of Minkowski Space".* Foundations of Physics, Volume 37, Number 10 (October, 2007), pp. 1499-1502; *Physical Laws and Worldlines in Minkowski Spacetime".* In: *V.* Petkov *(ed.), Minkowski Spacetime: A Hundred Years Later.* Springer, Heidelberg, 2009.

В България, Франция и Канада, където е работил през своя творчески път, проф. В.Петков подготвя много свои ученици и последователи. *Освен като талантлив учен, той се проявява и като енергичен организатор на различни прояви – конференции, семинари, научни срещи и т.н.* Веселин организира редица форуми по фундаментални въпроси на науката (главно физиката), каквито са конференциите по проблеми на *космическото време*, проведени в България (курортите „Златни пясъци" и „Албена") и в Канада (Монреал), семинари и срещи - *За основите на космическата физика*, осъществени също в Монреал.

Връх на неговите организационни качества е създаването на Института за Фундаментални Изследвания „Херман Минковски". Веселин Петков е един от създателите на Института, а сега вече е и негов директор. През годините, от появата му досега, той е в основата на изграждането и развитието на тази научна институция. За научната, преподавателска и издателска дейност на Института Минковски, Веселин години наред неуморно влага своята енергия и талант. Благодарение на професионалните си качествата проф. Веселин Петков е оценен и канен да преподава в различни престижни научни институции в Северна Америка (Канада) и в Европа (Франция и Австрия).Така един български учен се вписва отлично в международната научна общност благодарение, както на подготовката и опита, които той получава в България и в СССР (Русия), така и на своя талант и труд.

Друг безспорен успех на Веселин в дейността му като преподавател и учен у нас и в чужбина е изграждането на силна група от млади математици в областта на частните диференциални уравнения в динамични системи. Проф. Веселин Петков е бил научен ръководител на редица докторанти - Георги Попов, Владимир Георгиев, Пламен Стефанов, Георги Водев в България, както и на Н. Филонов, A.Ishaan, L. Michel, F. Catalano и F.Naud във Франция. Всички негови ученици успешно се реализират като учени в областта на математическата физика. Веселин умее да мотивира хората, с които работи и винаги споделя идеи, знания и опит със своите студенти и сътрудници. Той постоянно е пълен с идеи, ентусиазъм и енергия, като има много съвместни дейности и сътрудничество с български учени като Николай Кутев,

Георги Попов, Лъчезар Стоянов, Владимир Георгиев, Георги Водев, както и с чужди изследователи като Виктор Иврин , Фернандо Кардосо (Fernando Cardoso), Мачиеж Зворски (Maciej Zworski), Моае Димаси (Mouez Dimassi), Жан-Франсоа Бони (Jean-Franois Bony), Дидие Робърт (Didier Robert), Фам де Лай (Pham de Lai), Пиер Фогел (Pierre Vogel), Ален Бачело (Alain Bachelot), Винсент Брюно (Vincent Bruneau) и др.

Научната дейност на проф. Веселин Петков и приносът му за развитие на науката са високо ценени. Неговата дейност у нас и в чужбина е гордост за родния му град Поморие. За своята изключителна работа като учен и достойното си представяне като българин той е оценен от своите съграждани и на основание чл.21 от ЗМСМА, както и на чл.8 от „Наредбата за морално стимулиране на физически лица с особени заслуги", през 2012 г. Общинският Съвет на Поморие удостоява Веселин Петков със званието „Почетен гражданин на Поморие". По същите причини – за своята активна дейност като изследовател и преподавател през 2009 г. по предложение на секция „Математическа Физика" към ИМИ към БАН, Научният Съвет избира проф. д.м.н. Веселин Петков за Почетен член на Института по Математика и Информатика към БАН.

Въпреки, че Веселин Петков работи извън страната, той не престава да се интересува от проблемите на науката в България. Той заедно с повече от 200 български учени, работещи извън Родината, правят подписка в защита на българската наука (Виж. *Приложение I*). Писмото е подписано от много наши изследователи, които работят в престижни научни институти в чужбина. Това показва, че българските учени успешно се вписват в световната научна общност, което е възможно благодарение на подготовката, която те получават в съответните научни институции у нас. Можем да направим извода, че въпреки недостатъчното финансиране, българската наука все още разполага с кадрови потенциал на високо научно ниво, като работещите в чужбина наши изследователи не остават безразлични към случващото се с науката и образованието в България.

Ще завърша с това, че Веселин Петков показва своите качества още докато работи в България, където е ценен и през 1988 г. бива избран за професор в Института по Математика и Информатика към БАН. Той е добър пример за това как, когато човек има силна воля, трудолюбие и талант, може да се реализира успешно както в своята страна, така и в чужбина. Той е гордост за България, представяйки достойно своята Родина в страни с развити научни и образователни институции, каквито са Канада и Франция.

ПРИЛОЖЕНИЕ
Отворено писмо на български учени, работещи в чужбина[1]

През 2010 г. над 200 български учени от престижни институти по света пишат до властта *„В криза се пести от администрация, не от образование и наука"*. Списъкът на подписалите писмото сам по себе си свидетелства за това, какъв кадрови научен потенциал губи Родината. Сред подписалите това писмо е и проф. Веселин Петков (Université Bordeaux, France).

Уважаеми дами и господа,

с огромна тревога ние, българските учени, работещи в чужбина, следим съдбата на огнищата на българската наука и образование – Българската академия на науките и Софийския университет

---

[1] Виж вестник *Култура*, брой 39 (2612), 12 ноември 2010 г., http://www.kultura.bg/bg/article/view/17652

„Св. Климент Охридски". За нас, живеещите и работещи в страни, където образованието и науката са сред основните приоритети, е необяснимо незачитането и недооценката на стратегическото място на науката в живота на българското общество, проявявано години наред от управляващите. При присъединяването на страната към ЕС не беше предвиден нито цент за научни изследвания от европейските фондове - уникален прецедент за всички новоприети страни – за сравнение, съседна Румъния е договорила за това почти един милиард евро. Относителният дял на средствата за наука в държавния бюджет с годините намалява. Стигна се дотам учените сами да финансират с оскъдните си заплати част от разходите за научната си дейност.

В резултат от тази безотговорна политика научната общност в България е значително обезкръвена. Стотици способни учени и млади хора, желаещи да се занимават с научни изследвания, напуснаха страната. Днес относителният брой на учените у нас е 2-3 пъти по-малък в сравнение със средния за ЕС. Колегите ни, останали в страната въпреки мизерните условия, все още успяват, както показа и неотдавнашната европейска атестация на БАН, да бъдат на добро, а някои и на отлично научно ниво, канени са и успешно се представят на международни конференции, участват в международни сътрудничества. Но поради липса на перспектива в страната няма млади хора, на които утвърдените учени да предадат знанията си. Признати в чужбина научни школи, градени с години, от които сме излезли и ние, невъзвратимо се погубват, връщайки научното равнище на страната десетилетия назад.

Докато в повечето страни на ЕС средствата за наука и образование бяха относително увеличени, у нас през 2010 г. тези средства са драстично орязани. Заплатите в БАН са под средните за страната. Блокирани са част от собствените приходи на

СУ и БАН, както и от други, включително международни проекти. Това катастрофално финансово състояние е затвърдено и в проектобюджета за 2011 г.

Ние настояваме, при разработване на национални стратегии и закони, свързани с образованието и науката, да се ползват знанията и опита на научната общност у нас и в чужбина. Да се вземат предвид заключенията и препоръките на международната атестация на БАН от 2009 г.

Литература

Ivrin, V. and V. Petkov, V. 1974. Necessary conditions for the Cauchy problem for non-strictly hyperbolic equations to be well-posed // *Russian Mathematical Surveys*, 29:5, 30–70.

Misra, S. and Petkov, V. 1995. Electron Paramagnetic and Muon Spin Resonance Studies in Fullerenes // *Applied Magnetic Resonance*, 8, 277-310.

Petkov, V. 2009. Physical Laws and Worldlines in Minkowski Spacetime. In: V. Petkov (ed.), *Minkowski Spacetime: A Hundred Years Later*, Heidelberg: Springer.

Petkov,V. Physics as Spacetime Geometry. 2014. In: Ashtekar, A. and Petkov (eds.). *Springer Handbook of Spacetime,* Heidelberg: Springer, 141-163.

Petkov, V. 2002. Propagation of light in a gravitational field // McGill University's High Energy Informal Seminars. 26 Febr.

Petkov, V. On Inertial Forces, Inertial Energy and the Origin of Inerti In: Petkov, V. (ed.). *Inertia and Gravitation: From Aristotle's Natural Motion to Geodesic Worldlines in Curved Spacetime*, Montreal: Minkowski Institute Press, 2012.

Petkov, V. On the nature of the force acting on a charged classical particle deviated from its geodesic path in a gravitational field, In: "Relativity and the Nature of Spacetime" 2ed. (Springer, 2009). pp.118-134.

Petkov, V. Is the active gravitational mass of a charged body distance-dependent? . In: "Relativity and the Nature of Spacetime" 2ed. (Springer, 2009). pp.187-206.

Petkov, V. One-way Velocity of Light, Conventionality of Simultaneity, Dimensionality, and Existence. Second International Conference on the Ontology of Spacetime, Concordia University, Montreal, June 9-11, 2006. 67-88.

Petkov, V. Propulsion Through Electromagnetic Self-Sustained Acceleration. In Proceed. of the 35th AIAA/ASME/ASEE Conference & Exhibit, June 20-24, 1999, Los Angeles, California, American Inst. of Astronautics Journal, Washington DC, paper n. AIAA-99-2144.

Petkov, V. Inertia, Gravitation and Electromagnetic Mass. A Symposium: Causality and Locality in Modern Physics and Astronomy: Open Questions and Possible Solutions. In: Honour of Jean-Pierre Vigier held at York University, Toronto, August 25-29, 1997.

Petkov, V. The Flow of Time and the Conventionality of Simultaneity. In: Abstracts of the 8-th Internat. Congress of Logic, Methodology and Philosophy of Science. Moscow, Russia, August 17-22 1987, Vol. 2, 108-110.

Petkov, V. From Illusions to Reality: Time, Spacetime and the Nature of Reality, Minkowski Institute Press, Montreal, 2013.

Petkov, V. Relativity and the Nature of Spacetime (Относителност и същност на пространство-времето), 2nd ed., Springer, Heidelberg 2009. Expanded and updated edition of the 2005 publication. Reviews at: Springer, Amazon and Goodreads.

Petkov, V. and Stojanov, L. Singularities of the Scattering Kernel and Scattering Invariants for Several Strictly Convex Obstacles. Transactions of the American Mathematical Society, Vol. 312, No. 1 (March 1989), 203-235.

Petkov, V. Scattering theory for hyperbolic operators, North-Holland, 1989

Petkov, V. and Stojanov, L. Geometry of reecting rays and inverse spectral problems, John Wiley & Sons, 1992

Petkov , V.Could Minkowski have discovered the cause of gravitation before Einstein? Publ. Minkowski Institute Press, April 2017.

Petkov, V. Is Gravitation Physical Interaction or just Curved-Spacetime Geometry?, Minkowski Institute Press, December, 2016.

Petkov, V. Can Gravity be Quantized ? published as Appendix C in V. Petkov, Inertia and Gravitation: From Aristotle's Natural Motion to Geodesic Worldlines in Curved Spacetime (Minkowski Inst. Press, Montreal 2012). 218-231.

Petkov, V.Can studying the inertial and gravitational properties of the electron provide us with an insight into its nature?" In: V. Simulik (ed.), What is the electron? Modern structures, theories, hypotheses, (Apeiron, Montreal, 2005), 169-180.

Petkov, V. Simultaneity, Conventionality and Existence. The British Journal for the Philosophy of Science, 40, 1989, 69-76.

Petkov V. (ed.), Hermann Minkowski, Space and Time: Minkowski's Papers on Relativity (Minkowski Inst. Press, Montreal 2012). Transl. from German by F. Lewertoff and V.Petkov

8

Камелия Жабилова

ПЕТЪР УВАЛИЕВ: БЕЗГРАНИЧНОТО СЛОВО

Уводни думи

„Ние не приличаме на другите, защото приличаме на себе си, но, приличайки на себе си, ние не отричаме другите. Аз съм българин. Затова съм балканец. Аз съм балканец. Затова съм европеец. Аз съм европеец. Затова съм човек." (Увалиев 2015: 47).

Избрахме този откъс от радиобеседите на Петър Увалиев[1] като уводни думи към „увалиевото житие/битие и слово", тъй

---

[1] Петър Христов Увалиев (псевдоним Pierre Rouve) – (1915-1998), е български дипломат, филмов продуцент, сценарист и режисьор, теоретик на изкуството, семиотик, университетски преподавател, писател, преводач, радиожурналист и критик. До 1942 г. сътрудничи със статии и отзиви по литературни, театрални и филмови теми в „Златорогъ", „Балкан", „Театър", „Изкуство и критика", „Свободен народ", „La parole Bulgare", „Слово", „Мир", „Днес" и др. Участва в екипа, ръководен от Сирак Скитник, който през 1936 г. осъществява първите предавания по Радио София. От 1949 г. е нещатен сътрудник на българската секция на радио Би Би Си Лондон, където близо 50 години ежеседмично чете в ефир свои беседи. Автор е и на над 4500 емисии на културни теми на български език и предавания на френски език за радио France Culture. Работи съвместно с изтъкнати драматурзи и кинотворци като Марсел Паньол, Джордж Бърнард Шоу, Антъни Аскуит, Микеланджело Анто-

като те най-точно изразяват идеята на този текст, а и защото в тези слова се съдържат типичните „увалиевски усукани игрословици“. Именно с цел да откроим характерното увалиево слово, ще използваме в голяма част от текста „увализми“.

При първото ни запознанство с текстовете, а и личността на Увалиев (задочно, разбира се) през био-библиографията му, изникна следният проблем – как да бъде изследвана/цептрирана тази „многогласна персона“. Решихме да използваме формата на есето, отвъд строго академичния прочит, защото то, според нас, импонира на превъплъщенията на „сложната фигура на Увалиев“ – дипломат, публицист, театрален режисьор, филмов продуцент, литературен, театрален и арт критик, радиодраматург и преводач.

Но защо и как Петър Увалиев става Пиер Рув (*Pierre Rouve*), въпреки неговото „родолюбие“, което „не е по занаят, а на инат“? Това бе следващото ни самозапитване. Ето защо. През 1949 г. в Лондон, П. Увалиев и сестра му Дора Валие в Париж започват да търсят изява. Но англичаните и французите проявяват необичайно единогласие в нежеланието или неспособността си да изричат протяжната българска фамилия. Тогава Пиер, както гласи още училищният му прякор от Френския колеж в Пловдив, разделя на две изписаното по френски име Ouvaliev. Към предната част добавя „R“ в началото и „е“ в края, към задната – „r“ вместо „v“. Така се (пре)ражда на чужда земя Pierre Rouve.

ниони и Тонино Гуера. Превежда на френски и италиански език произведения от Пенчо Славейков, Теодор Траянов, Елисавета Багряна, Николай Марангозов, Иван Мирчев, Иван Хаджихристов, Стоян Загорчинов и др. През 1994 г. е възстановено българското му гражданство. Удостоен е със „Златно перо“ от Съюза на българските журналисти. Почетен доктор е на Софийския университет „Св. Климент Охридски“ (1992) и на Шуменския университет „Епископ Константин Преславски“ (1999).

Топоси на словото, или *езикът възвръщенец*

> „Странна съдба ме е орисала и от половин век насам да бродя
> сред чуждоземни бръщежи. Аз съм похабен от годините глаша-
> тай, който през девет страни, та в десета прилежно бие изтър-
> кания си тъпан.“
>
> *Петър Увалиев*

В живота си в странство, или ако следва да употребим по-
редния „увализъм“ –„никъдник“, Петър Увалиев започва да ко-
лекционира фигурки, изображения и черупки от …костенурки,
„животни, орисани да носят навсякъде своя дом като крепост със
себе си“, според поетическото определение на Огнян Ковачев.
Действително, едва ли има по-точен символ, който може да из-
рази „увалиевския стил“, а и личност.

И тъй като основният материал, който ще ползваме в тази
част от текста, ще бъдат т. нар. „петминутки“, т. е. радиобеседите,
които Увалиев „изпраща по вятъра“, а и „на вятъра“, от Лондон –
българската секция на ВВС в продължение на пет десетилетия, е
редно да споменем и забраната на Увалиев за публикуване на тези
беседи.[2]

В разговорите си с Бригита Йосифова Увалиев обяснява
това си желание – „Тогава Увалиев ми разказа как близкият му

---

[2] Използваме първа част от двутомното издание „Пет минути с Петър
Увалиев“ (2015), дело на Огнян Ковачев и Христина Ковачева. Първата
част включва радиобеседите с характерните петминутки, които са пи-
сани и четени в периода 1988-1998 година. В тези „петминутки" Ува-
лиев използва един значително по-личен тон. За разлика от по-ранните
беседи, всички тези си имат заглавие, което е еднословно, но отново с
вкус към игро-словиците и присъщите му неологизми. Ето няколко при-
мера - „Милениумно“, „Никъдно“, „Мист-етично“, „Духо-крадливо“,
„Езикочистително“, „Звекописно“, „Закържавяло и др. Съставителят –
Огнян Ковачев, е спазил подредбата на архива при публикуването, т. е.
азбучно.

приятел проф. Исак Паси на своя глава (без да го пита и да иска разрешение) съставил цял том с „най-доброто" от хилядите му радиобеседи, тези, които е чел пред микрофона на ВВС. Проф. Паси написал и свой голям, обстоен предговор. Университетското издателство „Климент Охридски" подготвило книгата за печат, текстовете били вече набрани. Оставала една малка „дреболия": авторът да се съгласи. Да каже „да".

А Петър Увалиев не само не казал „да" на готовата книга, но като я прелистил, се обидил. Заболяло го. Гледах го неразбираща. Защо не се радва, а скърби? Та нали през годините е изговорил на глас повече от 4 500 беседи по Би Би Си? Петьо заговори, а аз веднага си записах думите му: „Решението ми е: *радиобеседите ми никога да не се отпечатат в книги*. За мен ще е оскърбление да ги видя на хартия, защото са съчинени в рамките на много ясен, определен, строг радиожанр: лично само аз да ги чета на глас по радиото. Те са мои думи, казани *по вятъра*. Хвърлям ги „из въздуха", за да стигнат до *ушите* на *слушащите*. Писменото слово е друг вид изкуство, не е градинарска супа, гдето всичко може да влезе. Казаните на глас думи донякъде изискват и известно „актьорство", случвало се е и аз да съм „играл" с тембъра на гласа си. Но когато думите са напечатани „черно на бяло", дори една запетайка ще дразни, ако не е сложена на място. Да не говорим, че при писменото слово друг е и стилът, различна – композицията. Радиоговоренето е нова, млада и търсеща форма. Оскърбявам се, все едно че искат да ме покажат пред читателите и литературно „неграмотен", и неразбиращ. И се извиних на Исак Паси за труда и главоболието му около подготовката на тази *ненужна* книга. Казах „не". И скъпият ми приятел ме разбра. Казах му, казвам и на теб: завинаги слагам забрана да се печатат в книга моите радиобеседи! И не от каприз, самомнение или чудачество. А от авторска взискателност. Е, нека мина за литературен горделивец. Тази е волята ми. (Йосифова 2014: 18).

Защо и от какво е породена тази „авторска взискателност"? Безспорно, в този си „път към езика, или „слововърт", както сам наименува това си „езиково дирене" „езиковият сирак" Увалиев, въпреки владеенето на няколко езика – английски, испански, италиански, френски, немски, старогръцки, латински и някои балкански езици, лесно могат да се разпознаят теоретичните източници, които ползва Петър Увалиев от други изследователи на словото – Лакан, Ролан Барт, Хайдегер, Роман Якобсон. Може би пък това е поредната ирония/самоирония….Но това е друга тема.

За разлика от другите си писания за „българското" , този път имаме едно – ще го наречем – „упорство за звучащото българско слово". Нещо повече - „Аз никога не съм търсил онези страни на българския живот, които трябва да бъдат оплюти" – споделя той в една от радиоизявите си, продължавайки – „Защото те нарушаваха и собственото ми самочувствие. Търсил съм малкото, което може да бъде похвалено." (Увалиев 2015: 80)

Нека да поясним. Радиото и „радиоговоренето" са едни от „основните герои" в житието и творческата биографията на Увалиев, а микрофонът е „метално глухарче". Той участва в екипа, ръководен от Сирак Скитник, който през 1936 г. осъществява първите предавания по Радио София. От 1949 г. е нещатен сътрудник на българската секция на радио ВВС – Лондон, където близо 50 години ежеседмично чете в ефир свои беседи. Автор е и на над 4500 емисии на културни теми на български език и предавания на френски език за радио France Culture. [3]

---

[3] Един много проникновен анализ на тези радиобеседи, предлага Стоян Атанасов: „Беседата започва *in media res* – без въведение, направо. Читателят/слушателят има усещането, че току що е пуснал радиото и е попаднал на вече започнало предаване. Подобно усещане интуитивно подсказва, че до нас достига само част от някакво смислово цяло. Склонни сме да приписваме виртуална глобалност на едно по същество фрагментарно мислене и говорене. Така субективната реакция ни звучи като

Жанрът радио-беседа налага и необходимостта от лаконичност – в случая в рамките на *пет минути*, но и изисква специфично майсторство на изказ, особено след като текстовете са писани с цел да бъдат „пренасяни през/чрез гласа", а не публикувани. Странни са тези беседи без събеседник, т.е. имаме два субекта – говорещ и слушател, но без отговор от слушателя – тази невъзможност за диалог, превръщат радио-беседата в, ще си позволим да го наречем, *само-беседа* със себе си. Тези „самобеседи" са проектирани и в други експерименти със словото – различните жанрове на изява на П. Увалиев – есета, литературнокритически очерци, песни, пиеси, рецензии, статии, стихотворения, сценарии, изследвания.

Тук следва да отворим една скоба по отношение на, нека го наречем „емигрантското говорене за българското". Отново да поясним – българската емигрантска общност от интелектуалци в Западна Европа, след втората половина на XX век – да, различни и лични са мотивите за напускане на България, но в случая ни интересува отново отношението към българското. Ето няколко

премислена равносметка, цитатът – като сентенция, тоест като едно по същество анонимно слово, възприемано консенсусно. Впрочем цитатите в беседите на Увалиев са скрити, предназначени за познавачи. Но Увалиев не беседва, за да превърне своите слушатели в убедени съмишленици. Той не се впуска в продължително аргументиране на определена теза или идея. Едва сме я доловили, тя вече заглъхва, за да отстъпи място на други. Словото на Увалиев не е чукане по масата. То идва от човек, който преминава покрай нас на пръсти. Речевата стратегия, която се опитвам да опиша, се наблюдава нерядко в рамките на едно-единствено изречение. В изказа на Увалиев – бароков, витиеват, но никога тромав – долавяме елементи от цяло съчинение: въвеждащи думи, излагане на факти, коментар и поанта. Фразата на Увалиев е кратка дисертация, която не иска да мине за такава. Но зад музикално наредените думи фразата му ни приканва и към размисъл." (Атанасов 2019).

примера – философът Асен Игнатов, литературният теоретик и културолог Цветан Тодоров, семилогът и психоаналитик Юлия Кръстева, писателят Георги Марков и др.

Безспорно, това е друга и провокативна тема. Но в случая ни интересува това „ефирно скиталчество на словото“, което не е многословност и монолог, а именно „многолог“ – това е поредният „увализъм“.

Също така един сравнителен анализ между споменатите радиобеседи на Увалиев, излъчени по радио *France Culture* и българските емисии в ефира на BBC, би внесъл допълнителен щрих към „увалиевата фраза“. За съжаление тези беседи все още не са публикувани и няма как да направим сравнение. Именно затова под черта приложихме част от статията на Стоян Атанасов, която предлага една друга оптика към Увалиев.

Отново за съжаление, няма как да озвучим „словото Увалиево“ в текст, но тези, които проявяват любопитство, могат да го „чуят“ в интернет.

Граматики на видимото/невидимото

„Говори ли се в „Гамбринус“ за семантика и семиотика, за текстуален разкол и интертекстуален разгъв?“

Петър Увалиев

„*Бригита Йосифова*. Оглеждам се наоколо. Толкова книги! Море от книги. От тях ли живеете?
Петър Увалиев. Те са навик. Всеки навик става порок. Аз съм от поколението, което израсна сред книгите. Не от поколението на зрителната цивилизация. На младини големият ми интерес беше към зрителното общение – към театъра, филма. То си беше бунт срещу книгата. Иначе живеех изключително с книгите.“

Петър Увалиев[4]

---

[4] Това е част от интервюто/разговора на Бригита Йосифова с Петър Увалиев - https://cao.bg/izpovedi-petar-uvaliev-otkakto-zhiveya/

Тази част от текста е посветена на „граматиката". Защо? Не само защото „граматиката" е поредната сакрална дума в „речника Увалиев", но и защото използваните – в случая два теоретични текстове, имат и своите проекции отвъд областта на академичната мисъл. В тази връзка следва да споменем не само статиите на П. Увалиев по въпросите на театъра и киното, но и активното му участие като сценарист, режисьор, художествен ръководител на театрални постановки в Англия, САЩ, Италия, Франция и Германия.

Сътрудничи на изтъкнати драматурзи и кинотворци като Марсел Паньол, Антъни Аскуит, Микеланджело Антониони и Тонино Гуера. Заедно с Карло Понти създава филмовата компания „Бридж филмс" и е копродуцент на „Милионерката" (1960), продуцент на „Фотоувеличение" (1966), „Дилемата на лекаря" (1958), „Клевета" (1959) и „Диаманти за закуска" (1968). Сценарист е на „Съдебна грешка" (1962), режисьор – на „Непознат вкъщи" (1967). От 1968 г. е канен да журира на редица световни художествени форуми. Оценен е на световно ниво като театрален и филмов режисьор и продуцент, като теоретик на изкуството, критик и публицист. През 1972 г. е избран за вицепрезидент на Международната асоциация на изкуствоведите (AICA) и за председател на Международното жури на Биеналето в Риека.

Две са монографиите, които имат отношение към темата – „Търнър: структурен разрез" (1977) и „От оптема до зрително изречение: опит за граматика на видимото" (1986).

Вторият текст на Петър Увалиев започва с цитат от Роман Якобсон – „Аз съм езиковед и нищо присъщо на езикознанието не ми е чуждо", използван като мото на изследването, но продължава в типичен „увалиевски стил" – „Намерението на този текст е да очертае строежа на нова граматика на зрителното. Подобно твърдение лесно би могло да се стори някому изблик на високомерие. В действителност то е акт на почит. Онова, което ще трябва да кажа е преди всичко дан към паметта на Роман Якобсон, един от основателите на съвременното езикознание... Именно ранният му интерес към кубизма и футуризма го изведе на пътя към радикално ново разбиране за вътрешните извори на езика. Зрителните строежи го накараха да преоцени езиковите построения. Но Якобсон изплати и заплати многократно дълга си към изкуството. Разбулвайки загадките на езиковото общуване, той се присъедини към малцината избрани, които показаха на изкуствоведите напълно нов начин за по-тънко разбиране на скритата същност на зрителното общуване."

В случая ще разгледаме по-подробно монографията „Търнър: структурен разрез", тъй като тя има пряко отношение към темата ни.

В статията си „Загадката Търнър", посветена на българското издание на изследването на П. Увалиев – „Търнър. Структурен разрез" (София, 2006), Стоян Атанасов задава въпроса защо Търнър е проблематичен. Нашето питане ще се разшири – защо Увалиев избира именно този художник, за да демонстрира възможностите на структурния анализ, или, както е подзаглавието на монографията, прилагането на „структурен разрез".

Защо П. Увалиев не използва за този „разрез" някои от българските творци, включени в неговите „Беседи за български художници" – Дечко Узунов, Цанко Лавренов, Борис Георгиев, Кристо, Паскин и др.

Тук следва да отворим една пояснителна скоба. Английският художник Джоузеф Уилям Търнър (1775-1851) твори през епохата на романтизма, но не се вписва в каноните му. Именно затова впоследствие ще го обявят за предшественик на импресионизма, а и на модернизма. Петър Увалиев посвещава на Търнър цялостно изследване, написано на английски през 1977 г. и публикувано на френски през 1980 г. Българското издание на книгата е, както вече споменахме, преведено и издадено едва през 2006 г., придружено с творби на Търнър, в подбор на Светлин Русев.

Прилагаме и отзива на Роман Якобсон: „Този „етюд на структури" не прилича на никоя друга монография, посветена на художник. Той представлява смел и мощен опит да се проследи формирането и приносът на един творец в тясна връзка с теорията за знаците, философията, психологията и историята на културата. Дълбочината и измерението на това изследване са безпрецедентни, с богатството си текстът стимулира творчески всеки тълкувател на визуалното и словесното изкуство. Той разкрива ярко нови хоризонти не само за разбирането на човека, който по всяка вероятност е бил най-големият английски художник, но и за един истински научен подход към кардиналните проблеми на живота и на творчеството. Тази книга оказва неотразима притегателна сила върху читателя, въодушевява го, поражда у него поток от нови мисли и въпроси. Тя се отличава също с чистотата и яснотата на изложението, което не се поддава нито на езотеричния стил, нито на популяризаторството, които днес нахлуват в толкова публикации. Всички идеи в книгата са доведени до край и формулирани с необикновена прецизност."

В картините на Търнър, Увалиев открива своеобразен *Атопос,* т. е. *пространство без място.* Но и нещо повече. В този *Атопос* има „структура". Тази „структура" не е нито обективна, нито сетивно доловима реалност. За разлика от Жан Старобински, който казва „няма структура без структуриращо съзнание", Увалиев предлага друго – „Структурите изискват да бъдат структурирани. Това не са обслужвани от зрението усещания. Това са единни и неделими елементи, конструирани от разума и разбирането. Структурният анализ на една зрителна цялост означава оперативно действие извън рамките на нейната видимост. … едничко незримото разбулва зримото" .

Преди да коментираме, ще приложим обяснението на Увалиев за този му интерес към Търнър.

Картините на Търнър са отражение на парадоксалния му живот и още по-парадоксалната му личност: приспособенец и бунтар, скъперник и пройдоха, безсрамен подражател и безстрашен обновител, свой собствен двойник, който като Рилке би могъл да си каже: „Ти си вторият в мойта единна самота". И някъде из този водовърт от противоречия, който е и творческото кръвотечение на Търнър, бликва една стихийна живопис, все още неумерена век и половина след като е била сътворена, все още – а може би и завинаги – непостижима и необяснима. Безброй са критиците, които са се опитвали да се преборят с нея. Даже и аз преди десетина години се престраших и написах цяла книга за Търнър, която черпеше вода от девет кладенци: философски, научни, поетични, семиотични, психоаналитични и какви ли още не. Големи хора ми направиха честта да кажат по някоя добра дума за нея: Роман Якобсон, Клод Леви-Строс, Джулио Карло Арган. Но въпреки това самохвалство, трябва да си призная, че просто не знам как да обясня ясно и недвусмислено каква точно е тази невероятна живопис на Търнър. В дързък унес тя се втурва из пределните простори на живописта, до които четка човешка не се е докосвала. Напразно думите се напрягат да я догонят. Смразени от речникови принуди, скопени от разговорни заблуди, те се задъхват, запъват се, препъват се и най-сетне безпомощно грохват. Погледът побеждава понятието. Но не всички продавачи на дребно на дребни думи признават, че са безсилни. За да прикрият това безсилие, по-честолюбивите измежду тях прибягват до жилото на иронията. Така, един насила духовит критик пише в 1846 година: „Всичко у Търнър е безформена пустош. Неговите пейзажи са портрети на нищото – и поразително му приличат". Критиката-усойница е била убедена, че отровното й езиче с едно изсъскване ще умъртви художника. А ето че днес точно тази жлъч вдъхва нов живот в най-загадъчните картини на Търнър: ироничното попълзновение се преръща в логично откровение. След задълбочените прозрения на философите Сартр и Хайдегер, днес по-лесно разбираме, че глаголът „да рисуваш" не налага непременно пряко допълнение. Да рисуваш не значи непременно и неизбежно да рисуваш нещо. Да рисуваш значи да рисуваш – и толкова. Така постъпва Търнър – и затова картините му биват заклеймени като „портрети на нищото". Но точно в това нищо е неговото величие. Кой знае дали това насилствено сгъстено и затова неизбежно съсухрено обяснение е достатъчно убедително. Тя е онова прословуто „нищо", чиято тайна пръв открива Търнър – открива я и пръв изписва само този простор, който може да е небе, космос, вечност. И съвременниците на Търнър, и днешни закостенели чувствителности не усещат застрашителното красноречие на тези простори без обитатели и без граници. Това търси Търнър. И не само той. Който има дързостта да се вгледа в осмяното Нищо, той има изглед да зърне засмяното всичко.

Последната част на монографията предлага прочит на творчеството на Търнър откъм неговата личност. Тук анализът на Увалиев е сравним с анализите на Фройд: „Творците не само измислят изкуството, те го откриват. Но откриват в него това, което сами влагат. Голямото изкуство е среща на подсъзнателното със структурата. Личните пориви и универсалните закони съвпадат".

Позволихме си този дълг цитат, тъй като той донякъде осветлява използваните като мото слова на Увалиев, но и обяснява защо настоящият текст е с „обърната хронология", т.е. би следвало писанието ни да започне именно с двете монографии – „Търнър: структурен разрез" (1977) и „От оптема до зрително изречение: опит за граматика на видимото" (1986), а не с „радиобеседите". Именно защото ни интересуват авторефлексията и автокоментарите на Увалиев, които позволяват да се проследи движението на неговата мисъл и интереси през годините.

Вместо заключение:
Похвално слово за Увалиевото слово

„Едва когато ми се наложи да живея извън границите на България, станах истински професионален българин."
Петър Увалиев

Като вид „вместо заключение" ще препратя тук към текста на Петър Увалиев „Похвално слово за българското слово" (Увалиев 1995), произнесен на тържественото събрание в аулата на СУ „Св. Климент Охридски" на 24 май 1995 г., тъй като то демонстрира именно „увалиевото българско", отвъд „двойната оптика на емигранта" – носталгия и/или отказ от българското, но и без т. нар. „пластична идентичност" (Илия Троянов).

> Простете ми. Пръв аз съзнавам – и признавам, че съм донякъде натрапник в този дом на духа, закрилял и окрилял рой мислители, ревнители за културния възход на България – странна страна, в която ръст и възраст, крепка духовност и крехка държавност не се съвпадат и така озадачават стъписаните чужденци, че те просто не проумяват с какъв аршин да мерят нашата мяра.

> [...]

> И българският говор се зачева като пред-говор, после прераства в отчетлив преговор със слушателя и най-сетне се установява като договор и едва ли не като заговор с онзи, който е посветен в паролата на неговите потайности. И тогава, вдъхновено и проникновено, из пашкула на езика излита пеперудата на мисълта. Това преображение повлича крак. Друго чудо очаква българския род, домашно и вселенско: чутото се превръща във видяно, звукът става знак.

259

Букви хукват през страниците, духовни бранници, които напредват във сторен строй и провалят прокобата на времето, брава на всяка забрава. Така се ражда книгата, паметник на паметта.

А ето че ние, нехайни наследници на този победоносен поход от минало към бъдеще, почти не си даваме сметка за него и дори не се вълнуваме че тук, сега, сме окръжени от величави хартиени тухли, с които се гради вечността, която е българска, защото ваши и мои са буквите, в които тя е въплътена.

А всяка книга, която се издава, ни издава тайната на тази вечност: тя е вечност на езика, който никога не се застоява и с един и същи дъх ни отграничава от другите и ни приобщава към другите.

[…]

В лабиринта на тази потомствена езикова памет, стигнала един Бог знае как до прековременния слух на поети прорицатели, дебне потулен и друг самопродвижен, ритмичен и метричен подтик, който изтласква изпосталелия потребително-осведомителен бръщлеж на всекидневието ни:

С враг врагувам – мяра
според мяра
С благ благувам – вяра
според вяра.

Връщането на Петър Увалиев към отминалите години не е плод на носталгия, а на убедеността, че само когато се опираме на старите си образци, можем успешно да продължаваме своето развитие. Българските творци от 20-те и 30-те години – или „третото поколение", както много точно ги назовава Стефан Попов – в резултат от естествена еволюция достигат върхове, чрез които се „успоредяват" с европейските. Проследяването на тази „успоредност" е една от задачите, разрешавани блестящо от Увалиев в продължение на половин век. Още като млад той пише: „Родното не е обект. То е по-скоро призма на душата на човека", то е и „душевно състояние, основен тон във виждането ни, зеница, която вижда най-напред себе си, а след това всичко друго." Затова пък „неродното, универсалното може да бъде само обект. А как трябва да се докоснем до този „обект", за да се приобщим към него?", се пита Увалиев и отговаря: „Това е напълно постижимо, когато успеем да си сложим цветни очила, които оцветяват с българска багра Лувра и Канта!"

Литература

Авторски Колектив. 2005. *Спомени за Петър Увалиев* 2005 София: Издателство „Български писател".

Атанасов, С. 2006. Загадката Търнър. // *Монд Дипломатик*, декември

Атанасов, С. 2019. Лъчите даряват сила и жизнерадост там, където нищо не се случва: Памет за Петър Увалиев. // http://inspiro-bg.com/latchite-daryavat-sila-i-zhizneradost-tam-kadeto-nishto-ne-se-slutchva-pamet-za-petar-uvaliev/

Балевски, В. 1994. „Петър Увалиев". // *Речник по нова българска литература*, София: Хемус.

Един български глас в Европа. Документален филм, 2005, режисьор Станислава Калчева.

Йосифова, Б. 2012. *Обещах да запомня. Разговори с Петър Увалиев*. Пловдив: Жанет 45.

Йосифова, Б. 2014. *Петър Увалиев. Изповеди*. Пловдив: Жанет 45

Колева., Г. 2011. *Книги с дарствени надписи от личната библиотека на Петър Увалиев*. Добрич: Изд. „Матадор 74".

Рув, С. 2010. *Петър Увалиев или Пиер Рув: Един живот*. София: Сиела.

Синкова, П. 2010. Петър Увалиев — писател, изкуствовед, публицист, ерудит-енциклопедист. Био-библиографска справка. Стара Загора: Регионална библиотека „Захари Княжески".

Увалиев, П. 1995. Похвално слово за българското слово. Слово произнесено на 24 май 1995 г. на тържественото събрание в аулата на СУ „Св. Климент Охридски", https://archive.ph/n8lTK

Увалиев, П. 2000. *Граматика на зрителното*. Превела от английски Рада Цонева. София: Анубис.

Увалиев, П. 2001 *Филмови трохи*. Статии в българския периодичен печат (1936-1947). Съставител Костадин Костов. Пловдив: Вѣда Словѣна.

Увалиев, П. 2003. *Беседи за български художници*. София: Анубис

Увалиев, П. 2006. *Търнър. Структурен разрез*. Превела от френски Мария Георгиева. София: K&M.

Увалиев, П. 2015. *Пет минути с Петър Увалиев. Радиобеседи*. Част I. Съставителство и предговор Огнян Ковачев. Под общата редакция на Огнян Ковачев и Християна Ковачева. София: Агата-А.

9

Галина Декова

ХУДОЖНИКЪТ БОРИС ЕЛИСЕЕВ В САЩ

Увод

Борис Елисеев е роден през 1901 г. в село Преколница, близо до Кюстендил, завършва Художествената академия през 1925 г. и в края на 1930-те е един от най-оригиналните, обещаващи, близки до духа на европейската модерност художници в България. Критикът Кирил Кръстев го определя като един от малцината чисти естети в българското изкуство между двете световни войни (Кръстев 1978; срв. 1973). През 1937 г. Борис Елисеев се преселва в САЩ заедно с американската си съпруга Арлин Олдридж. Там попада в един много динамичен период за американското изкуство, който съвпада с изместването на традиционния център на световното изкуство от Париж в Ню Йорк. Борис Елисеев не успява да живее като художник на свободна практика и се ориентира към рекламата и дизайна. Поради факта, че животът му в САЩ все още не е достатъчно добре проучен, би представлявало интерес да се възстанови дейността на неговото семейно дизайнерско студио *Elysee*, което през 1950-те работи с водещи фармацевтични и парфюмерийни компании. Настоящата статия ще се спре върху творчеството на Борис Елисеев, което се намира извън приложната сфера и с което той през 1977 г. се завръща в България за голямата си ретроспективна изложба, и което все още попада в йерархията на високо и ниско изкуство.

Специализация в Полша и връзки между двете страни

През 1930-те Борис Елисеев, както всички професионални български художници се стреми максимално да обогатява знанията си за европейската култура и изобразителното изкуство и по-специално да се запознае в оригинал с европейското художествено наследство. Той посещава Мюнхен (Николаева/Киселер, 2009), а през 1932 г. заедно с Иван Ненов гостува на своя съученик от Кюстендил Николай Дюлгеров в Италия (Димитрова 1998). Единственият шанс за продължителен престой в чужбина му се предлага след спечелване конкурс за специализация в Полша, организиран от Сдружението на приятелите на изобразителното изкуство през 1935 г. Конкурсът за специализация в Полша е проведен съвместно с Полско-българското дружество в София и е част от вече традиционния по това време културен обмен между двете държави.

Българо-полски взаимоотношения

Във външнополитическо отношение през 1930-те Полша се стреми към разгръщане и задълбочаване на връзките си с останалите славянски държави в Европа и към създаване на централно славянска културна общност, която да се консолидира като алтернатива на съветския и германския политически блок. Полско-българското дружество е основано през 1918 г., а през 1919 г. е създадена и Полската легация. През 1922 г. Дора Габе е на посещение в Полша, а в София за първи път е представена изложба на полската живопис. През 1925 г. Полша е една от първите държави, с която България сключва търговски договор и навлиза в интензивни делови отношения и подписва споразумение за въздушните връзки от същата година. Засилва се износът на хранителни и други продукти от България към Полша. България заема специално място във външната политика на Полша поради голямото си икономическо и стратегическо значение от една страна като пазар за полската продукция, от друга – като врата към Близкия изток. Развитието на икономическите взаимоотношения довежда до синхронизиране на културните процеси в двете страни, а културните връзки добиват официален характер и се превръщат в значителна съставна част на междудържавните отношения. През 1929 г. Никола Танев гостува във Варшава със самостоятелна експозиция. През 1931 г. се сключва споразумение за сътрудничество между двете държави, а културната спогодба е от 1935 г. След това първично институционализиране тенденциите вече са продължители на изградени традиции. Между 1930 и 1941 г. най-дълго пребиваващ на поста си пълномощен министър на Полша в София е Адам Тарновски, който остава в историята със специалния си интерес към изобразителното изкуство и е запомнен като един от първите меценати. В периодичния печат той често взима становище по културни събития в страната, дава мнението си за художествени изложби и организационния живот на изкуството.

Изобщо засилването на културните връзки между България и Европа се отразява значително върху изложбения живот на страната, който в България през 1930-те години е изключително динамичен и почти съизмерим с този на европейските столици. В столицата, както и във всеки голям град, изложбите следват една след друга и се радват на нарастваща посещаемост (вж. Мавродинов 1947). През 1934 г. гилдията на художниците и скулпторите в България, съставена от професионалисти с висше образование, надхвърля 400 души. Търсят се различни форми за поощряване на частното меценатство и основаването на Сдружението на приятелите на изобразителното изкуство е част от тези усилия. Инициативата за сформиране на такова сдружение изниква от средите на художниците и техните възторжени поклонници и от убеждението, че богатият художествен живот е онази благоприятна почва, на върху която подобна идея може да пусне корени.

Така, от една страна вследствие на засилващия се се икономически и културен обмен между България и Полша в средата на 1930-те години и опитите на чуждите посланици да поощряват културни прояви, се стига до идеята за обучение във Варшава на млад български художник, избран с конкурс.

Сдружението на приятелите на изкуството

Поощряването на изкуствата със специално учредени награди, конкурси за специализации, командировки в чужбина, е интегрална част от държавните интереси още през предишното десетилетие. Приетият още през 1921 г. Закон за родната литература и изкуство предвижда отделяне на средства от Министерство на просветата за награди и конкурси. Създадената комисия за откупки постепенно запълва фонда на Художествения отдел на Народния музей, така че в края на 1934 г. той включва 600 творби от 104 български и 43 чужди автори. Художествени произведения се изкупуват и от останалите министерства, държавни учреждения, банки и институти. Значителен ръст бележи и интересът към изложбите от страна на публиката, разширява се и кръгът на меценати и колекционери в средите на висшата администрация, политици, търговци и др. През 1930-те вече е налице богат художествен живот, а Дирекцията на обновата като основен пропаганден институт отговаря за координирането му. В духа на подетия държавен курс културните поощрения се центрират около идеята за национален стил, българоведението, самобитната българска култура и т.н. Началото на Сдружението на приятелите на изобразителното изкуство е поставено на 26 март на 1935 г. от членове на новосформираната прослойка заинтересувани от изкуството хора в България с цел да подпомага изобразителните изкуства. Инициатори на идеята са Адам Тарновски и Прокоп Макса, пълномощни министри съответно на Полша и Чехословакия в София. Съпричастен към нея е и пълномощният министър на Югославия д-р Александър Цинцар-Маркович. В средите на художниците тази идея е посрещната добре. В инициативния комитет по създаване на Сдружението фигурират имената на министъра на просветата ген. Тодор Радев, началника на културното отделение към Министерство на просветата Атанас Илиев, министъра на народното стопанство проф. Янаки Моллов, директора на Обновата Петър Попзлатев и предшественикът му д-р Петко Пенчев, Владимир Полянов, Димо Казасов, Григор Василев и проф. Богдан Филов. Художниците в инициативния комитет са Александър Божинов, Борис Денев, Иван Лазаров и Сирак Скитник. Основаването на сдружението е придружено с апел, който излага нерадостното досегашно положение на българския художник поради липсата на частно меценатство и на топло съчувствие от един по-широк кръг просветени граждани и приканва към поставяне на „началото на една здрава и широка обществена опора за изобразителните изкуства.“ В приетия при учредяването устав на сдружението са очертани основните му цели и дейности – да урежда изложби у нас и в чужбина, да откупува произведения, да издава съчинения върху българската живопис, графика и скулптура, да отпуска стипендии, премии и награди, както и да пропагандира създаването на нови сбирки и музеи. Борис III е провъзгласен за върховен покровител на дружеството, а министърът на просветата заема поста почетен председател (Анчова 1993).

Инициативата, довела до учредяването на Сдружението като повече или по-малко елитарно сдружение на меценати, покровители и любители на изкуството изразява назряването на условията за регулирано и правилно функциониране на покровителска институция, свързана с изобразителното изкуство. По западен образец членството е отворено към всеки българин, милееш за родното си изкуство. В устава се подчертава, че всеки заможен българин трябва да смята за свой дълг, да подкрепи делото на сдружението чрез откупуване на творбите на българския художник. Сдружението се конституира в изпълнителен съвет, контролен съвет и няколко секции в съответствие с насрочените за бъдещата работа многопосочни дейности – организационно-финансова секция, научно-библиографска секция и секция „Изложби и откупувания". Особено важно е, че основната кауза на дружеството: да създаде сред българското общество онези благоприятни психически и материални условия, при които българското изкуство ще се развива по-добре, намира подкрепата на заможни хора и едри индустриалци, банкери, търговци, а нови съмишленици успява да привлече в средите на висшата администрация и двореца.

Първата най-ярка изява на сдружението е откритата на 28 юни 1935 г. в Царския манеж в София голяма ретроспективна изложба на българското изкуство, озаглавена „Сто години българско изкуство (1820–1920)". В изложбата са представени творби от колекциите на Народния и Военния музей, но и от повечето големи частни колекции. Изложбата се превръща в едно от най-крупните събития в културния живот на страната.

Една от следващите инициативи на Сдружението е проведеният през 1935 г. конкурс сред художниците за стипендия в Полша, а за есента на 1936 г. се предвижда втора голяма ретроспективна изложба посветена на старобългарското приложно изкуство. Конкурсът е спечелен от Борис Елисеев и предвижда младият художник да се обучава в Полската художествена академия през учебната 1935/1936 година[1]. Във Варшава Борис Елисеев попада в ателието по графика на известния полски график проф. Владислав Скочилас, усвоява модната за времето техника на монотипията, посещава Вилнюс и други градове. Там се запознава с американската студентка Арлин Олдридж, която е там по обменна програма за американски студенти на фондация *Kosciuszko*. Съществената придобивка, която Борис Елисеев внася в творчеството си след престоя в Полша, а също и популяризира в България е техниката на монотипията, която до този момент не е използвал. В Полша, а по-късно и в България той изработва поредица от камерни малки по формат творби, интимни както по съдържание, така и по форма, представляващи женски фигури в сцени от ежедневието. Такива са работите от СГХГ „Тоалет" и „Дама с шапка". В тази техника са запазени и натюрморти като „Ателие", „Маса за закуска" и други.

След завръщането си от Полша Борис Елисеев прекарва още известно време в София. След раздяла от няколко месеца Арлин Олдридж го последва в България и двамата сключват брак. Участието с отделно представяне в Третата пролетна изложба на Дружеството на Новите художници, открита на 21 март 1937 г. в Държавната художествена галерия в София е най-значителното признание, което Борис Елисеев получава в родината си до напускането на страната. В изложбата той участва с отделна колекция, включваща 14 творби – „Край морето", „Натюрморт", „Портрет", „Вилно" (монотипия), „Фигура", „Из пазара", „На брега" и други. Художникът вече се нарежда сред представителите на вече

---

[1] Планираната дейност на Сдружението за многопланово провеждана грижа за българското изкуство не се осъществява и то няма други дейности след тези две инициативи.

наложилото се с иноваторството и продуктивността си младо поколение намиращо се вече на прага на творческата си зрелост.

Изобразителното изкуство в САЩ през 1930-те и 1940-те

Развитието на живописта в периода между Първата и втората световна войни в САЩ следва траектория, която първоначално е напълно еманципирана от европейското развитие на авангарда и модерното изкуство. През 1933 г. към регионално поощрявания социален реализъм се прибавят влияния, идващи от европейския авангард и след значителната вълна от емиграция на европейски интелектуалци в навечерието на Втората световна война, новият свят започва да се оформя като нов център на световното изкуство (Стойков 1980). Един от ранните проводници на европейско влияние и модернизъм е фотографът Алфред Щиглиц, който първи започва да показва в своята галерия *American Place Gallery* творби на Огюст Роден, Пол Сезан, Константин Бранкузи, кубистите и по-прогресивните американски художници. През 1929 г. отваря врати Музеят за модерно изкуство и негов първи директор е Алфред Бар. Вследствие на голямата депресия от началото на 1930-те цяло поколение млади творци възприема лява политическа ориентация. Голяма част от художниците, чиито творчество ще бъде решаващо за развитието на абстрактния експресионизъм през 1950-те симпатизира на европейските комунисти и споделя интернационалистичните им идеали. Те не могат да се идентифицират с Федералната програма за изкуства на Ф. Д. Рузвелт, която като част от политическата програма на новия курс възлага на художниците мащабни монументални проекти в духа на съветския социалистически реализъм, с които цели да предложи на обществото широко разбираема и близка до масовия зрител визия за Америка.

От друга страна тъкмо тази федерална програма осигурява доходи на хиляди творци, с което поощрява и дава простор за експерименти в посока към абстрактното изкуство (Hopkins 2000: 34). Към края на 1930-те, когато Американската комунистическа партия подкрепя репресиите на Сталин, и след встъпването на САЩ във военните действия през 1942 г., голяма част от интелектуалците и по-специално тези от средите на авангардистите в Ню Йорк, се дистанцират от идеите на комунизма. Сред емигрантите, идващи от Европа, са чилийският художник Роберто Мата, германецът Макс Ернст, французите Андре Бретон, Андре Масон, Жак Липшиц. Ханс Хофман[2] и Джоузеф Алберс създават художествени школи и възпитават цяло поколение изключително интересни творци, които ще се проявят в следващите години. Според изследователите тази навременна поява на личности от подобен ранг на американска земя поставя местната артистична сцена пред избора дали да продължи реалистичния локален модел, следващ ограниченията на собствената си изобразителна система, или да се насочи към напълно нови територии, вземайки за изходен пункт европейската абстракция и пост-кубизма. Засиленият интерес към сюрреализма в САЩ отразява желанието на художниците да запазят своята политическа автономност и да се насочат към индивидуалистичното и неосъзнатото, примитива. Според дефиницията на Оксфордския речник за изкуството на XX в. живописта, която доминира американския артистичен ландшафт от 1940-те и 1950-те, обединена под понятието „абстрактен експресионизъм" може най-общо да се

---

[2] Ханс Хофман, 1880–1966 – преди да емигрира в САЩ той има частно училище за изкуство в Мюнхен и един от неговите ученици там е световноизвестният предшественик на сюрреализма и близък с Андре Дерен Жорж Папазов.

271

характеризира с „желанието да се предадат внушителни емоции посредством чувствителните свойства на баграта, често върху голямоформатни платна." Абстрактният експресионизъм не само е първото значително проявление на американско изкуство, получило широко международно признание, а бива определяно от някои изследователи като най-значителното събитие в развитието на изобразителното изкуство след Втората световна война изобщо. Небивалата виталност, с която това движение се налага, също е фактор за изместването на центъра на световното изкуство от Париж в Ню Йорк. Подетата от първите абстрактни експресионисти Марк Ротко и Джаксън Полък посока на развитие силно впечатлява българския новозаселил се в Ню Йорк художник Борис Елисеев и го окуражава в неговите по-късни експерименти.

Понятието абстрактен експресионизъм се употребява за първи път през 1919 г. от Алфред Бар. По-ранни негови паралели в живописта могат да се отбележат в обективните абстракции на английския художник Родриго Мойнихан, създадени две десетилетия по-рано във Великобритания. В контекста на американския модернизъм за първи път понятието е използвано от художествения критик Робърт Коутс през 1946 г. и бързо се налага като неделима част от критическия речник на 1950-те. По отношение на зараждането и развитието на това художествено течение изследователите отбелязват разнородността и невъзможността авторите да бъдат сведени под общ знаменател, да се генерализират техните творчески методи и да се набележат общи стилистически белези. Така наречената група на абстрактните експресионисти никога не е напълно организирана в единно авангардно течение. Решаваща обединителна роля за разпространението на абстрактния експресионизъм в САЩ изиграва пристигналата също от Европа колекционер и меценат Пеги Гугенхайм. В своята галерия *The Art of This Century Gallery* тя организира първите изложби на Джаксън Полък. Важна е ролята на критици като Клемънт Грийнбърг, Харълд Розенбърг и Джеймс Джонсън Суини. През 1952 г. Розенбърг въвежда понятието „екшън пейнтинг" – живопис на действието. С него описва серия от нововъведени техники, осъществяващи се в емоционалния физически сблъсък и взаимодействие между художника и материала. Според неговите думи платното се превръща в „арена за действие – вече не е пространство за репродуциране. Това, което остава върху него не е картина, а събитие." До голяма степен художниците абстракционисти възприемат платното като обект, върху който трябва да бъде извършено определено действие. Обединяващо между отделните автори е търсенето на максимална свобода на израза, достигане до неограничен и свободен ход на експресията, максимално отдалечаване от императиви и изисквания. Исторически погледнато стилистическите корени на художествения език на абстрактния експресионизъм са комплексни, но несъмнено той дължи много на сюрреализма и разработения от него метод на автоматизъм и интуиция. Най-отличителните характеристики, които се отнасят изобщо до работата на представителите на тази недефинирана група могат да се установят в творбите на Джаксън Полък. В някои ранни примери от неговото творчество изследователите разчитат заемки от кубизма и абстракцията, експресионизма, сюрреализма и автоматичното „писане", интереса към митологичното и първичното, към примитивизма, влияния от Пикасо и изкуството на коренното американско население, връзки с юнгиянството от началото на века и други. Наред с иконографския прочит те обръщат внимание върху преформулиращите изобразителното пространство принципи, който Джаксън Полък предлага още в ранните си творби. Тези тенденции оказват пряко и съществено влияние върху Борис Елисеев и всички опити, които той предприема през следващите години в областта на абстракцията ще следват тези основни задавки.

Пристигане в САЩ

Борис Елисеев пристига в Ню Йорк в края на 1937 г. и се настанява в ателието на Х. Б. Чуди, бивш уредник в Бруклинския музей, специалист по съвременно изкуство, който ще бъде важен ментор за българските художници по-нататък. Ню Йорк очарова художника и той по цели дни обикаля града със статива си, рисувайки по натура, скицирайки мостове, сгради, галерии, музеи, пазари, пристанища.

Въпреки битовите пречки Борис Елисеев е решен да се развива като художник в полето на високото изкуство и се насочва към традиционни институции като *The American Watercolor Society* (Американска асоциация на акварелистите), която провежда ежегодни общи изложби от средата на XIX в. С пристигането си в Ню Йорк той не попада в авангардните среди и личните му контакти, предпочитания и вкус към класическото, както и дълбокия респект към институциите го насочват към тези традиционни места за изява. По време на първата година от пребиваването си в САЩ Борис Елисеев изпълнява поръчка за 6 живописни картини с натюрморти с цветя, предназначени за репродуциране и широко разпространение на пазара. Данни за осъществяването на тази поръчка и по-нататъшната ѝ пазарна съдба не са запазени.

Българската изложба в Ню Йорк през 1938 г.

Първата сериозна инициатива на Борис Елисеев в САЩ е организирането на българска изложба. Изложбата е открита в края на месец януари 1938 г. в нюйоркската галерия *Fifteen* и включва аквaрели, рисунки и графики на авторите Сирак Скитник, Стоян Венев, Илия Бешков, Бенчо Обрешков, Иван Ненов, Борис Елисеев, Васил Захариев, Дечко Узунов, Кирил Петров, Борис Денев и Веселин Стайков. Колкото и незначителна да е тази първа българска изложба в САЩ, тя не остава незабелязана. Рубриките във вестниците, които я отразяват, са пример за американския откривателски поглед към България в любопитство и осмисляне на модерността, което е обща позиция за „наблюдаващия" и за „наблюдавания" и реферира към общия европейски образец. Според предварително зададените параметри в текстовете към изложбата, авторство на съпругата на Борис Елисеев, Арлин, в случая този поглед се фокусира не върху едно от кътчетата на Европа, а върху неопределена периферна, преходна културна зона. Уводният текст акцентира върху европейския контекст и генезис на представените произведения и автори – някои от които са възпитаници на европейски академии, но и върху екзотичната страна на събитието. Опростенческото субективно впечатление, ентусиазмът да се „пропагандира" българското изкуство са запазени в неизменен вид в писмата на Арлин Елисеев от 1980-те години, а също и задават основния тон в единствената монография за Борис Елисеев, издадена от нея след смъртта му. Другият, по-малко вероятен автор на бележката за „опасни планини, където сръчните българки все още създават своите фантастични тъкани и бродерии, и където мъжете орат земята с примитивен дървен плуг"[3] е Х. Б. Чуди, антрополог, завеждащ художествен отдел към Бруклинския музей, на чиито усилия най-вече се дължи транспортирането и експонирането на българските творби. За самата под-

---

[3] Списък на творбите и уводен текст се намира сред непубликуваните документи в архива на Художествена галерия Кюстендил.

редба на творбите както и за съставляващите я произведения засега е известно твърде малко. Монографията за Веселин Стайков съобщава, че художникът участва с осем творби, сред които гравюри върху дърво от созополския и мелнишкия цикли и гравюрите „В кръчмата“ и „Село Бояна“. Гравюрата „Рибари теглят лодка“ според автора на монографията е закупена от Градската библиотека на Ню Йорк. Организирането на българската изложба в Ню Йорк събитие носи белега на първоначалната еуфория на новозаселниците, въпреки че Арлин – съпругата на художника е американка, тя също споделя желанието за разпространението на европейското, и в частност на българското изкуство в Америка.

Други български участия в изложби в САЩ през 1938 г.

По-късно същата година Борис Елисеев участва в XVII Международна изложба на акварел, пастел, рисунка и монотипия, която се провежда от 28 до 30 май 1938 от Чикагския институт за изобразително изкуство[4]. Институтът е една от най-старите официални институции за изкуство в САЩ. Основана е през 1866 от група от 35 автори *Chicago Academy of Design* по примера на европейските художествени академии като институт за изобразително изкуство и от самото си възникване съчетава преподавателската дейност с галерийна и музейна като непрекъснато обогатява и разширява собствената си сбирка. Първоначалната сграда е унищожена по време на големия чикагски пожар през 1871 г. и след дългогодишни усилия за възстановяване на институцията през 1878 г. се основава нова организация под името Чикагска академия за изобразително изкуство (*Chicago Academy of Fine*

---

[4] XVII международна изложба в Чикаго. Каталог. [Борис Елисеев излага 8 акварела, от името на България]. Б.м. Оригинал. Печатно. ЦДА, ф. №844, оп. 2, а.е. 145.

Arts), която икономически усвоява предишната. През 1882 г. институцията приема името, което запазва и до днес – Институт за изкуство Чикаго (*Art Institure of Chicago*). Институтът разполага с огромна колекция от произведения на изкуството от цял свят и е известен със сбирките, представящи импресионизма и пост-импресионизма. По традиция Чикагският институт за изобразително изкуство организира поредица тематични, регионални и различни други представителни изложби. Обществено достъпният днес архив на института дава информация за повече от 200 изложби, проведени през 1938 г.: изложба на новопостъпилите японски графики; акварели от Гърция от Шарлот Маркхъм и Васос Канелос; колекция китайски нефрит на Едуард Зоненшайн; графики на италиански майстори от XV и XVI век; графична изложба от портрети на художници, гостуваща изложба на изкуство от Швеция; живопис, рисунки и графики от Тиеполо и Джанбатиста; живопис, рисунки и графики от Николай Ремисов (ввж. Михалчева 1981).

XVII Международна изложба на акварел, пастел, рисунка и монотипия включва 541 творби от автори от 14 страни. В листата на германските артисти правят впечатление имена на Макс Бекман, Емил Нолде, Карл Хофер, Ото Дикс, Ото Пехщайн, Карл Шмид-Ротлуф, Паул Клее, Кете Колвиц. Сред участниците представляващи Франция са – Григори Глукман, Марсел Громер, Марк Шагал, Анри Матис, Андре Дерен, Шарл Дюфренз, Жак Дарси, Жорж Руо, Раул Дюфи, Андре Дюноайе дьо Сьогонзак, Морис Утрильо. Преобладаващото число участници са от САЩ и сред тях са художници като: Гертруд Аберкромби, Адолф Ден, Джон Уорф, Андрю Уейт, Милфърд Църнс, Милард Шийдс. Испания е представена от Салвадор Дали, Хиполито Кавиедес и други. От Русия присъстват Борис Григориев, от Великобритания – Едмънд Бламлид и т.н. Борис Елисеев е представен с пет творби – „Тоалет“ (монотипия), „Тоалет – голо тяло“ (монотипия, собственост на

Хърбърт Б. Чуди), „На плажа" (монотипия), „Портрет" (монотипия) и „Натюрморт" (монотипия). В голямата си част изложбите в Чикагския институт са с търговска цел и творбите могат да бъдат закупувани.

Х. Б. Чуди съдейства и затова, Иван Ненов, Васил Захариев и Веселин Стайков да бъдат поканени за участие в Петата международна изложба за литография и гравюра на дърво, организирана от *The Art Institute of Chicago*. За Иван Ненов е известно, че участва с работата си „Градинарки". Изложбата се провежда от 4 ноември 1938 до 9 януари 1939 г. в Чикаго.

Късните години на Борис Елисеев в САЩ

Борис Елисеев най-напред работи с акварел и молив и днес са съхранени цикъл с произведения като „Лято в Кънектикът" от 1938 г., „Зима в Кънектикът", „Ферма в Кънектикът" от 1939 г., както и по-късните – от 1943 и 1944 г. – „Река Делауер", „Джеймс порт" от този период. От този период са запазени много портретни скици с молив и креда на негови приятели.

За Борис и Арлин Елисеев първите години в Ню Йорк са особено трудни. Борис Елисеев се кандидатира за преподавател, успява да изпълни отделни приложни проекти, но като цяло се чувства нереализиран. Заедно с Арлин правят опит да организират частна школа по рисуване, но тя не успява да просъществува в атмосферата на конкуренция. През пролетта на 1938 г. семейството се премества в Кънектикът, където им се предоставя възможност да живеят и да работят. Условията през зимата обаче се оказват непосилно тежки и двамата се насочват отново към града. Борис е щастлив да попадне отново в творческа и градска среда – съсед на семейството е известният скулптор Жак Липшиц.

В Ню Йорк Арлин започва работа като дизайнер, а по-късно е и артистичен директор в козметична фирма. През 1944 г.

Борис Елисеев става американски гражданин. С идването на войната се откриват много нови работни места и художникът е назначен като илюстратор в *General Motors* в Трентън, където рисува илюстрации към упътвания за различни електроуреди от военната промишленост. Най-голямото по това време предприятие за автомобили в Америка слива фабриките в Линдън, Трентън, Ню Джърси и др. под общото наименование *Eastern Aircraft* и под натиска на японската конкуренция в условията на война на два океана специализира производството си върху военни самолети. Търсенето на художници-графици в тези предприятия е най-голямо през периода на войната. В кореспонденцията си с близки от България художникът споделя, че уменията му се ценят и той се чувства добре на работното си място, въпреки огромнсата конкуренция. С течение на времето и с намаляване на поръчките договорът на Борис Елисеев е преобразуван в непълен, а накрая при закриване на отдела целият персонал е съкратен. Постепенно прецизната технически изтощителна работа и еднообразието на чертожническата професия го карат да се насочи към все по-свободни експерименти с материали и техники в собственото си ателие, пристроено към фамилната къща в Ню Джърси. Сходно с начина, по който автори като Джаксън Полък и Марк Ротко намират вдъхновение в първобитното и примитива, така и Елисеев намира своя директен първоизточник в българската шевица и от гледна точка на презокеанската действителност от втората половина на XX в. екзотичните си детски спомени. Стилът на Борис Елисеев следва линия на развитие, която тръгвайки от академичната основа на моделиране, преподадена му от Никола Ганушев се колебае между графичната прецизност, финост и изчистеност на стилизацията и свободната абстракция и екшън пейнтинг. По този път в последните си творби Елисеев достига до един синтез между двете - например в цикъла „Майчини черги“. Характерното за тези произведения е, че въпреки спонтанността на изпълнението и привидната отвореност на процеса те запазват една калиграфска екзактност и фино изящество. Едновременно с това те черпят образността си от фолклора. В търсенията си художникът е повлиян пряко от американския абстрактен експресионизъм и едва след това, т.е. косвено от съвременните явления в изобразителното изкуство като информел, ташизъм, автоматизма на сюрреализма и др., които го формират. Въпреки всички различия от културен характер биографията на Борис Елисеев има общи характеристики с тази американските абстракционисти. Също като тях той започва своя творчески път като представителен официален художник. При американците ориентацията към абстракцията настъпва значително по-рано – между 1930-те и 1940-те.

Произведения на Борис Елисеев
в художествените галерии в България

Фрагментарният поглед върху създаденото от Борис Елисеев в САЩ позволява само неокончателни изводи, но основание за опит за оценка дава фактът, че през 1977 само една година преди смъртта си художникът подбира произведенията, които според него биха го представили най-добре и най-пълно пред една българска публика, която го познава само с делото му отпреди Втората световна война. Също така голямата част от тези творби остават в страната и днес се намират в сбирките на НХГ и ХГ Кюстендил. На базата на тези произведения може да се твърди, че в годините прекарани в САЩ художникът е отделял значително внимание на експеримента и разностранността на търсенията си. Запазените произведения са разнородни както по отношение на техническото изпълнение така и като визуален и художествен език. В тях могат да се набележат и разпознаят влияния от различните автори, условно обединени под определението „абстракционисти“ като на първо място Джаксън Полък, а след това Сай Туомбли, Брадли Уокър Томлин, Стил, Тобей.

Професионално ангажиран в областта на приложното изкуство и техническото чертане, а по-късно и в модата, рекламата и продуктовия дизайн, художникът е силно въвлечен в темата за модерното разбиране за красота, за модерния човек и възприятията му, за преходността и културата на консумеризма. От писмо до Иван Ненов от 1940-те Борис Елисеев ясно дава да се разбере, че не е в състояние да следи развитието на изкуството в България или в Източна Европа в посоката на т.нар. соцреализъм. В писмото той подчертава, че досегът му с реализма се осъществява по линия на приложното изкуство – рекламата и така разграничава сериозното – високо изкуство според собствените си разбирания[5].

Съхраняваното днес в Художествена галерия Русе по-късно произведение с наименование „Модели“, в което авторът се задълбочава в тази тема, прилагайки техниката на колажа и ситопечата ясно отразява интересите на художника и опитите му да получи достъп до въпросите, които го вълнуват. Картината на Борис Елисеев със заглавие „Безнадеждност“ е създадена през 1954 г. и представя междинния етап в абстрактно-синтетичните опити на художника. Картината в размер 53/68 см представя в чист вид експеримента на автора с материала. Работено е с акрилни бои върху хартия, като боята е пастьозно нанасяна и моделирана на дебели пластове върху повърхността. На пръв поглед произволното смесване на багрите довежда до монохромно звучене в сиво-сребриста гама. Фигуративност дори не е загатната. Сходни на това изображение са абстрактните платна на френски художници

---

[5] Кореспонденция между Борис Елисеев и Иван Ненов, ЦДА, ф. №844к, оп.2, а.е. 149

- ташисти от средата 1940-те като Жан Фотрие. Изложба през 1945, в която показва творби от серията „Заложници“ е една от първите прояви на това европейско течение в абстракционизма, което често се възприема като отговор на зародилото се в САЩ. Серията възпроизвежда травмиращите изживявания на автора по време на нацистката окупация на Париж. Резултатите представляват изображения на торсове и глави, в които формата е раздробена и пулверизирана до степен на неузнаваемост.

Творчеството на този художник обикновено свързва живописта с откривателството в един широк диапазон с начало автоматизма и психологията на непроявеното до гео-археологическото пространство на миналото. На първо място подобен подход се свързва с улавяне и запечатване на спонтанността и първичността на творческия процес, като материалния носител – като художествена продукция с присъщите й техники на изпълнение отстъпва на заден план. Критическа обосновка на обрата към информела се дава в написаното от френския критик Мишел Тапие и то по примера на друг стилово много сходен автор, чието творчество хронологически се припокрива с опитите на Борис Елисеев – германския емигрант в Париж Волфганг Шулце – Волс и Жан Дюбюфе. Резултатът от този пробив на материята в посока към пулверизиране и разпад е образност на суровата материалност и пълно отстраняване на формата. Изследователите свързват този процес с предвоенната геометрична абстракция изведена в творчеството на Пит Мондриан. От биографична гледна точка техническото чертане отвежда Борис Елисеев в частните си опити първоначално до такъв стремеж към пълно освобождаване, за да се върне в последствие – през 1970-те отново към геометричните форми, но вече да заложени като фина структура на изображението. За особено характерно и представително за американското усвояване на уроците на сюрреализма, както и за опита да се формулира типично американско внушение на съвременното в изкуството се смята творчеството на Робърт Мадъруел от 1940-те и 1950-те. Авторът се смята за най-приближен до пребиваващите в Ню Йорк по време на войната сюрреалисти.

Отделно внимание заслужава и друга живописна творба на Борис Елисеев, която е известна само по репродукция. Композицията „Свързани" представлява средноголямо платно, изпълнена е монохромно и изобразява гъста мрежа от линии свързващи отделни пунктове. С графичността и калиграфичната си наситеност творбата почти буквално наподобява някои от нефигуративните композиции на Марк Тобей създадени между 1944 и 1960 – например „Жътва" от 1958, „Кристализация" от 1944, или „Сияещ град" от 1944. В известен смисъл творбите на този автор са точно обратното на яростната и умишлено неовладяна експресивност на повече представители на разглежданото поколение американски художници. Сравнително отчетливо в живописта на Елисеев от третия му период може да се проследи влиянието на особено популярния през 1950-те американски художник Джаксън Полък. В някои случаи дори заглавията на творбите са подобни. Такива са например *Frieze* от 1953-1955 на Полък и „Скреж" на Елисеев датирана от 1965, която й съответства и като художествена изразност. За по-задълбочено вникване в творбите от цикъла „Майчини черги", върху който Борис Елисеев работи през 1970-те може да послужат думите на самия автор, в които той изразява разбирането си за абстрактното изкуство:

„Цветове, линии, форми може да изразят чувства и мисли, както и абстрактните звукове и хармонии в музиката. Ще кажеш че изкуството трябва да е разбираемо и да служи на народа. Абстрактното изкуство е така старо, както и изкуството въобще. През вековете творците не са се задоволявали само в копиране на природата, но са я и пресъздавали - те са фантазирали, стилизирали, опростявали, творили нови, напълно абстрактни работи. Нашите майки и сестри в миналото създаваха чудесни абстрактни тъкани и бродерии; резбата по тавани на частни къщи и манастири е повечето абстрактна. Пирамидите или Партенона, готически катедрали или съвременни автомобили са абстрактни творби - не съществуват в природата - те са рожба на човешкия творчески гений."[6]

През 1966 г. е поставено началото на дизайнсрското студио *Elysee* в Ню Йорк, основано от Арлин. Студиото работи за известни козметични фирми, сред които *Estee Lauder*, *Gloria Vanderbildt* и други, а Борис се ангажира с голямо усърдие в тази област. В Държавния архив в София се пазят няколко мостри от декоративни опаковачни хартии от този период, пристигнали в България през годините, сред безброй отвъдокеански пратки за роднини и приятели –дрехи, бои, хранителни продукти, каталози, списания[7].

Изложбата в България през 1977 г.

През 1960-те и 1970-те години Борис Елисеев предприема многобройни пътешествия със семейството си и неколкократно посещава родината на Борис. След тези визити в родината и особено след закриването на семейното студио, когато вече може да се посвети на интересите си в живописта, Елисеев се връща към ярките мотиви от детството – майчините черги и интензивно преработва богатия образен арсенал на народното изкуство с инструментите на абстракцията. Заглавията на някои от тези работи

---

[6] Кореспонденция между семейство Борис и Арлин Елисееви и семейство Иван и Катя Ненови, ЦДА, ф. 844к, оп. 2, а.е. 149.

[7] Модели и проекти на опаковъчни хартии и етикети, изработени от Арлин Елисеева за парфюмерийните фирми Gloria Vanderbild, Ciro, Lady Esther, Coty, Horriet Hubbard Ayer, Marie Earle, Jardenia, Elizabeth Arden. ЦДА, ф. 844к, оп. 2, а.е. 150.

като „Безнадежност", „Затворен кръг", „Това, което е останало" освен експерименти с живописните стойности и тоналности са своеобразен опит за претворяване на социалната ситуация с художествени средства. По време на посещенията в България и по повод инициативите в Кюстендил, които предвиждат изграждането на голям културен център за българите, живеещи в чужбина възниква идеята да бъде организирана негова изложба, макар и необвързана с конкретна годишнина. Изложбата се открива на 23 септември 1977 г. в галерията на улица „Раковски" 125 с целта да се „даде възможност на широката публика да се запознае с цялото развитие на художника след неговото заминаване. В нея са включени общо 81 творби – живопис и рисунки. Изложбата намира широк отзвук в пресата и това е повод художникът да се почувства отново приобщен към традицията, от която произлиза. Едновременно с това събитие се провеждат срещи между автора и художници от неговото поколение. Това е също повод за автора да сподели своето развитие в чуждата култура и да се съизмери с делото на българските си колеги.

Заключение

След голямата си изложба в София, Борис Елисеев се оттегля в ателието си в Ню Джърси изпълнен с планове за художествени проекти, ентусиазиран и реализиран – и на двата континента, но няколко месеца по-късно, през януари на 1978 г. е покосен от инфаркт. Две години след смъртта му, през между 29 април и 25 май 1980 г., в негова чест е устроена голяма ретроспективна мемориална изложба в *Bergen Community Museum* в Парамус, Ню Джърси[8].

---

[8] Покана за ретроспективната изложба на Борис Елисеев в Bergen Community Museum - Paramus. Ню Джърси Оригинал. Печатно. ЦДА, ф. №844, оп. 2, а.е. 147.

Борис Елисеев остава един от най-ярките автори, творили през периода между двете световни войни у нас и все така с недостатъчно присъствие в общественото съзнание. С развитието на стилистиката си в традицията на реализма в посока към специфичната поетика на предметното с елементи на сюрреализма, опиращ се на традицията на иконата и народното творчество, творчеството му може да се разглежда като близко до това на Златю Бояджиев от първия период, на Добри Добрев, Васил Бараков, Борис Иванов, Вера Лукова и други. Изхождайки от стабилната си академическа подготовка и от пълното овладяване на методите на реалистичното изграждане на изображението да превърнат творческия си изказ в изразител на българската чувствителност. С вниманието към битовите сюжети, към фигуралната композиция картините им се превръщат в еталони за обновяването на родното. За разлика от импресионистичната линия на развитие, която в творчеството на Владимир Димитров–Майстора поема по пътя на експресионизма (Аврамов 1989), а други автори като Иван Ненов, Стоян Сотиров преминавайки през постимпресионизма и интереса към пространствените и колористични студии на Сезан, достига до кубистични възгледи за формата, художниците, към които може да бъде причислен Елисеев съхраняват едно изискано и прецизно отношение към детайла, движат се неизменно близо до реалистичните образци, а със средствата на иконописта успяват да придадат както едно ново внушение на формите, така и специфична поетика на образите си (Аврамов 1994). Преди напускането на страната Борис Елисеев не се изкушава от авангардни методи в живописта, до които със сигурност е имал достъп, поне под формата на репродукции. По-късно той се насочва към експресивния абстракционизъм, но с присъщата си чувствителност към финеса и грацията дори и в тези свои работи той не е експулсивен и спонтанен до степен на прекалена смелост. Работите от втория му период носят отпечатък на калиграфска точност и прецизност и стабилна вътрешна структура въпреки на пръв поглед свободното третиране на материалите и използването на методи на екшън-пейнтинг като свободно разливане на боите, нанасяне на слоеве, впръскване, поръсване и т.н.

След срещата с българските колеги през 1978 г. те остават с убеждението, че ако Борис Елисеев не беше напуснал страната, пътят на развитие, който при него вероятно щеше да протече в рамките на живописната проблематика, би му предоставил повече възможности за свободно разгръщане в призванието, което той си е избрал и следва от най-ранната си възраст. От гледна точка на социалните условия, при които творят художниците у нас след 1944 г., то те са несравними с тези в която и да било от западните страни. Вероятно поради политическия актив от младостта си Борис Елисеев щеше да е благоприятно ситуиран в политическата обстановка на страната, и да се радва на привилегията да се занимава с живописното си творчество. В това отношение изводи разбира се не могат да се правят, защото развитието и ролята, която художниците изиграват в годините след войната се намесват много фактори. Борис Елисеев не е от авторите, които се налагат и утвърждават като имена от европейска величина безпрекословно в най-ранната си творческа възраст непосредствено след завършването на Академията, каквито са неговите връстници Дечко Узунов, Илия Петров, Илия Бешков, Бенчо Обрешков. След рязкото прекъсване на неговото развитие като художник в България, той живее в една изолирана среда и въпреки че географски се намира в центъра на световното изкуство, той не успява да си проправи път в новата конкурентна система. Творчеството му остава пример за една откъсната от първоначалния контекст съдба.

Литература

Анчова, К. 1993. Сдружение на приятелите на изобразителните изкуства. // *Известия на държавните архиви*, №. 65.

Аврамов, Д. 1994. *Летопис на едно драматично десетилетие*, София.

Аврамов, Д. 1989. *Майстора и неговото време*, София: Български художник.

Димитрова, Т. 1998. *Иван Ненов*, София: Български художник.

Кръстев, К. 1978. *Борис Елисеев (1901–1978)*. // *Изкуство*, № 8.

Кръстев, К. и др. 1973. *Кюстендил и Кюстендилско*. София.

Мавродинов, Н. 1947. *Новата българска живопис*, София: Българска книга.

Марчинкова, П. 1977. *Борис Елисеев*, София: Български художник.

Михалчева, И. 1981. *Портретът в българската живопис, част 1-2*, София: БАН.

Николаева, А., Киселер, Д. (съст.). 2009. *Българските художници и Мюнхен. Модерни практики от средата на XIX до средата на XX век.* София: СГХГ.

Стойков, А. 1980. *Изкуството на САЩ*, София: Наука и изкуство.

Hopkins, D. 2000. *After modern art 1945–2000*, Oxford: Oxford University Press.

Извори

Личен фонд на Екатерина Савова-Ненова, Централен държавен архив, ф. №844к.

ABSTRACTS AND AUTHORS

ENGLISH ABSTRACTS

Tatyana Batuleva

ABOUT THE POWER OF THE BULGARIAN VOICE

Editor's Introduction to the Collected Paper Volume

First chapter
THE HOMELIKE, THE FOREIGN AND THE PROBLEMS OF MIGRATION AND SOCIAL INTEGRATION

Bianca Boteva-Richter

THE VALUE OF THE HOMELAND AS A HOME AND HOMELESSNESS IN THE COURSES OF MIGRATION

Homeland (Heimat), love of one's homeland or native country (*Heimatliebe*), homelessness as deprivation of the homeland *(Heimatlosigkeit)*, or nostalgia as grief for the homeland (*Heimweh*) are concepts we encounter in everyday life. Aren't we surrounded every day by cultural artifacts that suggest to us that we belong to or are "excluded" from a group, people or nation, outside of their geographical indications? The author examines the following questions: What makes us feel to belong to a country as homeland? Is it possible to build a homeland? What happens when you have more than one homeland – one old and one new – and in general, how much do we need a homeland?

Yvanka B. Raynova

THE FOREIGN AND THE ALIENS IN THE CONTEXT OF THE STRUGGLE FOR RECOGNITION

The problem of the Other, which has a long history and tradition in continental philosophy, has been increasingly articulated in recent years in the context of the problems of recognition, and hence of the rights of aliens in contemporary Europe, and the problems related to multiculturalism and intercultural discourse. Even before 2015, when the great wave of refugees flooded Europe, numerous philosophical discussions unfolded on these topics. The purpose of this article is, on the one hand, to present some of the most important aspects of the debates that took place between some prominent representatives of contemporary philosophical thought, namely - the debates between Jürgen Habermas and Charles Taylor, Axel Honneth and Nancy Fraser, Paul Ricoeur and Axel Honneth, as well as the discussion between Christoph Menke, Georg Lohmann and Dieter Thomä in the Deutsche Zeitschrift für Philosophie, and on the other hand to explore the various attempts of conceptualization of these problems by Jean Baudrillard, Bernard Waldefels and Raúl Fornet-Betancourt. The phenomenological-hermeneutic analysis of the arguments of these different authors allows us to draw certain conclusions and to suggest possible directions for future resolutions on these conflictual issues. The main thesis defended here is that the problem of the foreign and the aliens (foreigners) cannot be solved if it is detached from the context of the problems of recognition, translation and intercultural or multicultural dialogue.

Yvanka B. Raynova

FOREIGNNESS, ALIENATION AND REVOLT: REREADING SARTRE TROUGH KRISTEVA AND VICE VERSA

Two main problems in Julia Kristeva's work, which she has constantly thematized for years, are the foreign in its various dimensions and the rebellion. A number of researchers emphasize that she adopted the theme of foreignness and the alien from Freudian psychoanalysis, insofar as through introspection and penetration into the unconscious we discover the foreign in ourselves. While this is true, there is one moment of central importance that has been completely ignored, namely the fact that Kristeva directly borrowed the title of her book *Etrangers à nous-mêmes* from the mouth of Orestes in Sartre's play *Les mouches* (The Flies). Ignoring this fact is not accidental. Although tens of thousands of pages have been written on both Sartre and Kristeva, the thematic connection between the two authors has hardly been explored.

Therefore, the purpose of the present article is to carry out a first critical reading of Sartre through Krsteva and vice versa, showing the problematic nature of her psychoanalytical interpretation of Sartre's philosophy.

Tatiana Batuleva

"ETRANGETÉ" AND "ALTÉRITÉ": FIGURES AND PROJECTIONS (TSVETAN TODOROV)

The work highlights those moments that make the theory of the eminent scientist Tzvetan Todorov original, distinguishing it from the other numerous discourses on otherness and difference. The complex path to mobile identity is reconstructed on the basis of the concepts "deculturation-acculturation-transculturation". In this "dialogical" and "hierarchical" identity the French is leading, and the Bulgarian is present not only as a memory, but also in a dialectically sublated form, as an internal stimulus for the distance of that who is always "on foreign soil".

Yvanka B. Raynova

FOR A NEW ETHOS OF EUROPE, OR PERSPECTIVES OF EUROPEAN INTEGRATION

If for years, almost throughout the twentieth century, the historical responsibility of intellectuals consisted in the resistance and the fight against the "global totalitarianism" in Europe, with 1989, as Ricoeur notes, we entered in a new era, requiring a new type of commitment related to the development and renewal of the European Community. Thus, European integration should be thought not only in its economic, but also in its political, legal and cultural aspects. This requires the construction of a new community model, which is based on the principles of solidarity and the recognition of different national traditions and values, i.e., a new political and axiological consciousness. The purpose of the present article is to show what Ricoeur's hermeneutic phenomenology can contribute to the rethinking of European coexistence in the contemporary context. The author argues that Ricoeur's contribution consists in the following: it helps to clarify the conditions for the so-called "correct use of political language", to delineating the limits of tolerance and intolerance in institutional and socio-cultural terms, it offers a new understanding of the European Community through phenomenological-hermeneutic interpretation of the dialectic between civilization and culture and least but not last, it offers a threefold model for a "new ethos for Europe."

Second chapter
BULGARIANS ABROAD: PHILOSOPHICAL, SCIENTIFIC AND CULTURAL CONTRIBUTIONS

Anani Stoynev

ABOUT "SLAVIC PHILOSOPHY" BY DR. PETER BERON. PATRIOTISM AS NATURPHILOSOPHY

The work is centered around the views of Dr. Peter Beron – an "emblematic" person for the so called "Bulgarian Revival". He is the first Bulgarian encyclopedist and author of the first Bulgarian textbook for modern, secular education. Beron spent most of his life in Heidelberg, Munich, Paris, Berlin, London, Athens and Vienna. The text analyses his original system for explaining the world, set out in his greatest work, published in 8 volumes under the general title *Panepistemia*. In this case, the object of analysis are the philosophical views of Beron, presented in the work *Slavic Philosophy*, published in 1855 in German in Prague. His name is an emblem and a metaphor of the national culture and Bulgarian identity of this period.

Nina Dimitrova

BALKAN RHAPSODY: YANKO YANEV

The article is devoted to the intense literary and public activities of the Bulgarian philosopher Yanko Yanev in Germany from the mid-1930s and until his death in 1944. Yanev was educated in Germany and defended a doctoral thesis under the supervision of Heinrich Rickert. He is the author of numerous important studies on Nietzsche, Hegel, Goethe, Hölderlin, Novalis, Schopenhauer, etc. The article is focused on Yanev's metaphysical inquiries, which brought him to perceive a kinship between the Balkans and Germany. The author discusses Yanev's rejection of the claims regarding the Slavic nature of Balkan people, claims he considered a Russian insinuation. Also commented on is his view that the Balkans is a construct, in the creation of which this Bulgarian thinker invested his romantic attitudes and imagination.

Tatiana Batuleva

THE RELATIONSHIP BETWEEN PHILOSOPHY, SCIENCE AND RELIGION IN THE WORKS OF RADOSLAV TSANOFF

The text analyzes some leading ideas of Radoslav Tsanoff: a prominent philosopher of Bulgarian origin, who managed to gain recognition abroad. First, the emphasis is on the thesis of the "world as drama" and the need for a dramatic approach to history, human microcosm and values.

Tsanoff's thesis about reality as a process and the role of the integrated approach, the process philosophy (A. N. Whitehead) and the fundamental activism are also considered. According to Tsanoff, the relationship science / religion / philosophy moves from subordination to integration; as integration does not mean a mixture of basic principles, but a philosophical need to correlate perspectives. Tsanoff substantiates the thesis that integrative thinking is especially necessary for philosophical reflection and a way to overcome the limitations of the "new scientism", on the one hand, and the religious thinking, on the other.

Nina Dimitrova

THE INTELLECTIUAL AND RELIGION: ASSEN IGNATOV

The present text aims to trace the evolution of Assen Ignatov's attitude towards religion, to outline the main features of this change – from being an intellectual whose worldview was initially Marxist, to being a dissident philosopher known also for his respect to Christianity.

The first part of the article is devoted to the early professional steps of Assen Ignatov's life (as a lecturer at Sofia University) when he attacked the 'Bourgeous' philosophy for its affinity to religion. Gradually these initially attitudes have been seriously shaken (also because he was one of the very few erudite thinkers in Bulgaria during the 'socialist' period, witnessing the dogmatism and the narrow interests of the Party philosophers) and his escape to West Europe was also a radical break with the past specifically with regard to religion. Assen Ignatov interpreted communism as a pseudo-religion from the viewpoint of Christian personalism and existentialism. The author concludes that the radical change of Ignatov's attitude towards religion shows the measure of his general change of worldview.

Dimitar Tzatzov

GEORGI GACHEV – A UNIQUE VARIANT OF ONTOLOGISM

The article is an attempt for complete reconstruction of the theses of the Bulgarian thinker Georgi Gachev beyond his traditional inscription in the orbit of Hegel or Kant. An unused perspective on Gachev's "existential culturology" has been chosen, which fits it into the polyphonic choir of the so-called "ontological turn", the essence of which is determined by the shift of the dominant philosophical attention from the theory of knowledge to ontology, the critique of psychologism, the birth of phenomenology and existentialism and the tendency to humanize philosophy. The relevance of Gachev's ideas to the ontological turn is found both in existential terms and in the overall research strategy, in the layered division of "Cosmo-Psycho-Logos" (space-time- world). In the "cosmography" of the thinker the theses about the unique character of the nationalities as spiritual-historical formations deserve special attention.

Gabriela Kassarova

THE "KALEIDOSCOPIC MIND": NIKOLAY MILKOV'S ESSAY IN A POST-WITGENSTEINIAN PHILOSOPHY

The aim of the article is to present Nikolay Milkov's academic path after 1990, when he moved to Germany, as well as some of his contributions to Bulgarian and contemporary Western philosophy. The analyses are focused specially on his book *Kaleidoscopic Mind. An Essay in Post-Wittgensteinian Philosophy*, which presents one of his most emblematic inputs.

Plamen Damyanov

VESELIN PETKOV AND HIS SCIENTIFIC ACTIVITIES IN BULGARIA AND ABROAD

The article presents an overview of the philosophical path of the Bulgarian scholar Vesselin Petkov, who was fellow at the Bulgarian Academy of Sciences at the outset of 1989 and moved thereafter in France and Canada, where he continued his work in the field of fundamental and applied physics. It presents Petkov's research projects, publications, organizational activities and their international impact.

Kamelia Zhabilova

PETAR UVALIEV: THE BOUNDLESS WORD

The article examines the main topos of the "boundless word", typical of the "emigrant speech" of Peter Uvaliev - this speech that makes him feel "a real Bulgarian", although outside the borders of Bulgaria. Particular attention is paid to his monograph about the art of Turner, whose paintings demonstrate the possibilities of structural analysis. In them he finds a kind of a-topos, i.e., a space without space, but also something more as there is a "structure" in this a-topos that is neither an objective nor a tangible reality.

Galina Dekova

THE PAINTER BORIS ELISEEV IN THE USA

The article examines the activities of the Bulgarian painter Boris Mitov Eliseev (1901-1978) immediately before and after its establishment in the United States in 1937. Focused entirely on the European modernism of the Paris School of the early twentieth century, the fate of every freelance artist in Bulgaria was inconceivable without constant attempts to expand the horizon and continuous exchange between the center and the periphery. Boris Eliseev's decision to settle overseas marked the end of his career as a freelance artist in Bulgaria and he returned to painting only much later, towards the end of his life. Without claiming to be exhaustive, the article reviews some of Boris Eliseev's early initiatives to present Bulgarian art in the

United States, most notably the first Bulgarian exhibition in New York in 1938. These events are the initial major markers of his life outside his homeland and their results determines the painter's development in the new environment, respectively its remoteness from the center.

AUTHORS AND PEER REVIEWERS

Authors

Batuleva, Tatyana, Prof., PhD, DSc – Institute of Philosophy and Sociology, Bulgarian Academy of Sciences, Email: tanbat@abv.bg

Boteva-Richter, Bianca, Dr. Phil – Vienna University, Austria, Email: bianca.boteva-richter@univie.ac.at

Damyanov, Plamen, Assoc. Prof., PhD – Institute of Philosophy and Sociology, Bulgarian Academy of Sciences, Email: plamdambg@yahoo.de

Dekova, Galina, PhD – Institute of Philosophy and Sociology, Bulgarian Academy of Sciences, Email: galinadekova@gmail.com

Dimitrova, Nina, Prof., PhD, DSc – Institute of Philosophy and Sociology, Bulgarian Academy of Sciences, Email: ninaivdimitrova@abv.bg

Kasarova, Gabriela, M.A. – Institute of Philosophy and Sociology, Bulgarian Academy of Sciences, Email: gabriela.kasarova@abv.bg

Raynova, Yvanka B., Prof., PhD, Dr. Phil, DSc – Institute of Philosophy and Sociology, Bulgarian Academy of Sciences, Email: raynova@iaf.ac.at

Stoynev, Anani, Prof., PhD, DSc – Institute of Philosophy and Sociology, Bulgarian Academy of Sciences, Email: ananis@abv.bg

Tzatzov, Dimitar, Prof., PhD, DSc – Institute of Philosophy and Sociology, Bulgarian Academy of Sciences, Email: dtsatsov@abv.bg

Zhabilova, Kamelia, PhD – Institute of Philosophy and Sociology, Bulgarian Academy of Sciences, Email: cameli@abv.bg

Peer Reviewers

Ivanka Stupova, Prof., PhD, DSc – Institute of Philosophy and Sociology, Bulgarian Academy of Sciences

Elena Petrova, Assoc.Prof., PhD. – Institute of Philosophy and Sociology, Bulgarian Academy of Sciences

Susanne Moser, Dr.Phil. – Vienna University / Institute for Axiological Research (Vienna), Austria

Татяна Батулева (Съст.)
Български гласове в чужбина. Философски акценти
Българска. Първо издание

Художествено оформление и предпечат: Axia Academic Publishers
Редактор: Иванка Райнова
Научни рецензенти: проф. Иванка Стъпова, доц. Елена Петрова,
д-р Сузане Мозер
Печат: BoD, Germany